言語の科学3　単語と辞書

編集委員
大津由紀雄
郡司隆男
田窪行則
長尾　真
橋田浩一
益岡隆志
松本裕治

単語と辞書

言語の科学
3

松本裕治
影山太郎
永田昌明
齋藤洋典
徳永健伸

岩波書店

執筆者

学習の手引き	松本裕治
第1章	影山太郎
第2章	永田昌明
第3章	齋藤洋典
第4章	德永健伸

〈言語の科学〉へのいざない

　私たちが日常，あたりまえのように使っている言語．その言語の性質を解明することは，長年にわたる人間の知的挑戦の対象であった．では，言語を科学的に研究すること，すなわち自然科学的な方法で研究することは可能だろうか．それは可能であり，また必要であるというのが私たちの見解である．

　歴史的に見ても，すでに，紀元前のインドでは形式的な文法体系の記述がなされ，下って19世紀にはヨーロッパの言語を対象とした比較言語学の厳密な方法論が確立されていた．20世紀に至ってからは，初頭の一般言語学の確立を経て，20世紀後半には音韻体系，文法範疇などの形式的記述が洗練され，言語を科学的にとらえる試みは着実に成果を上げてきたと考えられる．

　さらに20世紀以降のコンピュータの発達は，言語現象に対する情報論的視点という新たな見方をもたらした．現在，音声認識・音声合成技術の発展，形式化された文法による構文解析技術を応用した機械翻訳システムの開発など，言語のさまざまな側面が，機械処理の対象となり得るほどに明らかにされつつある．

　しかし，従来の学問観に従う一般的な認識では，言語学は自然科学の一部門ではなく，人文学の領域に属すると見なされる傾向が強いのも事実であろう．本叢書では，言語を一種の自然現象と見なす方法を前提としている．特に，物理学のような典型的な自然科学に範をとるだけでなく，情報のような抽象的な存在を対象にする情報科学など，近年の自然科学のさまざまな方法論に立脚し，言語を，人間が，そして人間のみが，自在にあやつる，情報の一つの自然な形態として捉える見方に立っている．

　そのような言語観に立った場合，さまざまな興味深い知的営みが可能になる．現在どのような分野の研究が言語の研究として行なわれているのか，言語の研究者によってどのような研究対象が設定されているのか，それぞれの研究はどのような段階に至っているのか，また，今後どのような研究が期待されているのかということを，人文系・理工系を問わず，できるだけわかりやすく読者に示すことを試みた．

〈言語の科学〉へのいざない

　本叢書はもともと，岩波講座「言語の科学」として刊行されたものである．本叢書の特色は，言語の研究に深く関連している言語学，国語学，言語心理学，言語教育，情報科学，認知科学などの研究分野の，従来の縦割りの枠に捉われず，これらの学問の最新の成果を学際的に統合する観点に立っていることにある．

　本叢書のもう一つの特徴は，各巻を研究対象ごとに分けた上で，さまざまな角度からの研究方法を統合的に紹介することを試みたことである．文科系の読者が自然科学的な方法を，また，理工系の読者が人文学的な知識を，無理なく身につけることが可能となる構成をとるように工夫した．

　以上のような趣旨をいかすため，各巻において，言語に関する研究の世界の第一線の研究者に執筆をお願いした．各執筆者には，基本的な事柄を中心にすえた上で，ときには最先端の研究動向の一端も含めて，読者が容易に理解できるように解説していただいた．幸いにして私たちの刊行の趣旨を理解していただき，現時点において最良の執筆陣を得られたと自負している．

　全体の巻構成と，この叢書がなぜこのように編成されたか，ということを簡単に説明しておこう．本叢書の各巻のタイトルは次のようになっている．

　　1　言語の科学入門　　7　談話と文脈
　　2　音声　　　　　　　8　言語の数理
　　3　単語と辞書　　　　9　言語情報処理
　　4　意味　　　　　　 10　言語の獲得と喪失
　　5　文法　　　　　　 11　言語科学と関連領域
　　6　生成文法

　「科学」としての言語学という性格を一番端的に表わしているのは，第6巻で解説される「生成文法」という，20世紀半ばに誕生した文法システムであろう．生成文法は言語獲得という事実にその経験的基盤を求める．そこで第10巻『言語の獲得と喪失』では，言語の獲得と喪失が言語の科学とどう有機的に結びつくのかを明らかにする．一方，第5巻では，生成文法誕生以前にさかのぼり，特定の理論的枠組によらない，文法研究そのものを検討する．「文法」に関する2つの巻，およびそれと深く関連する第10巻は，言語学の科学としての性格が特に濃厚な部分である．

第7巻『談話と文脈』は，これとは対照的に，言語の使い手としての人間に深くかかわるトピックを扱う．その意味で，人文学的な研究とも通じる，言語研究の「醍醐味」を感じさせる分野であるが，形式化などの点からは今後の発展が期待される分野である．

　文法に関する2つの巻を第7巻と反対側からはさむ形で第4巻『意味』がある．ここでは，科学的な性格が色濃く出ているアプローチ（第2章）と，言語の使い手としての人間という見方を強く出しているアプローチ（第3章）が並行して提示されているので，読者は意味の問題の奥深さを感じとることができるだろう．

　第2巻の『音声』については，音響に関して物理学的な研究法がすでにある．この巻では，そのような研究と，言語学の中で発達してきた方法論との双方が提示され，音声研究の幅の広さが示されている．

　第3巻『言語と辞書』は音声と意味との仲立ちをする装置としての語彙についての解説である．これも，言語学や心理学の中で開発されてきた方法論と，より最近の機械処理の立場からの研究の双方を提示している．

　第8巻『言語の数理』と第9巻『言語情報処理』は言語科学の研究の基礎的な部分の解説であり，特に，数学や情報科学になじみのない読者に必要最小限の知識をもっていただくことを意図して書かれている．これらは，言語科学の技術的側面が最も強く出ている巻でもあろう．言語の研究におけるコンピュータの役割の大きさは，ほとんどの巻にコンピュータに関連する章があることからも明らかであるが，特に言語を機械で扱う「情報」という形で正面から捉えた巻として第9巻を位置付けることができる．

　最後の第11巻『言語科学と関連領域』は，言語の科学そのものに加えて，それに関連する学問との接点を探る試みである．特に，言語の科学は，人間そのものを対象とする心理学，医学，教育学などと深い関連をもつので，それらに関する章が設けられている．

　言語に関わる現象は多岐にわたるが，本叢書の巻構成は言語現象ごとに1ないし2巻をあて，各巻の内容は大筋において独立なので，読者はどの巻からでも読み始めることができる．ただし，第1巻では本叢書の中心的な内容を先取りする形で，そもそも「言語の科学」という課題がなぜ設定されたか，という点について述べているので，まず最初に読むことをお薦めする．

この叢書は，言語学科に学ぶ学生や言語の研究者に限らず，言語に関心をもつ，すべての分野の，すべての年代の人々を読者として企画されたものである．本叢書がきっかけとなって，従来の言語学に何かつかみどころのない点を感じていた理工系志向の読者が言語の科学的研究に興味を示し，その一方で，今まで科学とは縁がないと考えていた人文系志向の読者が言語の研究の科学的側面に関心をもってくれることを期待する．そして，その結果，従来の志向にかかわらず，両者の間に真の対話と共有の場が生まれれば，編集委員としては望外の幸せである．

　2004 年 4 月

大 津 由 紀 雄
郡 司 隆 男
田 窪 行 則
長 尾 　 真
橋 田 浩 一
益 岡 隆 志
松 本 裕 治

学習の手引き

　言語知識の基本的な部品は辞書と文法であるが，これらは必ずしも対等の立場で平行して研究されてきたわけではない．言語研究の中心的な対象は文の構造を規定する統語論としての文法であり，辞書は単語に関する例外的な規則を記述するための貯蔵庫として重要視されないこともあった．確かに，言語の統語的な側面の研究の一部は，単語に対して品詞あるいはある程度の下位範疇化情報を仮定するだけで充分であることもあろう．しかし，現在では辞書の重要性は，言語学および言語処理両面から認識され，ある意味では言語研究の根本的な研究対象と考えられている．例えば，語彙機能文法(Lexical Functional Grammar)や主辞駆動句構造文法(Head-driven Phrase Structure Grammar)などの制約に基づく文法では，語彙の情報に重きが置かれ，特に後者では，いわゆる個別の句構造を記述するための文法規則はなく，言語の構造が句構造を形作るときの図式(スキーマ)とそれについての制約が存在するだけで，ほとんどすべての情報が語彙のレベルにあるとみなされている(第5巻第3章を参照)．言語処理においても単語の持つ情報が重視され始め，解析のための文法の「語彙化」が進んでいる．

　辞書あるいは語彙に関する研究が統語論や意味論よりも盛んでないと感じられるならば，それは辞書が重要でないということではなく，むしろ，言語知識としての辞書についての我々の知見がいまだ未熟であり，それに対してどのように接近すればよいかがわからないからであろう．今後は，語および辞書についての研究の重要性の認識がますます高まることは間違いない．

　本巻では，単語と辞書について，言語学，認知心理学，言語処理の観点からなる次のような4章によって構成されている．以下，順序が前後するが，それぞれの章の概要を説明することによって本巻の流れを見ていくことにしよう．

　第1章は，形態論についての基礎から最近の成果まで含めた詳細かつ簡潔な解説が展開されている．本章の導入部では，語とは何かという問題が単純な問題ではないことが様々な視点と例を用いて説明される．続いて，1.3節および1.4節において，語形成における規則性と生産性が統語論に匹敵するほどの複

雑さと豊かさを持つことが説明される．さらに，後続の節では形態論と統語論および意味論の関係が論じられる．統語論上の現象が形態論と複雑に絡み合っていること，そして，その一見複雑な振る舞いの中にある規則性をこれまでに示した道具立てを用いて説明が試みられる．意味論との関係では，語に対して意味的にある程度深い構造を仮定しなければ説明できない現象と，それを説明するための項構造や語彙概念構造の紹介が行われ，単語の持つ意味構造とその表層的な現れとのリンクについて説明されている．最後の節では，この章のまとめを兼ねて文法における形態論の位置づけについての思索へと読者を誘っている．

第3章は，人間の脳内辞書（心的辞書）がどのような方法で語彙を格納し，アクセスあるいは連想しているかを探る研究と方法論について述べている．本章で扱っているのは，文字によって書かれた単語表記からの心的辞書へのアクセスである．様々な心理実験を通じて得られる心的辞書の特性，および，それらの特性を説明するために提案された語彙へのアクセスの様々なモデルの解説と相互の比較検討が行われる．後半の節では，漢字の認知について，様々な仮説とそれを実証するための実験が紹介されている．人間の脳の構造としくみはほとんど未知の問題ばかりであるが，本章の対象である心的辞書は必ずしも脳内の辞書の構造そのものを探るというのが目的ではなく，心的辞書内の語の表現とアクセスの本質がどのようなメカニズムによって実現されているかを明らかにすることである．本章では，読者は心的辞書の構造についての知見だけでなく，心理実験の方法論とその難しさについても多くを学ばれるのではないかと思う．

第2章と第4章は言語情報処理における単語の辞書についての章である．第2章では，言語処理の基本である形態素解析について述べられ，第4章では，言語処理のあらゆる側面の基礎的資源である辞書の役割と現状について述べられている．

第4章は，コンピュータによる言語処理の概要とそれぞれの処理における辞書の役割について説明している．第1章の議論からも予測されるように，辞書に登録すべき単語，あるいは，形態素の集合を決定すること自体が困難な問題であり，研究者によって考え方が異なることが指摘されている．特に日本語については，単語とは何かまた品詞としてどのようなセットを与えるかについて

の合意が得られていない．コンピュータ利用可能な大規模な辞書を構築することは言語処理の重要な問題であり，1980年代半ばから各国で様々なプロジェクトが計画された．本章では，代表的なプロジェクトとそこで構築された辞書についての解説が与えられている．実用的な辞書には数万あるいはそれ以上の語が登録される必要があり，それを一貫性を保ちつつ構築することはきわめて困難な作業である．また，よく言われるように，言語の用法は分野や目的によって異なる可能性がある．また，当然のことながら，言語ごとに辞書を構築する必要がある．一貫性を持ちつつ効率よく辞書を構築するための基本資源として質のよいコーパスが重要である．コーパスから辞書を自動構築あるいは構築支援するための支術の開発が必要であり，本章の最後にその話題がまとめられている．

第2章は，形態素解析のアルゴリズムと関連事項に関する詳細な解説である．いったん品詞の集合と辞書を固定すれば，形態素解析の問題は言語に依存する部分は少ない．ただし，日本語のように分かち書きを行わない言語の文では，単語への分割も問題となる．本章では，主として日本語の形態素解析を対象とし，代表的な手法の紹介が行われている．最近のこの分野の関心は大規模なコーパスを用いた形態素解析の確率パラメータの学習であり，統計モデルに基づく形態素解析と効率的な解析法が詳しく述べられている．以上の項目の適切な説明もさることながら，本章の特徴は，効率的な辞書へのアクセスを実現するためのデジタル木の例としてトライとダブル配列による実装の詳細が述べられていること，および，統計モデルにおいてデータ量の不足からくるスパースデータ問題に対応するための平滑化(smooting)の方法が紹介されていることであり，簡潔ではあるが他書では得られない網羅的な解説が与えられている．なお，巻末の読書案内には，現在入手可能な形態素解析プログラムと電子化辞書の一覧が掲載されている．興味を持った読者は，現実のシステムや辞書を参照されてはどうだろうか．

目　次

〈言語の科学〉へのいざない ・・・・・・・・・・・・・ v
学習の手引き ・・・・・・・・・・・・・・・・・・・・ ix

1　文法と形態論 ・・・・・・・・・・・・・・・・・・ 1

1.1　言語研究における形態論の扱い ・・・・・・・・ 3
1.2　語の特徴と辞書の役割 ・・・・・・・・・・・・ 4
(a)　語 の 特 徴 ・・・・・・・・・・・・・・・・ 4
(b)　辞書の役割 ・・・・・・・・・・・・・・・・ 8
1.3　語形成過程の様式 ・・・・・・・・・・・・・・ 10
(a)　線形型語形成 ・・・・・・・・・・・・・・・ 11
(b)　非線形型語形成 ・・・・・・・・・・・・・・ 18
1.4　語彙部門の仕組み ・・・・・・・・・・・・・・ 22
(a)　語形成に係わる制限 ・・・・・・・・・・・・ 22
(b)　レヴェル順序づけ ・・・・・・・・・・・・・ 23
(c)　順序づけのパラドックス ・・・・・・・・・・ 26
(d)　語形成の単位 ・・・・・・・・・・・・・・・ 28
1.5　形態論と統語論の接点 ・・・・・・・・・・・・ 32
(a)　語形成単位の拡張 ・・・・・・・・・・・・・ 33
(b)　統語的編入 ・・・・・・・・・・・・・・・・ 38
1.6　形態論と意味論の接点 ・・・・・・・・・・・・ 41
(a)　項 構 造 ・・・・・・・・・・・・・・・・・ 42
(b)　項の受け継ぎ ・・・・・・・・・・・・・・・ 44
(c)　語彙概念構造 ・・・・・・・・・・・・・・・ 45
1.7　文法における形態論の位置づけ ・・・・・・・・ 47
(a)　形態構造と統語構造 ・・・・・・・・・・・・ 48
(b)　語形成と文法体系 ・・・・・・・・・・・・・ 49

第 1 章のまとめ ・・・・・・・・・・・・・・・・・ 51

2 形態素解析 ... 53

2.1 形態素解析の役割 ... 55
- (a) 単語分割と語形変化の解析 ... 55
- (b) 表記・読み・品詞の付与 ... 56

2.2 形態素解析アルゴリズム ... 58
- (a) 日本語の単語分割の多義 ... 58
- (b) 経験的優先規則に基づく形態素解析 ... 59
- (c) 文法的接続可能性に基づく形態素解析 ... 61
- (d) 接続コストに基づく形態素解析 ... 62
- (e) 統計的言語モデルに基づく形態素解析 ... 63
- (f) 動的計画法を用いた形態素解析アルゴリズム ... 66
- (g) 上位 N 個の最適解を求めるアルゴリズム ... 68
- (h) 英語の品詞付け ... 71

2.3 単語辞書の実装法 ... 73
- (a) 単語辞書を表現するためのデータ構造 ... 74
- (b) 疎行列の表現法に基づく単語辞書の実装法 ... 78

2.4 N グラムの平滑化 ... 83
- (a) 最尤推定法 ... 83
- (b) 加算法 ... 84
- (c) 線形補間法 ... 84
- (d) バックオフ法 ... 88

第 2 章のまとめ ... 92

3 心的辞書 ... 93

3.1 単語認知研究の系譜 ... 95
- (a) はじめに連想研究ありき ... 95
- (b) 連想研究から認知心理学へ ... 97
- (c) 認知心理学における単語認知研究 ... 98

3.2 単語認知実験 ... 99
- (a) 単語の特性と単語認知実験における技法 ... 99
- (b) 単語認知実験における代表的知見 ... 103

3.3 単語認知と語彙処理モデル ... 107

3.4 単語認知過程に影響を及ぼす要因 ... 116
- (a) 文脈効果 ... 116
- (b) 多義性の解消と文脈効果 ... 117
- (c) 音韻的符号化の位置づけ ... 119
- (d) 単一経路・多層水準モデルへ ... 121
- (e) 語形成構造を利用した処理 ... 124
- (f) 基本綴り音節構造 ... 125

3.5 漢字の認知と心的辞書 ... 127
- (a) 文字結合錯誤をめぐる二つの観点 ... 127
- (b) 漢字の形態的特性 ... 129
- (c) 漢字の結合部品数 ... 131
- (d) メンバー漢字の同音性 ... 132
- (e) 遅延照合課題 ... 134
- (f) コンパニオン活性化モデルの検討 ... 137
- (g) 表記特性を越えた心的辞書モデルに向けて ... 142

3.6 残された問題点 ... 145

3.7 今後の課題 ... 149

第3章のまとめ ... 153

4 辞書と情報処理 ... 155

4.1 言語処理の概要 ... 157
- (a) 言語解析 ... 157
- (b) 言語生成 ... 161

4.2 言語処理のための辞書情報 ... 162
- (a) 形態素レベルの情報 ... 163
- (b) 統語レベルの情報 ... 167
- (c) 意味レベルの情報 ... 171
- (d) 談話レベルの情報 ... 180

4.3 言語処理における辞書の使用 ... 183
- (a) 形態素解析 ... 183
- (b) 選択制限 ... 184
- (c) 語義の曖昧性解消 ... 184

4.4 コンピュータを用いた辞書の自動構築 ... 185

(a)	形態素レベルの情報	185
(b)	統語レベルの情報	187
(c)	意味レベルの情報	188

第4章のまとめ ・・・・・・・・・・・・・・・ 190

用 語 解 説 ・・・・・・・・・・・・・・・・・ 191
読 書 案 内 ・・・・・・・・・・・・・・・・・ 193
参 考 文 献 ・・・・・・・・・・・・・・・・・ 199
索　　　引 ・・・・・・・・・・・・・・・・・ 213

1
文法と形態論

1 文法と形態論

【本章の課題】

語(word)は言語を形作る最も基本的な単位である．**統語論**(syntax)が句や文の構成を研究するのに対して，**形態論**(morphology)は語内部の仕組みを担当する．

語（あるいは単語）というと，辞書を思い浮かべる．一般の辞書は，当該言語の主要な語の発音，つづり，意味，および語法上の特徴を羅列しているだけであり，「辞書は文法の付録であり基本的な不規則形の一覧表に過ぎない」(Bloomfield 1933)と一般には考えられがちである．

しかしながら，語は決して辞書に記載されただけの固定的な存在ではない．N. Chomskyは生成文法の初期に，人間の言語能力の重要性を説くために文の無限の生産性を力説した．しかし語の場合でも，「一流」を強調して「超一流」「超超一流」「超超超一流」などと言うことができるし，また，「兼」を用いて「フィジー兼バヌアツ兼キリバス兼ツバル兼トンガ兼ナウル兼パラオ兼マーシャル兼ミクロネシア大使」などと，ほとんど無限に続く合成語を作ることが可能である．このような例を見ると，生産性の度合いについて文と語の間に明確な境界線を引くのが難しくなる．

語彙に関する母語話者の言語能力は，単にある語が辞書に載っているかどうかという静的な知識にとどまらない．「来–」という型の複合語は「来阪，来名，来神，…」のようにさまざまな地名に生産的に適用できるが，新しい地名で新語を作ろうとするとき，例えば「西宮」ならおそらく「来西」となり，「*西来」や「*来西宮」とは決してならない(*は不適格な表現を表す)．これは日本語話者が「来–」という複合語の形成に関して何らかのルールを身につけていることを意味している．

このように，形態論は辞書に登録されている既存の語だけでなく登録されていない新語に関しても，母語話者が備えているさまざまな判断能力を解明しようとする分野である．語は音声と意味と内部構成を持ち，しかもそれらの諸特性が文の音声・意味・統語法と深い係わりを持っている．本章では形態論の基礎的概念から現在の理論的問題までを，主として日本語と英語の具体例によって解説していく．

1.1 言語研究における形態論の扱い

　過去 100 年以上にわたる言語研究の中で，おそらく形態論ほど処遇の不安定な領域はないだろう．歴史的な観点が言語研究の主体とされ，複雑な語尾屈折を持つ古典ヨーロッパ語が分析対象となっていた 19 世紀後半から 20 世紀初頭には，文法は統語論と形態論の 2 本柱で構成され，句の配列を扱う統語論に対して，形態論は形態 (morpho) の学問 (logy) として語内部の構成を担当した．20 世紀前半に台頭した構造主義言語学においても，形態論は独自の領域として位置づけられていた．

　ところが，Chomsky が構造主義に対して生成文法を提唱し，言語の生産性の源として文 (sentence) を重視しだすと，たちまち形態論は立場を失うことになった．接辞や複合に係わる形態音韻論の現象は，Chomsky & Halle (1968) ではすべて音韻部門の中で処理され，また，1960 年代後半から 1970 年代前半にかけて展開された生成意味論では，語の形成は文の生成と同列に統語論の中で扱われた．

　やがて Chomsky (1970) は，生成意味論に対する反論として，語と句の違いを指摘し，屈折は統語論の領域としながらも，派生接辞は語彙部門において扱うべきであることを示唆した．生成意味論では，接辞や複合といった明示的な語形成だけでなく，kill などの単純語さえも統語的な変形で派生されたが，この「変形論」に対して，複合語と派生語は語彙部門で形成されるという「語彙論」の仮説が提示され，形態論が独自の部署として復活することになる．これにより，1970 年代後半から 1980 年代中ごろにかけて，英語を中心とする生成形態論が一つの頂点に達し，「形態論の復活」と呼ばれる時代を画することになった．

　その間，語彙論の仮説にはさまざまな検討が加えられた．Chomsky の当初の仮説に対して，Jensen & Stong-Jensen (1984) の "Morphology is in the lexicon!" という論文タイトルに標榜されるように，屈折を含むすべての形態操作を語彙部門に委ねてしまうという「極端な語彙論」が一つの重要な流れとして広まった．そこでは，形態論は統語論とは別の小宇宙 (Di Sciullo & Williams 1987) を構成すると考えられ，統語論と形態論の共通性や類似性は認められな

い．

　ところが，ごく最近には，形態論の独自性を否定し，(語彙化されて辞書に登録された語を除き)生産的な語形成は統語論の問題であるとする考え方(いわば生成意味論の復活)が生成文法の一部に出ている．その具体例は Lieber (1992) であり，その考え方は最近のミニマリスト理論にも反映されている．

　以上概観したように，過去1世紀以上にわたる言語研究の中で，形態論に対する認識は時代と共に大きく変化し，形態論に独自の資格を認める立場とそうでない立場とが，ちょうど時計の振り子のように行ったり来たりを繰り返すという奇妙な様相を呈している．しかしながらこの不安定さは，形態論研究の成果の乏しさを意味するのではない．それどころか，特に語彙論の仮説が出されてからの形態論研究の実質的な成果には目をみはるものがある．そのように多大な成果があるにもかかわらず，形態論の理論的な位置づけが定まらない理由は，結局のところ，「語」というものが複雑多岐な性質を持つという事実に突き詰めることができるだろう．極端な語彙論の立場は語の形態的な性質にとらわれすぎるのであり，逆に，極端な変形論の立場は語の統語的な性質を重視しすぎる．真に妥当な形態論理論は，語が持つ多彩な性質を適切に見極め，その本質を明らかにすることで初めて達成されるだろう．そこで形態論の理論的説明に入る前に，まず，「語」というものが持つさまざまな性質を整理しておくことが必要である．

1.2　語の特徴と辞書の役割

(a)　語 の 特 徴

　形態論の扱う対象が「語」であるとすると，そもそも「語」とは何かを定義しておかねばならない．しかし，語を一義的に規定しようとすると例外があちこちで出てくる．一般的に語の特徴とされる事項をまとめてみよう．

音声的なまとまり

　語は一般にひとまとまりのアクセントで発音される．「司法」と「試験」はそれぞれ語であるが，それらが結合して「司法試験」という複合語になると，

シホウシケン(上線はアクセントの高い部分を表す)ではなくシホウシケンとなり,新しい音声的まとまりを獲得する.英語の複合語では,前部が第1強勢を担うのが一般的な規則である.sweet vóice (甘い声),Chinese éxpert (中国人の専門家),to break dówn (故障する) といった句が後ろ側に第1強勢を持つのに対して,swéet talk (甘言),Chinése expert (中国専門家),bréakdown (故障)のような複合語は前側を強く発音することで,語としてのまとまりを表明する.

しかし日英両語とも,規則から外れる例は多数ある.日本語では「善悪,出入り」のような並列複合語は前部分が高く,また,「前｜学長,各｜都市」のような連体詞的接頭辞を含む派生語,「第5回｜全国大会,立ち入り｜禁止」のような合成語は「｜」の部分に音声的な切れ目を持って,句に近くなる.英語でも,特に複合形容詞(skin-déep, good-nátured)の場合は後部強勢になる傾向が観察される.

以上のように,英語でも日本語でも,典型的な複合語のアクセント型は特定できるものの,そこから外れる合成語が存在する.したがって,音声的な特徴だけで語と句を区別することはできない.

意味的なまとまり

語は,基本的にはひとまとまりの意味概念を表す.次の2例を比べてみよう.
(1) 私は花見が好きだ.
(2) 私は花を見ることが好きだ.

「花見」という語(複合語)と,「花を見る」という文(動詞句)の形式上の違いは,後者が「を」という格助詞と「る」という時制辞を伴うのに対して,前者は格助詞も時制辞も含まないという点である.格助詞,時制辞,あるいはモダリティ要素(「行くだろう」のような助動詞や「行くよ」のような終助詞)などが現れると文と判定され,それらが欠如すると語と判定される.これらの要素は生成文法では**機能範疇**(functional category)と呼ばれ,名詞,動詞,形容詞を代表とする**語彙範疇**(lexical category)と区別される.この区別を用いて一般化すれば,「語は語彙範疇で構成され,句は語彙範疇に機能範疇を加えて構成される」ということになろう.「第78回全国高等学校野球選手権大会出場校」のような長い表現が語と認識されるのは,その内部に機能範疇(助詞)を含まないか

らであり，どこかに「の」を挿入して「第78回全国高等学校野球選手権大会の出場校」とすれば，全体は句に変わってしまう．英語でも，機能範疇とされる法助動詞，前置詞，冠詞，あるいは時制屈折付きの動詞などは通常，複合語や派生語には参与できず，例えば driver に対して *drover は不適格である．

　では，なぜ機能範疇の有無が文と語を分ける指標となるのだろうか．文という構築物から見ると，語彙範疇は文を作るための素材，機能範疇はその素材を互いに繋ぎ合わせる接着剤に喩えることができるだろう．言語というものを，一般的な概念(語)を元にして特定，個別の事象(文)を表すとすると，その両者の間を取り持つのが機能範疇である．名詞，形容詞，動詞などの語彙範疇の裸の形(屈折語尾を除いた部分)はそれぞれの一般的ないし総称的意味概念を表すだけで，それ自体では陳述の機能を果たさない．例えば desk という名詞形は，そのままでは「書き物などをするための台」といった一般的な机の概念しか意味せず，現実世界における特定の(あるいは任意の)机を表すためには，a desk, the desk, my desk のように限定詞を付ける必要がある．限定詞は機能範疇の一つであり，それが付くことによって初めて，抽象的な概念が個々の対象を指すようになる．時制辞も同様で，walk だけでは歩くという一般的な概念しか表さないが，walks あるいは walked と屈折することによって，現在あるいは過去の特定時間との結び付きが生じる．

　日本語でも同様で，「きのう花を見た」という文はある特定の花と特定の時間を問題にしているが，「花見」という複合語は「いつ，どの花を」という特定個別の問題を超越した一般概念(春に桜を見て楽しむこと)であるから，どこか特定の公園に咲く桜だけを指すわけではない．特定の花を指して「*[その花]見」や「*それ見」という複合語を作ることは不可能である．これに対して，「花を見る」という文は具体的，特定的な事象を述べるから，桜に限られず，春にも限られない．

　さて，語が表す一般概念は，脳の中の辞書(次項(b)で詳述)に蓄えられている．辞書の中身は個人の言語生活によって異なるから，「花見」ならおそらくすべての日本人成人に共通するが，「梅見」「菊見」「紅葉見」となると，「知らない」とか「意味は分かるが自分では使わない」といった個人差が生じる．文の場合は辞書への登録という作業は行われず，そのため「～を見る」の目的語には「桜，菊，紅葉」などが自由に現れることができる．

このように，辞書への登録という考え方，そして辞書に登録されるのは外界の個別事象ではなく一般的，総称的概念であるということを踏まえれば，文と語の違いを一応は理解することができる．

しかし現実には，上述の性質がすべての語に一律に当てはまるわけではない．「首相」という名詞だけなら一般概念を形成しているからどの時代の首相についても用いることができるが，「前首相」となると，現在の首相を基準にしてそれより一代前に限られるから，現時点での実世界と結び付いていることになる．逆に，「油を売る，食指が動く」のようなイディオムは形の上では句ないし文であるのに，意味は全体として慣習化している．このように全体の意味が合成性を失った場合は句であっても辞書に登録しておく必要がある．

形態的なまとまり

統語論から見ると，語は形態的に緊密なまとまりを構成する．

統語的変形の禁止：語の一部分だけを統語的に切り離すことはできない．「首相は国際会議に出席した」の「国際」だけを文頭に移動して，「*国際は，首相が＿＿＿会議に出席した」のように話題化することは不可能である．しかしこれは，話題化などの統語規則が句を対象にし，語には適用しないという，統語規則の制約に起因すると考えたほうが良い．移動を伴わなければ，「首相は何会議に出席したのですか」のように複合語の一部分を「何」で置き換えることが可能だからである．

句排除の制約：語の内部に句を埋め込むことは通常は許されない．「窓拭き」に対して「*[汚れた窓]拭き」，「調査する」に対して「*[方言の調査]する」といった合成語が不適格であることから分かるように，語は一般に，それより大きいまとまり（句）を取り込むことはできない．ただし，この制約にも例外がある（1.5 節(a)参照）．

以上の二つの現象は，語と句の単位の大小を示しているだけのように思えるが，次の現象からは，語というまとまりが外部から侵入できない「殻」をまとっていることが分かる．

外部からの修飾の禁止：語の一部分を外部から修飾することはできない．「新しい[本棚]」というのは，本棚が新しいのであって，新しい本を入れるための棚ではない．「新しい」という形容詞は「本棚」の「本」だけを修飾すること

はできない．しかし「昨年亡くなった祖父の[墓参り]」や「演歌の[歌い手]」のような例外がある(1.6節(b)参照)．

語彙照応の制約：語の内部の要素を文中の照応に利用することはできない．「魚を釣って，それを家に持って帰った」という文では「それ」は「魚」を指すが，「*魚釣りをして，それを家に持って帰った」と言うと「それ」が「魚釣り」の「魚」を直接に指すとは解釈できない．照応表現(代名詞)が複合語の内部に現れることは，さらに厳しく制限され，「*それ釣り(←魚釣り)」や「*そこ旅行(←京都旅行)」などはまったく成り立たない．ただし，「ここ止まり(の電車)」や「あの人好み」のようなダイクシス(直示)の表現は例外的に見られる．

以上では，「語」が典型的に備えていると思われる性質を述べたが，いずれも「典型的」な性質であり，例外も多数観察される．それらの例外をどのように説明するのかが，現在の形態論研究の重要な課題である．

(b)　辞書の役割

前項で「典型的な語」と言ったのは，文法体系の中でも語彙部門で形成される語を指している(1.5節で述べるように，統語部門あるいは音韻部門で形成される語はこれらの特徴から外れることがある)．語彙部門で形成された語を蓄えておくのが，母語話者の脳の中にある**辞書**(心的辞書，mental lexicon)である．

辞書の役目は，名詞，動詞，形容詞，副詞，前置詞，助動詞など，当該言語で用いられる語および熟語，慣用語句について，その品詞(統語範疇)，発音，意味，構文的性質などの情報を記載しておくことである．しかし，どのような要素が辞書に登録されるのかは学者によって見解が異なる．happy, chair, sleep といった単純語(それ以上小さい単位に分解できない語)がすべて登録されることは間違いないが，それらを元にして作られる生産性の高い派生語(happily のように接尾辞を伴うもの，unhappy のように接頭辞を伴うもの)，複合語(arm と chair を合わせて armchair)，あるいは屈折語(walk の過去形 walked や happy の比較級 happier)など(これらをひっくるめて**合成語**と呼ぶ)をすべて辞書に記載しておくべきかどうかは，意見が分かれる．

必ず辞書に登録しておかなければならないのは，意味的にそれ以上細かく分解できないまとまりである．これには，「傘，食べ–」のような単純語，「不」や「的」のような規則性のある接辞，あるいは「油を売る」のようなイディオム

が含まれる．

(3) ・単純語：傘，ベッド，食べ-，美し-，…
・形態素：[複合語の語基]国，際，読，書，…；[接辞]不-，まっ-，超-，-さ，-的，-もどき，…
・慣習化された合成語および慣用語句：うなずく，鴬張り，油を売る，口八丁手八丁，…

これらは日本語の語彙の最も基本的な部分であり，辞書の中でも長期記憶に係わる**長期辞書**(permanent lexicon)に貯蔵されているものと見なされる．

(3)には「うなずく」という動詞が含まれる．これは歴史的には「項(うな)突く」という成り立ちを持つものの，今日では「うな」という形態は単独では現れないから，現代語の分析としては「うなずく」全体で一つの動詞と見なすのがよい．これは英語で 'cranberry words' と呼ばれ，古くから形態素分析の問題とされる現象と同じである．つまり，cranberrry, strawberry, blueberry, boysenberry, raspberry, gooseberry などの一連の語は，berry という単語を含んでいるものの，現代英語の感覚では cranberry を cran と berry，strawberry を straw と berry に分解することは意味がない．**形態素**(morpheme)というのは，意味を持つ最小単位と定義されるが，cranberry を cran と berry に分けると「意味のない形態素」(宮島 1994, pp. 121–135)になってしまう．このような場合は，cranberry という語全体を辞書に登録するのが妥当である(Aronoff 1976)．

これに対して，例えば「不-」を接頭辞として含む「不人気，不慣れ，不安定」などは長期辞書に含まれる上述の意味での語彙素とは同列には扱えない．一つにはこのような「不-」という語が多数あり，既存の語だけでなく「不登校」などの新しい語を作り出す可能性があることが挙げられるし，もう一つには「不」と次の語との意味的な結び付きが透明で合成的であることが挙げられる．しかしながら，「不人気，不慣れ，不安定」などは規則的であるとは言うものの，新造語と比べると，見慣れた語である．そこで，語形成規則によって産み出された語を蓄えておく場所として，仮に「短期辞書」というものを設定しておこう．長期でも短期でも辞書に記載された項目を**語彙素**(lexeme)と呼ぶと，**語形成**(word formation)は語彙素に基づいて行われる．

辞書と，語形成を司る機構とを合わせて**語彙部門**(lexical component)と呼ぶと，その内部の仕組みは図 1.1 のようにまとめられる．このようにして作られ

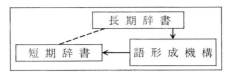

図 1.1　語彙部門の仕組み

た語は，統語構造に供給されて句や文を構成する土台となる．

次節では，語彙部門で行われる語形成の様式を概観することにしよう．

1.3　語形成過程の様式

文が句を左右に配列し階層的に積み重ねることで作られるように，語の組立ても，多くの言語では語彙素を左右に配列する方式が採られる．例えば「手」と「揉む」をこの順序で並べると「手揉み (洗い)」，順序を逆にすると「揉み手」という複合語になる．この場合，左右の順序が重要であり，順序を入れ替えると意味も異なってくる．いずれにしても，このタイプの複合語では例えば「揉み」の「揉」と「み」の間に「手」が割り込んで「*揉–手–み」のようには決してならない．このように，複数の要素を線形に配列することによって複雑な語を作っていく方式は，日本語や英語を始め世界の多くの言語に見られる．これはおそらく時間の流れと言語の線形性によって要求される自然な性質であろう．

ところが，言語によっては必ずしも言語要素の配列が時間の線形性に対応しないことがある．英語においても，walked なら walk と -ed (過去) が線的に並んでいるが，sit に対する sat では s-t の間に a が割り込んで，あたかも「*揉–手–み」のような形状を呈している．これが極端になったのが**補充法**(suppletion, goed の代わりに went を用いるように，規則的な形を特別な形態で代用すること) で，「2 番目」を*two-th の代わりに second と言うとき，どの部分が「2」でどの部分が「番目」かという意味と形態の対応が失われる．

このように，語形成のプロセスは線形的な配列と非線形的な配列の 2 種類に大別される．以下では，おのおのについて主要な語形成過程を例示してみよう．

(a) 線形型語形成

複数の要素を左右に配列する語形成は，構造主義言語学以来，**項目配列型** (Item and Arrangement, IA) と呼ばれる．例えば，「古(い)」と「本」をこの順序で並べると「古本」という複合語ができ，この後ろに更に「屋」を付けると，「古本屋」という複合語になる．このことを図解すると図 1.2 の (a) のようになる．

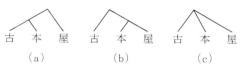

図 1.2 「古本屋」の構造

(a) はまず「古本」が小さいまとまりを構成し，その外側に「屋」が付くことを示している．これに対して，(b) では「本屋」の外に「古」が付いているから，「本屋が古い」という誤った解釈になり，構造的に不適切である．また，(c) では三つの要素が並列され，意味の解釈を正しく示していない．

このように，線形型の語形成においては適切な意味のまとまりごとに組み合わせが行われ，階層構造を形成していく．その際，組み合わせは二つずつの要素を順々に組み合わせるのであって，図 1.2(c) のように三つの要素を同時に並列することはない．これを**二分枝分かれ制約**(Selkirk 1982) と呼んでおこう．ただし「松竹梅，国公私(立)」のような等位接続の構造はこの制約から除外される．

さて，図 1.2(a) が「古本屋」の形態構造を正しく表しているとしても，発音上はこの構造の通りになるとは限らない．一般に複合語の内部に休止を置くことはできないが，強いて音声的に区切れを付けるとすれば，「古本｜屋」ではなく「古｜本屋」という風に，むしろ図 1.2(b) に表されたように区切るのが自然だろう．「おにぎり」の場合はもっと分かりやすい．この語は，「握る」を名詞化した「にぎり」に接頭辞の「お」が付くという形態構造を持つが，発音上は「お｜にぎり」ではなく「おに｜ぎり」のように 2 モーラ (mora, 拍) ずつの構成に捉えられる．このように，意味を反映した形態構造と，それが実際にどう発音されるかという音声構造とは必ずしも一致しない．この種の形態と音声の

食い違いは句や文のレヴェルでもしばしば観察される．

　二分枝分かれ制約は複合語だけでなく派生語にも適用する．unreliable という形容詞を例に取ると，これは un-, rely, -able という三つの要素を含み，図 1.3(a) の形態構造を持つ．(a) は reliable という形容詞の外に接頭辞 un- が付

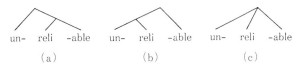

図 1.3　unreliable の構造

くという構造である．この構造が妥当であることは，否定の接頭辞 un- が形容詞に付くという形態的な制限からも示される．(b) の構造では un- がまず rely に付いているが，*unrely という動詞は存在しない．un- が動詞に付く場合は untie, undo のように「元の状態に戻す」という意味になるから，unreliable の un- とは区別される．最後の (c) の構造は意味の解釈からも un- の形態的条件からも不適切である．

　線形型の語形成においては，左右の位置が重要であるから，語彙素は①左に付く，②右に付く，③どちらにでも付く，という三つのいずれかに指定されている．①**語基**(base, 語形成の元になる要素)の左側に付くものは**接頭辞**(prefix)，②右側に付くものは**接尾辞**(suffix)と呼ばれ，両者を総称して**接辞**(affix)と言う．例えば dis- は接頭辞であるから，dishonest, dislike のように語基の左に現れ，*honest-dis, *like-dis のように右側に付くことは許されない．他方，③相手の左右どちらにでも付くことのできるものは複合語を作る語基である．この場合，左右の順序は意味の違いに反映される．killer と shark を複合する場合，配列によって killer shark (人食い鮫) と shark killer (鮫殺し) という意味の違いが生じる．

　では，線形型語形成の代表として**複合**(compounding)と**派生**(derivation)の特徴を見ていこう．

複　　合

　まず，線形型の形態構造において重要な主要部という概念を説明しておく (N: 名詞，V: 動詞，A: 形容詞，P: 前置詞)．

(4) a. 複合名詞

　　　[_N[_N wrist][_N watch]]　　[_N[_A hot][_N house]]　　[_N[_V play][_N ground]]

　　　[_N[_P under][_N shirt]]

b. 複合形容詞

　　　[_A[_N world][_A famous]]　　[_A[_A blue][_A green]]

c. 複合動詞

　　　[_V[_N 心][_V 掛ける]]　　[_V[_V 持ち][_V 上げる]]

(4)には複合名詞，複合形容詞，複合動詞の例をいくつか挙げたが，いずれにも共通するのは，複合語全体の品詞が後部要素の品詞と一致することである．wrist-watch では前部(wrist)も後部(watch)も名詞であるから，これだけでは判別できないが，他の三つの複合名詞を見れば，前部の品詞に係わりなく，後部が複合語全体の名詞性を司っていることは明らかである．このことは，複合形容詞と複合動詞を見れば一層明瞭になる．

　複合語全体の品詞を決定する要素を**主要部**(head)と呼び，H で表しておこう．主要部は複雑な語の範疇を決定するだけでなく，多くの場合，複合語全体の意味の中心になる．wrist-watch（腕時計）は時計の種類であり，腕の一種ではない．wrist は主要部を意味的に補っているから，このような要素を**補足部**と呼び，便宜上 M で表しておこう．

　複合語の内部構成を H と M の組み合わせで整理すると，可能性としては次の4通りの配列が考えられる．

　　① MH　　② HM　　③ MM　　④ HH

日英語ともに実例が最も多いのは，(4)で例示したように①MH 型である．主要部を持つ複合語は伝統的に**内心複合語**(endocentric compound)と呼ばれるが，Williams (1981) は，普遍的に内心複合語では右側（すなわち後ろ側）の要素が主要部であるとし，この考えを派生語にも適用することで次のような一般的規則を提案した．

(5) **右側主要部の規則**(Righthand Head Rule)

　　　合成語では右端の要素が主要部である．

この規則に対しては，複合語についても派生語についても反例が指摘されている．

　日本語では「防水，読書，訪米」といった2字漢語は元の中国語の語順を受

け継いで，動詞＋目的語つまり②HM型になる．このパターンは「省エネ，脱サラ，製パン（工場）」のようにいくぶんの生産力もある．（「券売（機），肉食（動物），足温（器）」のように目的語のほうが動詞より前に来る例はおそらく和製中国語だろう．これらは「水害防止」→「水防」（西尾 1988）のように短縮による例とは区別される．なお，副詞的な要素は「乱読，外遊，毒殺」のように副詞＋動詞（MH）の配列が普通である．）しかし面白いことに，「読書週間，防水テント，海外旅行」のように大きい複合語になると，日本語本来のMH型に戻る．

英語では，動詞句なら ride a bike, go to church のように HM の順序だが，対応する複合語（bike riding, churchgoing）では日本語と同じ MH 型になる．この順序は古英語（Old English）の SOV 語順（主語–目的語–動詞）の名残と考えられる．conscious of class に対する class-conscious, free of tax に対する tax-free などの複合形容詞でも同じである．

右側主要部の規則は，英語と日本語にはおおむね妥当であるが，世界中すべての言語に通用するわけではない．特に複合語は，当該言語の統語構造における語順を反映することが多い．例えば，「北風」north wind というのは日英語とも MH 型で，この順序は SOV 語順を持つ言語に広く見られる．しかし SVO 語順のヴェトナム語，タイ語，インドネシア語などや，VSO 語順のアイルランド語などでは「風＋北」という HM 型の配列になる．

右側主要部の規則に適合しないタイプとして，次に③MM 型を取り上げる．この型は二つの補足部だけで構成され，主要部を欠くという点で，伝統的に**外心複合語**（exocentric compound）と呼ばれるものに対応させることができる．その一例として scarecrow「かかし」という複合語を考えてみよう．これは scare「驚かせる」と crow「鳥」の組み合わせであるが，これまでの MH 型のように「scarecrow は crow の一種である」ということはできない．ましてや，scarecrow は scare の一種でもないから，HM 型でもない．「かかし」という意味を読み取るには，scare と crow の両者の意味関係を考えなければならない．いや，ほとんどの場合，外心複合語は典型的な名付け表現であるから，構成要素の意味を知っていても全体の意味は的確に推測できないのが普通である．類例として，pickpocket「すり」，pushup「腕立て伏せ」，forget-me-not「わすれな草」などがある．外心複合語の中で，redcap「赤帽→駅のポーター」や hardhead「硬い頭→わからずや」などは，それが表す対象物が典型的に持って

いる特徴を元にした**メトニミー**(metonymy, 際立った特徴で事物全体を表す表現法)である．

では，残る④HH 型はどのようなものだろうか．これは二つの主要部を持つ型であるから，**並列複合語**(dvandva)を適合させることができる．「親子，男女，生死，日米，寝起き，出入り」などがその例で，アクセント的には「お̄やこ，だ̄んじょ」のように前だけが高く発音される．意味的には二つの要素がそれぞれ独自の指示を持つことが重要である．

(6) a. 親子は<u>それぞれ</u>の道を歩んだ．
　　 b. 行き帰りの<u>両方</u>にタクシーを使った．

「それぞれ」や「両方」という表現は，「親」と「子」，「行き」と「帰り」が別々のものであることを示している．

このように，内部構成員が独立した指示を持つ並列複合語は日本語(およびアジアの言語)の特徴である．英語には secretary-treasurer, king-emperor, singer-songwriter などの表現があり，これらも並列複合語と称されることがあるが，日本語と実質的に異なっている．singer-songwriter というのは singer (歌手)と songwriter (作詞作曲家)の2人ではなく，自分で歌を歌う作詞作曲家という意味であるから，並列ではなく修飾関係(MH)と見なすべきである．したがって，

* The singer-songwriter both/respectively ate pizza and spaghetti.

のように言うことはできない．つまり英語には，日本語の「親子」のように内部構成員がおのおのの指示対象を持ち，しかも主語や目的語として独立できるような並列複合語は存在しないということである．

(7) the <u>Japan–U.S.</u> relationship, the <u>father–son</u> resemblance,
　　 the <u>London–Edinburgh</u> express

ただし，英語でも(7)のような名詞修飾構文になると，純粋な並列複合語が見られる．

派　生

前述のように，Williams (1981)の右側主要部の規則は複合と派生の両方に適用するものと主張されている．そこで，まず派生語における主要部とは何かを説明しておこう．

teacher という名詞を例に取ると，その中心は teach であり，-er は単なる語尾と見なされるのが普通である．しかしながら，この場合「中心」というのは語彙的な意味内容が比較的大きいということにすぎない．これまで説明してきた主要部の規定(特に品詞の決定という基準)からすると，接尾辞の方が主要部であると考えるのがよい．なぜなら，teach 単独では動詞であり，-er が付くことによって名詞に変わるからである．言い換えると，-er は動詞に付くことによって名詞を作り出す機能がある(つまり，-er 自体が名詞という品詞を担っている)と考えることができる．意味の基準からしても，teacher は「人あるいは職業(-er)の一種」と捉えることができる．同じように，形容詞 happy に -ness が付いて happiness となると名詞になるから，-ness 自体が名詞という性質を持っている．日本語でも，「おもしろさ，頑固さ」などの「-さ」は形容詞・形容動詞に付いて名詞を作る働きをする．

このように，新しく品詞を作り出す接尾辞は主要部として働き，派生語全体の品詞を決定する．接尾辞は語基の後ろに付くから，M と H の順序で言えば，MH 型(右側主要部)ということになる．この性質は日英両言語に共通している．代表的な接尾辞を挙げておこう．

(8) 寒<u>さ</u>, 強<u>み</u>, 眠<u>け</u>, 男<u>っぽい</u>, 夏<u>らしい</u>, 秋<u>めく</u>, 映画<u>化</u>, 大衆<u>的</u>, 普遍<u>性</u>

sad<u>ness</u>, ski<u>ing</u>, beard<u>ed</u>, civil<u>ize</u>, construct<u>ion</u>, arriv<u>al</u>, develop<u>ment</u>, wash<u>able</u>, ideal<u>ism</u>, child<u>like</u>, hope<u>ful</u>, slow<u>ly</u>, atom<u>ic</u>

E. Williams は，主要部を持つ複合語と派生語では，図 1.4 のように，右側要素の品詞素性が全体に繰り上がる(percolate)と提案している．

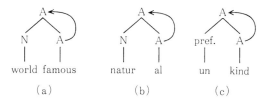

図 1.4 右側要素による品詞決定．A: 形容詞，N: 名詞，pref.: 接頭辞

ただし，boy → boyhood, host → hostess, piano → pianist のような場合は，名詞→名詞であるから，品詞の変更が起こっているのかどうか判断できない．また，「佐藤さん」の「さん」や，イタリア語の tavolino「小テーブル」のよう

な<u>指小辞</u>(diminutive，小ささや親愛などを意味する接尾辞)，あるいは talk<u>ed</u> の時制屈折などは主要部と見なせるかどうか疑問である．

　接尾辞とは逆に，接頭辞が派生語全体の品詞を支配することは日英語共に稀である．図 1.4(c) では，kind に un- が付いて unkind となっても，品詞の変化は起こらず，相変わらず右側の kind の形容詞性が生きている．英語の接頭辞には，un- のほかに <u>in</u>compatible, <u>non</u>-stop, <u>dis</u>honest, <u>co</u>-author, <u>mis</u>understand, <u>re</u>-issue, <u>ex</u>-wife, <u>pre</u>-edit, <u>super</u>natural など多数あるが，主要部として働くのは，名詞から動詞を作る en-(cage → encage)，名詞を形容詞・副詞に変える a-(sleep → asleep)，名詞から動詞を作る de-(throne → dethrone)，名詞・形容詞から他動詞を作る out-(smart → outsmart) などごく少数に限られ，しかも out- 以外は生産力がゼロに近い．日本語でも，「<u>か</u>弱い，<u>ひっ</u>くくる，<u>お</u>客，<u>全</u>世界，<u>超</u>大国」などの接頭辞は語基の品詞を変更する力はない．したがって，一般に接頭辞は補足部であって，主要部にはならないということである．例外は「不」「無」などで，これらは名詞を形容動詞に変える機能を持つ．「義理」「責任」自体は形容動詞 (*義理な，*責任な) ではないが，「不」「無」が付くと形容動詞「不義理(な)，無責任(な)」に鞍替えする．

　以上のように，英語と日本語について言えば，接尾辞は主要部になるものが大半だが，接頭辞は一部の例外を除くと主要部にならない．接尾辞は派生語の後ろ部分 (右側) であるから，このことと，複合語では後部が主要部になることが多いという先の観察を総合すると，「複合・派生ともに合成語では後部が主要部になる (MH 型)」という Williams の右側主要部の規則が一応の説得力を持つことになる．

　しかしながら，右側主要部は世界のすべての言語に当てはまる普遍的原理とは，とても考えられない．ちょうど文構造で VO 語順 (動詞–目的語) の言語と OV 語順 (目的語–動詞) の言語があるように，語構造でも主要部先頭型と主要部後続型とがある．このことは複合語で顕著だが，派生においても，文構造で動詞が先頭に来る言語では接尾辞より接頭辞が用いられる傾向が強い．また，言語変化によって元来は独立の語であったものが，**文法化**(grammaticalization，独立した語彙範疇が元来の意味を失って形式的・抽象的な要素になること) によって接辞に変化することもある．例えば，現代フランス語の未来屈折形はラテン語の動詞 habere 'have' が接辞化したものとされる (Hopper & Traugott

(9)　ラテン語　　cantare <u>habeo</u>　'sing' 'have (一人称単数)'
　　　→ フランス語　chanter<u>ai</u>

このように，形態構造における主要部の位置については，歴史的な変化，統語構造との関係，あるいは情報の新旧や情報処理の容易さ (Hawkins 1988) など，さまざまな要因を考慮して総合的に検討する必要がある．

(b) 非線形型語形成

言語は時間の流れにそって発音されるから，語内部の配置も前後の順序で捉える線形型がおそらく最も自然であろう．しかしながら，語というのは，動詞であれ名詞であれ，それ全体として一つのまとまった概念を表す「名前」であるから，厳密に時間軸に沿った順序を守らないことも可能である．その極端な例は，形態的に細分できない単純語である．例えば，「いためる」という料理動詞は「食品を油などで煎って調理する」(広辞苑) という意味であり，この一語の中に「煎る」と「調理する」という二つの行為が一体化している．

アラビア語の語構成

言語によっては，形態的に分析可能な語でも，二つの要素を同時平行的に組み合わせることがある．その代表はアラビア語などの語構成である．英語では sink, sank, sunk のような不規則変化動詞が s–nk といった子音を土台にして，母音を変化させることで異なる機能を表すが，アラビア語の語形成はこの方法を極度に発達させたものと考えてよいだろう．例えば，「書く」という意味概念を表すのは k–t–b という子音だけであり，それにさまざまな母音を補うことによって，多彩な文法的意味を担った一人前の動詞になる．

(10)　a. katab　（完了相　能動態）
　　　b. kutib　（完了相　受動態）
　　　c. aktub　（未完了相　能動態）
　　　d. uktab　（未完了相　受動態）

katab の語根は k–t–b という不連続の子音であり，完了相能動態を表す語彙素は a–a という，これまた不連続の形態であるから，線形型の語構成では取り扱うことができない．

そこで McCarthy (1981) は，アラビア語の語は C（子音）と V（母音）という音声の骨組みを土台として，それに具体的な子音と母音を肉付けすることによって作られると考えた．図 1.5 では，語根 (k–t–b) と相・態 (a) が上と下の独立

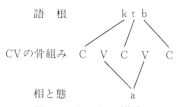

図 1.5 katab の構造

の層に位置づけられ，それらを歯車のように嚙み合わせることによって，一つの単語としてのまとまりが得られる．

このように非線形型の語形成においては，子音と母音の配列パターンが重要になる．CV の骨組みが音声構造の**鋳型** (template) として規定されていて，その鋳型に合うように，具体的な子音と母音がはめ込まれていく．

畳　語

C と V の鋳型に基づいて新しい語を形成するもう一つの例として**畳語形成** (reduplication) が挙げられる．畳語は，日本語では「家→家々，黒→黒々」などの和語や，「フラフラ（する），ドキドキ（する）」などのオノマトペ（擬音語，擬声語，擬態語）に見られるが，語彙的に限られる．しかしフィリピンの言語などでは，畳語が一般的に活用され，例えばアグタ語 (Agta) では

(11) 　　　　単数　　　複数
　　　「足」　takki　　taktakki
　　　「頭」　ulu　　　ululu

のように，単数名詞が規則的に複数名詞に変わる．通常の接辞化と異なり，畳語の場合はある指定された形態が付くのではなく，語の一部を構成する子音と母音の組み合わせパターンが繰り返される．

Marantz (1982) の分析によれば，上のアグタ語の例では (C)VC という音節の鋳型だけが元の単語の前に付加され，具体的な音声は元の語からコピーされることになる（図 1.6）．コピーされた takki という音声は左から CVC の畳語部

```
     t a k k i                         t a k k i
     | | | | |      CVCの付加           | | | | |
     C V C C V    ─────────→       C V C + C V C C V

                          t a k k i   t a k k i
         音声のコピー       | | |       | | | | |
        ─────────→       C V C   + C V C C V
```

図 1.6 畳語の構造

分に対応づけられ，末尾の ki は CVC の鋳型からはみ出すために削除される．別の言語では，CVC 以外の鋳型が付加されることもあり，また，その付加が語末や語中に起こることもある．いずれにしても重要なのは，CVC などの韻律単位が関与しているということであり，そのため，このような現象は**韻律形態論**(prosodic morphology)とも呼ばれる．

短縮と混成

音声構造に基づく非線形的な語形成には，短縮や混成なども含めることができる．**短縮**(clipping)というのは次のように語の一部分を切り取ることである．

(12)　うな(ぎ)どん(ぶり)，学(生)割(引)，サラ(リーマン)金(融)，
　　　リモ(ート)コン(トロール)，イメ(ージ)チェン(ジ)

このような例で重要なのは，何が消されるかより，何が残されるかである．消される部分は多様であるが，残されるのは，前の単語の先頭の 2 モーラと，後ろの単語の先頭の 2 モーラが基本である．「うなぎどんぶり」は「うな-どん」となり，「*う-どん」や「*うな-どんぶ」のようにはならない(図 1.7)．

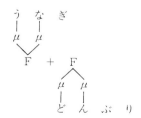

図 1.7　「うなどん」の構造．F: フット，μ: モーラ

このように，短縮語では元の単語の語頭を 2 モーラずつ残すのが一般的である(Itô 1990)．ただし，すべての短縮語がこのパターンに納まるわけではない(「(アル)バイト，(宝)塚ガール，テレビ(ジョン)」)．

日本語において2モーラが音声的まとまり（フット，foot）として有意義であることは名前の愛称からも窺える（Poser 1990）．

(13)　ひろゆき→ひろ（ちゃん）

　　　まりこ→まり（ちゃん）

　　　みちこ→みっ（ちゃん）

(13)で「*ひろゆ（ちゃん）」や「*ま（ちゃん）」などにならないことに注意したい（詳しくに第2巻第2章を参照）．

　二つの単語から一部分を切り取って寄せ集める**混成語**(blending)の形成にも韻律単位の概念が係わっているようである．窪薗(1995)によれば，混成語では右側の原語の長さを継承するのが普通である．

(14)　ゴリラ／くじら→ゴジラ

　　　ダスト／ぞうきん→ダスキン

　　　リンス／シャンプー→リンプー

　以上では，世界の諸言語に見られる語形成過程を線形型と非線形型の二つに大別し，それぞれの特徴を見てきた．線形型語形成である複合と派生では，特定の形態を左右に配列することを主眼とするが，それに伴って音声的な変化が現れることがある．例えばin-とpossibleを結合することでimpossibleが得られるが，その際にpの影響でn→mという同化(assimilation，近接する音と類似の発音に変わること)が起こる．このタイプでは，特定の形態の配列が主体であり，音声変化は副次的産物と考えられる．他方，非線形型の語形成ではCとVを組み合わせた何らかの韻律単位（音節，モーラ，フット）が基盤を提供し，それに具体的な形態を当てはめることで語が形成される．語形成の操作を形態配列と音声構造との二つの側面に分けるとすると，線形型語形成は形態配列を主体とし，非線形型語形成は音声構造を主体とする，と言えるだろう．しかしいずれのタイプにおいても，語形成の元になるのは語あるいは語より小さい単位であり，それらが直接に句や文に言及する必要はない．その点で，以上述べた語形成過程はいずれも語彙部門の中に位置づけることができる．

　語彙音韻論(lexical phonology) (Kiparsky 1983; Mohanan 1986)の理論によれば，語彙部門における語形成は形態操作と相まって語彙的音韻規則が作用するとされる．複合や接辞化では，形態操作が主であり，それに付随してさまざまな音韻規則が働く．例えば「銀」と「キツネ」を複合することによって，gin

＋ kitune → gingitune のように，アクセントが一体化し，「キツネ」の語頭音 [k] が [g] に有声化する(**連濁**)．これらの音声変化は語の内部に特有のものであり，句や文のレヴェルでは普通，見られないから，したがって「銀ギツネ」という複合語を作る形態操作と，それに付随するアクセント規則および連濁規則は，語彙部門に位置づけておくのが妥当である．

　アラビア語の動詞形成やフィリピン諸語の畳語なども，語ないしそれより小さい単位を元にして行われる語形成であるから，語彙部門に位置づけることができる(McCarthy 1981)．これらの語形成は，語彙部門の中でも音声構造を主体にして働く規則である．日本語の短縮も同じように扱うことができる．短縮は通常，二つの単語を元にして行われる．「ベルサイユのばら→ベルばら」のような例では，一見，句が元になっているように思えるが，助詞「の」が付いていても，「ベルサイユのばら」というのは宝塚歌劇のタイトルを指すから，辞書に登録された語彙素と見なすことができる．実際，句を自由に短縮することは許されず，例えば「隣のおじさん」を「＊となおじ」としたり「きのう見た映画」を「＊きの映」としたりすることは到底できない．

1.4　語彙部門の仕組み

(a)　語形成に係わる制限

　語形成過程の様式を理解したところで，次に語彙部門における語形成の仕組みを説明しよう．語形成にはさまざまな制限が付きものである．例えば「雨降り」は日常語だが，「?雪降り」「＊あられ降り」「＊みぞれ降り」となると受け入れられない(?は許容に個人差のある表現を表す)．しかしなぜ「雨降り」があって「＊あられ降り」がないのかと言うと，言語学的に有意義な説明は見つけにくい．「＊あられ降り」という言い方は日本語の形態論において「可能な語」であるが，たまたま語彙的な気まぐれで存在しないだけである．

　このような**偶発的空白**(accidental gap)は別にして，当該言語として原理的に成り立たないような語もある．それがどのような原理によるのかを解明するのが形態論の課題となる．

　最も簡単なのは，品詞の制限だろう．接辞はそれが付く語基に品詞的な条件

を付ける場合が多い．例えば「-さ」という接尾辞は形容詞(「やさし-さ」)または形容動詞(「容易-さ」)に付き，動詞(「食べやす-さ」に対して「*食べ-さ」は不可)や名詞(「男らし-さ」に対して「*男-さ」は不可)には付かない．このような条件は，個々の接辞の辞書登録の中で指定しておく必要がある．

　語形成にしばしば見られるもう一つの制限は語種に関するものである．日本語の語彙は基本的に和語と漢語・洋語に区別される．例えば「製薬」や「脱獄」といった2字漢語には和語は入らない．「製薬(やく)」は良いが「*製薬(ぐすり)」は不適格である．しかし後部に洋語が入ることは許される(「製パン，脱サラ」)．英語の語彙はゲルマン系かラテン系かに大別され，-ity という接尾辞はラテン系の形容詞(15a)に付き，ゲルマン系(15b)には付かない．

(15)　a. electricity, civility, mobility, serenity, activity
　　　 b.*kindity, *shortity, *bigity, *tallity, *warmity

以上述べた制限は比較的見分けやすいものであるが，例えば次の違いはこれまでの制限では説明できない．

(16)　a. ungovernable「制御できない」
　　　 b.*ingovernable

un- も in- も形容詞に付くから，(16)の2語は governable の外側に un-, in- が付くという構成になる．一般には「in- はラテン系の語に，un- はゲルマン系の語に付く」と言われるが，上例では govern も -able もラテン系である．したがって，語種の条件では(16a, b)の違いは説明できない．このような事態に対処しようとするのが，次に述べる「レヴェル順序づけの仮説」である．

(b)　レヴェル順序づけ

　Allen (1978)を参考にして，in- と un- の違いを見てみよう．これらが結合する語基を整理すると，in- は in<u>ert</u>, in<u>trepid</u>, in<u>sipid</u> の下線部のような**拘束形態**(それだけでは独立して使えない要素)に付く場合と，in<u>decent</u>, im<u>possible</u> のように独立可能な**自立形態**に付く場合とがあるが，un- は unkind, unhappy のように常に独立の語に付く．in- が拘束形態に付いた inert, insipid などでは in- と語基とが緊密に結び付いて単一の単語を構成していることは明らかであるが，このことは，一見，自立形態に付いたと思われる impossible などにも当てはまる．

(17) inaccurate, impossible, illegal, irrational, innumerable

語基が母音で始まる inaccurate では単に in- と accurate が並んでいるように思えるが，語基が p, l, r, n という子音で始まる例を見れば，in- がこれらの語基の前に単純に置かれているだけでないことは明らかである．impossible では in- が続く両唇音(p)と同化して im- となり，im- と possible が音声的に一体化する．音声上の一体化は，illegal, irrational, innumerable で一層顕著である．語基が l, r で始まるときには in- が il-, ir- に同化した上で，その l, r が脱落する．すなわち，[illí:gəl] ではなく [ilí:gəl] となる．これは，英語の単純語の内部では同一子音が二重に現れることはない(happy は [hǽppɪ] ではなく [hǽpɪ] である)，という**音配列**(phonotactics)の制約に依拠している．このことは innumerable のような -nn- という連鎖でも，発音上は単一の [n] になることから裏付けられる．

これに対して，un- の場合は，unhappy, unkind のように un- と語基とがそのまま結合した形となる．そのため，unpleasant は ＊umpleasant, unlikely は ＊ullikely のようにならず，また unnatural の -nn- は二重の発音を保っている．un- が拘束形態に付かないことも考慮すると，in- が単純語に近い緊密なまとまりを作り出すのに対して，un- は既存の語に接続するだけである，と考えることができる．

以上のような in- と un- の音声的な違いを明示するために，Allen (1978) は生成音韻論(Chomsky & Halle 1968)の延長として，音韻境界を用いた．すなわち，in- は＋境界(形態素境界)，un- は♯境界(語境界)を持つものと分析し，しかも，＋境界の派生は♯境界の派生より先に順序づけられると仮定した．これを**レヴェル順序づけの仮説**と言う(図 1.8)．

辞　　書
↓
レヴェルⅠ：＋境界の派生
↓
レヴェルⅡ：♯境界の派生

図 1.8　レヴェル順序づけ

＋境界の派生では，in- が im- に変化したり，innumerable の二重子音の一方が脱落したり，あるいは，fámous →ínfamous, pótent →ímpotent のように，強勢の位置が移動したりする，という音声的な変化がもたらされるのが普通である．先に触れたように，これらは＋境界の派生が単純語と同等の緊密な音声

的まとまりを作り出すということに由来している．

そこで，強勢の移動や音の変化など何らかの音声的変化をもたらす接辞をレヴェル I，そのような変化をもたらさない接辞をレヴェル II として分類することができる．

(18) レヴェル I: democr<u>acy</u>, humid<u>ity</u>, poss<u>ible</u>, librar<u>ian</u>, wid<u>th</u>, confus<u>ion</u>, pleas<u>ant</u>, cigare<u>tte</u>, <u>im</u>possible, <u>en</u>noble

　　　レヴェル II: believ<u>able</u>, child<u>like</u>, feather<u>less</u>, cheer<u>ful</u>, employ<u>ment</u>, siste<u>rhood</u>, friend<u>ly</u>, wood<u>en</u>, talent<u>ed</u>, quick<u>ly</u>, <u>mis</u>understand, <u>dis</u>hearten

レヴェル I の派生がレヴェル II の派生より先に適用すると仮定すれば，I の接辞と II の接辞の配列順序が自動的に決まってくる．すなわち，語基には，まず I の接辞が付き，その外側に II の接辞が付くことになる．逆に II の外側に I を付けると，順序づけに違反するから，不可能な語になることが予想される．このことを M. Allen は次のような例で立証している．

(19) 　　　　　　　*I–[II]　　　　　OKII–[II]
　　　-ful： 　*in[thoughtful]　　un[thoughtful]
　　　-ish： 　*in[selfish]　　　un[selfish]
　　　-ed： 　　*in[educated]　　un[educated]
　　　-like： 　*in[childlike]　　un[childlike]
　　　-able： 　*in[governable]　un[governable]

-ful, -ish, -ed, -like はレヴェル II であるから，その外側にレヴェル I の in- が付くと不適格な語(左欄)になる．レヴェル順序づけの仮説は，同じレヴェル内での順序については何も規定しないので，上例の右欄のように，II の外に II (un-) が付くことは許される．先の ungovernable と *ingovernable の違いも同じように説明できる．

Kiparsky (1983) は，多くの形態操作に音韻変化が連動することに着目し，語彙音韻論のモデルを提案した．この理論では，それぞれのレヴェルが別々の層 (stratum) を構成すると考えるために，音韻境界は不要になる (図 1.9)．

大まかに言うと，レヴェル I は grave → gravity, photograph → photographic, possible → impossible のように，接辞が付くことによって語基に音声的変化が起こるような派生と，foot → feet, rise → rose のような不規則屈折である．こ

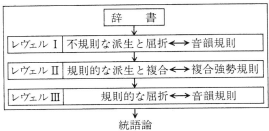

図 1.9 語彙音韻論のモデル

れらの形態操作と呼応して，音韻規則が同じ層で適用する．sense → sensible → insensible → insensibility のように，同一の層で複数の接辞が付くことも可能である．レヴェル II には brave → bravely, power → powerful, hope → hopeless のような規則的な接辞が所属し，これらも hope → hopeless → hopelessly のように複数適用することもできる．当然，レヴェル I で作られた語の後にレヴェル II の接辞が付くことも許される (insensible → insensibly)．

このモデルでは，複合語がどのレヴェルに所属するのかについて意見が分かれている．Kiparsky (1983) や Selkirk (1982) は，次のように，複合語の外側に II 接辞が付く例を証拠として，複合語形成をレヴェル II に位置づけている．

(20)　un[easy-going], un[top-heavy], un[self-sufficient]

これに対して，Allen (1978) は複合語の外側にこの種の接辞が付くことは例外的であるとして，複合語形成をレヴェル III に位置づけている．

(21)　*un[college-educated], *un[forward-looking], *un[factory-built]

これらの例では，un- に代わって non- を用いると適格になるから，Allen は複合語形成と non- 接辞化をレヴェル III に設定している．

(c)　順序づけのパラドックス

レヴェル順序づけの仮説は種々の接辞の順序関係を説明するという利点があるが，反例と思われる事例もある．その一つは，次のような場合である (Aronoff 1976)．

(22)　*un[sensible]　　cf. insensible

　　　*un[perceptible]　　cf. imperceptible

1.4 語彙部門の仕組み

これらはレヴェルⅠ(-ible)の外側にレヴェルⅡ(un-)が付いているから，レヴェル順序づけの仮説では適格な語として認められるはずであるが，実際には英語として不自然である．ここで重要なのは，insensible, imperceptible という正しい語が存在することである．これらは -ible と in- というレヴェルⅠの接辞同士の組み合わせであるから，問題を引き起こさない．すると，前のレヴェル(I)で insensible を作ることができるから，これを利用すると，それより後のレヴェルで un- を付けた *unsensible を作る必要はなくなる．このように，先のレヴェルで作られる可能性のあるものはそこで作ってしまうと，後のレヴェルで同じ意味の単語を別の接辞で作るという作業は不経済なものとして排除できる．これは**語彙の阻止**(lexical blocking)と呼ばれる現象である．(22)の例はこの独立の制約によって排除されるから，レヴェル順序づけの仮説そのものは影響を受けない．

それどころか，語彙の阻止の原理を順序づけモデルに組み合わせると，次のような現象も一貫して説明できる (Kiparsky 1983)．

(23) a. guide (レヴェルⅠで動詞を名詞に転換して，動作主名詞「案内人」ができる)

 *guider (上の名詞 guide によってレヴェルⅡの -er 接辞化が阻止される)

 b. applicant (-ant 接辞化はレヴェルⅠで適用)

 *applyer (applicant によって，レヴェルⅡの -er 接辞化が阻止される)

(22)はレヴェル順序づけの仮説に対する見かけ上の反例だったが，真に反例となる例も多く挙げられている．

(24) [un-grammatical]ity, [re-organiz]ation,
 [transformational grammar]ian, [re-buri]al, [vice−president]ial,
 [twenty-fif]th

これらの表現は，形態的には下線部が緊密なまとまりを形成するが，意味解釈上は接辞が [ ] の部分全体を修飾している．しかもその [ ] の部分はレヴェルⅡであるのに，下線部の接辞はレヴェルⅠに属するから，順序づけに違反していることになる．

順序づけのパラドックス(bracketing paradox)と呼ばれるこの現象に対して

は，さまざまな説明が提案されている．おそらく最も望ましくないのは，いったんレヴェル II の語形成が起こってから，その結果をレヴェル I に引き戻すという考え方(Mohanan 1986)だろう．派生の後戻りを許すと，順序づけのシステムそのものが崩れることになる．

Fabb (1988)は接辞同士の親密性によって順序づけ違反(の一部)を説明しようとした．例えば -ize と結び付く名詞化接辞は -ation に決まっているから，reorganize の名詞形は reorganization とならざるを得ない．なるほど，英語の接辞には結び付きやすい組み合わせと結び付きにくい組み合わせがあることは確かだが，しかしそれだけでは順序づけのパラドックスの全体像を説明することはできないだろう．とりわけ，接辞と複合語との関係を説明するには，何らかの順序づけが必要になる．

(24)のパラドックスを一種の類推による特別な造語として説明しているのが Spencer (1988)である．例えば，transformational grammarian という表現は図 1.10 のような比例式を通して得られる．grammar に対して grammarian があ

図 1.10　順序づけのパラドックス

るから，transformational grammar に対しては transformational grammarian ができる．ここで重要なのは類推の土台となる transformational grammar が語彙化された表現であるという点である．He has a bad grammar.(彼は言葉づかいが悪い)のような単なる形容詞と名詞の組み合わせ(bad grammar)からは，bad grammarian という表現はできない．

(d)　語形成の単位

前項では，レヴェル順序づけの仮説が語彙音韻論に発展したことを述べた．語彙音韻論の妥当性については議論の分かれるところであり，特に音韻規則の適用については，近年，**最適性理論**(Optimality Theory)が異なるアプローチを提示している(詳しくは第 2 巻第 2 章を参照)．この考え方が語彙音韻論に取って替わることができるかどうかは，今後の研究を待たなければならないが，以下では，音韻論を離れて，純粋に形態論の観点から，語形成の単位にいくつ

かの階層を認める必要があることを述べる．

先に見たように，in- と un- は複合語に付くかどうかによって違いを示す．un[self-sufficient] は適格だが，*in[self-sufficient] は不適格であるというのは，接辞同士の組み合わせの不適合や音韻的な制限によるような種類の違いではなく，in-, un- がそれぞれどのような形態的まとまりに付きやすいかという純粋に形態論の問題である．in- は拘束形態などの小さい単位に付きやすく，un- は単一語や複合語などの，より大きい単位に付きやすい．このことを敷衍すると，impossible という例では possible は一人前の単語のように見えるものの，実は inert の -ert のように，語としては不完全な姿であると仮定することができる．

このような考え方に沿って，Selkirk (1982) は，レヴェル I の語形成は**語根**（root，この用語の使い方は伝統的な用法と異なる）という単位に適用し，レヴェル II の語形成は**語**（word）という単位を対象にすると仮定している．

(25)　[im[$_{\text{Foot}}$possible]]
　　　[un[$_{\text{Word}}$happy]]

E. Selkirk によれば，英語では語根レヴェルは接辞化だけであり，語レヴェルで接辞化と複合が起こる．（psychology や telegraph のような新古典複合語（neoclassical compounds）は語根レヴェルに位置づけられる．）このように形態単位の大小を仮定すると，語根は語より小さい単位であるから，両者を組み合わせる場合には，当然，語根が内側，語が外側に来る．

(26)　[$_{\text{Word}}$un[[$_{\text{Root}}$pleas]ant]]
　　　*[$_{\text{Root}}$in[[$_{\text{Word}}$self][$_{\text{Word}}$sufficient]]]

語彙音韻論では音韻的な性質の違いに基づいて接辞を順序づけただけで，なぜそのような順序があるのかという根本的な理由が説明できなかった．他方，言語が（あるいは世の中の物質すべてが）小さい単位から大きい単位へと組み立てられることはよく知られていることであり，語の内部においても大小異なる形態単位を想定することはごく自然なことである．そして，それによってレヴェル順序づけの効果が自動的に得られるのである．

このような形態的単位の区別は，日本語を分析する際にも有用だと思われるが，この方面の研究はほとんどないのが実状である．ここでは，影山 (1993) の考察を紹介しておこう．形容詞から名詞を作る接尾辞として「-さ」と「-み」を考えてみよう．「-さ」は，「厚さ，新しさ」のように単純語にも，「分厚さ，

目新しさ」のように複合語にも付く．これと比べて，「-み」は「厚み，深み」など限られた形容詞にしか付かず，更に「*分厚み」や「*奥深み」のような複合語に付くことはできない．この違いは，in- と un- の違いと似ている．

漢語の場合にも同じようなことが観察される．「訪米，着陸，開室」のようなタイプの複合語は，動詞に相当する1字漢語と，名詞に相当する1字漢語を組み合わせて作る．この場合，1字+1字 という組み合わせが重要であり，例えば「訪米」に対して「*訪米国」や「*訪問米」といった複合語は成り立たない．1字漢語は，それ以上分析できない日本語で最も小さい形態単位であるので，Selkirk を参考にして，これを語根(R と略す)と呼んでおこう．「訪米」は R+R の複合語である．その理屈からすると，「製パン(工場)」における「パン」は語(W と略す)ではなく R だということになる．

では，R と R が結合した「訪米」などはどのような単位になるのだろうか．「訪」だけでは拘束形態であったものが，「訪米」となると自立するから，「訪米」は「語」と呼んでよいと思われるかも知れない．しかしながら，2字漢語がすべて「語」として自立できるわけではない．例えば「国際」や「積極」「消極」などは通常そのままでは現れず，「国際的」や「消極性」のように接尾辞を伴ったり，「国際関係」のように他の要素と複合することが必要である．そこで，R と W の中間として語幹(stem, S と略す)という単位を設定してみよう．(この用語も伝統的な用法(すなわち屈折語尾が付く語基)とは異なる．) S は，R と同じように独立できない拘束形態ではあるが，より「語」に近いまとまりを形成する．

一般的に，1字漢語を R，2字漢語を S とすると，「国際」も「訪米」も共に S ということになる．ところが，後者はそのまま独立して用いることができる．ほとんどの2字漢語は「訪米」と同じように機能するから，特に条件が付かない限り，S はそのままの形で自動的に W に「格上げ」されるものと仮定しておこう．「国際」や「積極」はその格上げを受けない例外である．以上をまとめると，「国際」と「訪米」の違いは図1.11のように表示できる．

和語の場合も，基本的には漢語と平行的に分析できる．例えば，「甘(い)，食べ(る)」などの単純語基を R とし，R と R が結合して「甘酸っぱ(い)，食べ歩(く)」のように合成されると S に格上げされる．和語の複合語で生産性が特に高いのは名詞+動詞型であるが，このタイプは基本的には R+R で構成

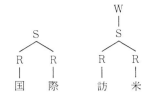

図 1.11 「国際」と「訪米」の構造

され，例えば「山登り」を「*高山-登り」(S+R)や「*山-駆け登り」(R+S)とすることはできない．同じ考え方を派生語に当てはめると，先述の「-み」と「-さ」はそれぞれが付く語基の形態単位によって区別できる．すなわち，「-み」はRにしか付かず，RとRが複合して得られるSには付かない(*奥深み)．他方，「-さ」は比較的自由で，R(寒さ，酸っぱさ)だけでなくS(肌寒さ，甘酸っぱさ)にも付く．

そうすると，接辞の場合は最大レヴェルを指定しておけば，それより低いレヴェルには自動的に付くことになる．「-さ」をSレヴェルと指定しておくと，SだけでなくRにも付く．他方，「-み」はRなので，Sには付くことができない．要するに，大きい単位は小さい単位を包み込むことができるが，その逆は不可能だということである．

図 1.11 に戻ってみよう．そこでは，同じ2字漢語でも，自立できない「国際」はS，自立できる「訪米」はWとして区別したわけだが，後者は単純にWだけではなく，下にSを伴っている．自立形態であるのに，なぜSとWの二重構造が必要なのだろうか．それは，用いられる環境によって，Sとして扱われる場合とWとして扱われる場合が観察されるからである．

SとWを区別する基準として「ないし」または「および」という接続詞が付くかどうかを考えてみよう．「日本人教師」という複合語を例にとると，これは「日本人」と「教師」という語(W)の結合であり，「日本人ないし(および)アメリカ人教師」のように，「ないし」または「および」という接続詞を中に取り込むことが可能である．「ないし」または「および」を取り込むことができる場合を語(W)のレヴェルと規定すると，次のような合成語もここに所属させることができる．

(27) a. ［訪米ないし訪英］予定，［国立ないし公立］大学，外国人［教師ないし講師］，［ゲルマン系およびロマンス系］言語，［共産主義的ない

　　　　　　　し社会主義的]考え方
　　　b．[ゲルマンないしアングロサクソン]系，[中国ないし韓国]製，[意
　　　　　味論ないし語用論]的，[ドイツないしゲルマン]式
　これと比べると，「日本人」の場合は，「＊[日本ないし／およびアメリカ]人」
のような拡張が許されない．次のような例にも同様の制限が観察される．
　(28) ＊[訪米および訪英]中，＊[乳母ないし手押し]車，＊[インドおよびアフ
　　　　リカ]象，＊不[養生ないし摂生]，＊[慎ましないし奥ゆかし]さ
そこで，一見，「語」に基づく合成語と思えるものでも，「ないし／および」を
含むことのできないものはWより小さい単位(すなわちS)として認定できる．
当然，Sより小さいRにもこの種の接続表現はまったく許されない(＊訪[中お
よび韓]，＊[甘ないし酸っぱ]さ)．
　以上述べたように，日本語では語根(R)，語幹(S)，語(W)という三つの段
階において複合と派生の両方の語形成過程が成立する．
　(29)　語根：複合(訪中)，派生(甘み)
　　　　語幹：複合(国際会議)，派生(奥深さ)
　　　　語：複合(中国人ないし韓国人学生)，派生(仏教ないし儒教的)
　語根・語幹・語という単位は無秩序に結合するのではない．複合において，
基本的には同じ大きさの単位同士が結び付く．したがって，「訪中(R+R)」に
対して「＊訪中国(R+S)」や，「中国旅行(S+S)」に対して「＊中旅行(R+S)」
は不適格である．同様に，「食べもの」という形の複合はRレヴェルで起こる
と考えられるから，「＊食べ歩き−もの(S+R)」といった表現は成立しないこと
が予測される．このように，語形成は小さい単位から大きい単位へ拡大してい
くと考えれば，レヴェル順序づけの効果は自動的に導き出すことができる．

1.5　形態論と統語論の接点

　標準的な形態論の考え方では，派生と複合は語彙部門に帰属し，屈折は統語
論に所属するとされてきた(Matthews 1974)．しかし近年の研究によって，こ
の区別からはみ出す場合がさまざまに報告されている．本節では，形態論と統
語論の係わりを整理してみよう．

(a) 語形成単位の拡張

句の包摂

語の内部に句が侵入すること（つまり，語が句を包摂すること）は原則として認められない（**句排除の制約**）．(30)のような例は，見かけ上は「句」を含んでいるものの，[ ]内の表現が辞書に登録されていると考えられるから，句排除の制約には抵触しない．

(30) ［火の見］やぐら，［赤い羽根］募金，［父の日］プレゼント，
　　　［ガマの油］売り

しかしこの種の例を除外しても，句排除の制約に違反すると思われる例は見つけることができる（影山 1993）．

(31) ［新しい町］作り，［古本屋の女房］殺し，［17世紀のフランス］風，
　　　［不精な中年男性］用，［幻の著者］探し，［ゴルフ界の第一人者］的人物

同じタイプの例は英語にもある．

(32) a [pipe and slipper] husband, an [ate too much] headache,
　　　a [who's the boss] wink, [over the fence] gossip

Lieber (1992)はこのような「句複合」を根拠として，生産的な語形成は統語部門で行われると主張している．

英語の句複合の例を分類してみよう．

(33) a. 「句」と思える部分が語彙化ないし慣用化している．
　　　most <u>dyed-in-the-wool</u> fans 「徹底的な」
　　　a <u>neck-and-neck</u> race 「五分五分の」
　　b. 主要部が語彙的に定まっている．
　　　the "You can't talk to me like that" attitude 「そんな口のききかたは許さないという態度」
　　　a <u>don't-tell-me-what-to-do</u> look 「私に指図しないでという顔つき」

まず，(33a)の下線部のように語彙化された表現は日本語の「火の見やぐら」などと同様に，長期辞書に登録されている．(33b)の "You can't talk to me like that" のようにその場限りと思える句や文が包摂される場合もあるが，これらは当該の文脈において引用的に用いられているのであり，その場その場で短期

辞書に入れられるものと考えることができる．そうすると，長期・短期の違いはあっても，包摂された句や文は語彙素であり，したがって語彙部門での語形成として処理できる．

また(33b)のように，包摂された句や文がその場限りと思える場合でも，それを包摂する側の主要部((33b)では attitude, look)は何でもよいわけではなく，おおむねいくつかの限られた名詞に絞ることができそうである．これについては日本語の例で説明してみよう．

日本語で句を包摂することのできる主要部は原則的に「風，用，探し，作り」など特定の接尾辞ないし複合語要素であり，それらは語彙的に指定されている．例えば「作り」は句に拡張できるが，「書き」はできない．

(34) 町作り，[老人にやさしい町]作り
　　　原稿書き，*[誰にも読みやすい原稿]書き

句複合を許す主要部は，元来は語より小さい単位を対象とするのであって，もともと句だけに適用するのではない．

(35) 洋風，西洋風，[テレビのスペシャル番組]風
　　　汎用，男性用，[不精な中年男性]用
　　　人探し，犯人探し，[幻の著者]探し
　　　初級，社長級，[大企業の社長]級

したがって，このような句を含む合成語は，元来は語彙部門で語以下の単位を対象にしていたのが，句にまで拡張していったものと考えられる．実例として「[とれとれのふぐ]料理」や「[大きい婦人服]専門店」のような表現に出くわすこともあるが，生産的に起こる現象とは到底考えられない．したがって，句を包摂した合成語の存在は，語形成を統語部門で行おうとする Lieber (1992) の考え方を立証することにはならない．それどころか，上述のような表現が元来は語以下の要素を対象にしているということは，語形成がやはり語彙部門の問題であることを裏付けている．

上の現象と区別しなければならないのは，特に日本語で日常的に用いられる次のような接続詞である．

(36) [友達を訪ね]がてら…
　　　[彼女の本心を知り]ながら…
　　　[北京を訪問]中に…

　　　　［燗を<u>し</u>］たての酒

「がてら」などは節を取るが，その節の中の動詞には時制屈折がないために，表面上は下線部分が一語のように感じられる．これらは，先の「風」や「探し」と異なり，もともと節を取る接続詞であるから，統語構造で生成されるが，それが自立できない**接語**(clitic)であるために，音韻的に直前の動詞に付着する．これは，英語の属格(the Queen of <u>England's</u> bed)と同じ種類の現象と考えられる．

語と句の境界

さて，これまで語形成は語根(R)→語幹(S)→語(W)という単位に基づいて行われ，例外的に句にまで広がる可能性があることを見た．つまり，これまでの考え方では，語形成の最大の単位は語であり，それより大きいものは句として統語論に所属することになっている．しかしながら，通常の語より大きい単位であるけれど，それでも統語論ではなくあくまで形態論の単位であるような，いわば語と句の中間的な単位が認められる．

「現-，元-，前-」のような「連体詞的」と呼ばれる接頭辞を見てみよう．(37)では｜印のところに音声的な切れ目があり，アクセントがそこで下がる．このような発音は普通の語(W)には見られない．

(37)　同｜企業，元｜首相，前｜学長，反｜共産主義，非｜ピリン系，
　　　全｜大陸，現｜会長，各｜都市，某｜作家，故｜植村氏

しかしながら，これらの合成語は形態的には「句」に成りきってはいない．そのことは，接頭辞の後に句を続けることができないということから証明できる．

(38)　*同［大きな企業］，*故［その俳優］，*前［イギリスの首相］

さて，このような句相当のアクセントは上述の接頭辞だけでなく，次のような複合語にも観察される．

(39)　文学部｜哲学科，兵庫県代表｜国体選手，ミッション系｜私立大学，
　　　国立大学｜学長，クリントン｜米国｜大統領

これらの複合語が連体詞的接辞と同じ範疇であることは，両者が組み合わされた複雑な合成語にも同じアクセントが現れることから分かる．

(40)　国立大学｜前｜学長
　　　某｜国立大学｜前｜学長

カーター｜元｜アメリカ合衆国｜大統領

　以上のように，連体詞的接辞およびそれに準じる複雑な合成語は，音声的には句を思わせる反面，形態的にはやはり「語」と認めざるを得ないという，まさに統語論と形態論の境界に位置する特殊な形態である．この特殊な言語単位を分析するために，影山(1993)では，句ではないが通常の語(Word)よりも大きい単位として 語$^+$ (Word plus)という特別の範疇を想定している．例えば「カーター元大統領」という合成語は図 1.12 のような構造で表される．「元」を W$^+$ に付く接頭辞として指定しておくと，それより前に付く「カーター」も W$^+$ であることが自動的に規定される．音声的には，W$^+$ が枝分かれしているところ(「カーター」の後と「元」の後の 2 箇所)に区切れがある．

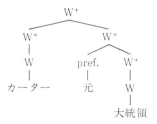

図 1.12　「カーター元大統領」の構造

　語$^+$ という単位は，(41)のように「と」という接続詞を含むことができるという性質でも特徴的である．
　(41)　故長谷川(一夫)さんと植村(直己)さん，国民栄誉賞に決まる

(「朝日新聞」1984)

　　　　前[文相と法相]，現[会長と副会長]，某[教授と助教授]，
　　　　交響曲[第 5 番と第 6 番]

このような「と」による接続は，通常の語(W)あるいはそれ以下の単位には認められない．その点でも，語$^+$ は句に近いと言える．

　以上述べたことを図 1.13 にまとめてみよう．(「語彙アクセント」は一つのアクセントでまとまる場合，「句アクセント」はアクセントが二つに分かれる場合を指す．)

　語$^+$ が形態論の領域にありながら句アクセントを受けるという考え方は，英語にも適用することができるかもしれない．英語の複合語は基本的には前要素

図 1.13 言語単位とアクセント

に第 1 強勢が置かれるが，しかし後ろ要素が第 1 強勢を担う例も少なくない．（ただし前要素は完全に強勢を失ったわけではなく，第 2 強勢，あるいは後部と同じ程度の強勢を担っている．）

(42) world fámous, crystal cléar, waist hígh, student rebéllion, government fúnding, police investigátion, passer-bý, Arnold Pálmer, Mr. Jónes

このような後部強勢は複合語だけではなく，いくつかの接頭辞にも観察される (Bates 1988)．

(43) pseúdo-scíentific, nón-Indo-Européan, ánti-[government intervéntion], éx-[electrical engíneer]

したがって，これらの合成語はかなり句に近いことになる．

これらは，等位接続された表現を含むことができる点でも，日本語の語$^+$ と類似している．

(44) socio-linguistics and economics, anti-abortion and segregation, ex-housewife and homemaker

これに関連して，動詞＋不変化詞の結合も参考になる．pushup, checkup などの複数形は全体に複数語尾(s)が付き，これは語レベルの複合と考えられる．他方，次のような表現は後ろに強勢があり，複数屈折は前要素に付く．

(45) passer-bý〜passers-by, looker-ón〜lookers-on, brother-in-láw〜brothers-in-law

これらの複数形は，前部分の名詞に複数屈折が付いた後で，語$^+$ の段階で後ろ要素と複合したものと考えることができる．

(46) passer → passers → passers-by

passer-by, looker-on は bypasser, onlooker とも言うが，後者の場合は語レベルの複合として扱うと，両者の違いをうまく捉えることができる．

語レベルの派生に加えて，語$^+$ のレベルでの派生を認めることは，次の

ような例においても必要だと思われる．

(47) a. careful, powerful, delightful, thoughtful
b. mouthful, spoonful, cupful, bagful

(47a)は名詞を形容詞化する -ful であり，弱く [-fəl] と発音されるが，(47b)の ful は「(容器)一杯の」という意味を加え，[-fʊl] と発音される．前者は従来，レヴェル II (語レヴェル)の派生と考えられてきたが，それと区別するためには，(b)は語⁺レヴェルでの派生と考える必要がある．実際，これらの複数形は spoonsful, bagsful となる（ただし最近は spoonfuls, bagfuls とする傾向がある）．

(b) 統語的編入

古くから知られているように，**膠着型**(こうちゃくがた)(agglutinative)あるいは**輯合型**(しゅうごうがた)(polysynthetic)と呼ばれるトルコ語やエスキモー語などの言語では統語構造における語形成が活発に行われ，統語論と形態論が溶け合っている．(48)に挙げるのは北アメリカインディアンのモホーク語(Mohawk)の例である(Baker 1996, p. 279)．

(48) a. Wa'-k-hnínu-'   ne   ka-nákt-a'.
FACT-1sS-buy-PUNC   NE   NsS-bed-NSF
'I bought the/a bed.'
b. Wa'-ke-nakt-a-hnínu-'.
FACT-1sS-bed-Ø-buy-PUNC
文字通りには 'I bed-bought.'

詳しい文法的説明は省くが，(a)が「買った」という動詞と「ベッド」という目的語を別々に具現した普通の文であるのに対して，(b)では目的語に当たる「ベッド」が動詞の前に複合されている．Baker (1988, 1996)は(48b)のような複合動詞が(48a)のような文構造から**編入**(Incorporation)という移動操作によって統語的に作られると論じている．

しかしながら，このような複合動詞が本当に統語構造から派生されるのか，それとも語彙部門における複合語として形成されるのかは，議論の分かれるところである(語彙的な扱いについては Rosen (1989)などを参照)．上のモホーク語のペアを見ただけでは，(49)の日本語とさほど違いがないように思える．

(49) a. 昔は年末に餅をついたものだ．

　　　　b. 昔は年末に餅つきをしたものだ．

(49a)と(49b)は意味的には近似しているものの，(b)の「餅つき」という複合語が(a)の文構造から直接に派生されると考えるのは難しい．少なくとも日本語の「餅つき」のような複合語は語彙部門で形成されると考えるのが妥当である．モホーク語について Baker (1996)がさまざまな統語的な議論を展開しているように，統語構造で語形成が起こることを主張するためには，しかるべき統語的な証拠をもって裏付ける必要がある．以下では，日本語における名詞＋動詞型と動詞＋動詞型の複合語を取り上げ，その中のあるものは統語構造から派生されることを述べる(詳しくは影山(1993))．

日本語の名詞＋動詞型複合語

　日本語には名詞＋動詞型の複合語が何種類かあるが，ここでは(50)のような表現が問題になる．
　(50)　a. ［電子メール：使用］の際は，次の事項に注意して下さい．←電子
　　　　　　メールを使用の際は…
　　　　b. ［結婚式：終了］後，全員で記念写真をとった．←［結婚式が終了］
　　　　　　後…

影山(1993)で詳述しているように，上例で[ ]の部分は，単に格助詞が省略されただけではなく，形態的に一人前の複合語を構成している．音声的には，：印のところに短いポーズが置かれ，前部と後部がそれぞれ独自のアクセントを保有する点が特徴となる．

　このような複合語が統語構造で作られると考える一つの根拠は，尊敬語の生起である．
　(51)　a.＊社長は［海外ご旅行］に出発された．
　　　　b. 社長が［ヨーロッパ：ご旅行］中に…

「海外旅行」のような語彙的複合語では動詞部分に尊敬語接頭辞を付けることができないが，(b)では「ご旅行」という形式が可能である．尊敬語というのは通常，文における主語と述語との**呼応関係**(agreement)を表すものであり，言うまでもなく，上の(b)は「社長がヨーロッパをご旅行中に」という通常の文構造と対応している．したがって(b)では，文構造において主語と述語の呼応(尊敬語化)ができあがった後で，複合化が起こると考えるのが最も自然である．

この型の複合語が統語的であることを示すもう一つの証拠は，名詞部分に指示表現を入れて「その中世の都市：訪問の際に」のようにすることが可能なことである．語彙照応の制約によって，このような指示表現は「フランス旅行」などの通常の語彙的複合語にはまったく許されない（*[その外国]旅行）．

1.2節(a)で，典型的な（つまり語彙的な）語の特徴として統語的要素の排除や語彙照応の制約を挙げたが，これらの制限は本項の統語的複合語では関与しないということになる．つまり，見かけ上は同じ「複合語」であっても，作られる部門によって制限が異なってくる．統語的複合語の場合は，直に統語構造で作られるわけであるから，その内部に尊敬語や照応形が入っても不思議ではない．

日本語の動詞＋動詞型複合語

統語構造に由来する複合語のもう一つの例として，動詞＋動詞型の複合動詞がある．ここでも，動詞＋動詞という形式は同じであっても，語彙部門で作られるものと統語部門で作られるものとが画然と区別されることが分かる．

(52) a. **語彙的複合動詞**：飛び上がる，泣き叫ぶ，売り払う，受け継ぐ，
　　　　飛び込む，こびり付く，(隣の人に)話しかける，飲み歩く，
　　　　誉め讃える，聞き返す
　　b. **統語的複合動詞**：読み終える，しゃべり続ける，食べすぎる，
　　　　食べそこなう，助け合う，動き出す，食べかける，
　　　　しゃべりまくる，数え直す，見なれる

前部をV1，後部をV2と表記すると，統語的な複合動詞ではV1に尊敬語を付けたり，V1だけを「(そう)する」という照応形に取り替えたりすることができるが，語彙的な複合動詞ではそのような操作が不可能である．

(53)

	V1の尊敬語	V1に「(そう)する」
語彙的	*お押しになり開ける *お泣きになり叫ぶ	*そうし開ける *そうし叫ぶ
統語的	お読みになり終える お助けになり合う	そうし終える そうし合う

先の名詞＋動詞型複合語と同様に，この場合も尊敬語や「(そう)する」という

指示表現は統語的なものであるから，したがって，そのような統語的要素を含むことのできる複合動詞は，それ自体も統語構造において派生されると考えられる．

そうすると，「話しかける」の場合は「かける」の性質によって語彙的複合と統語的複合の二つがあることになる．「〜しそうになる」という意味のときは，統語的な補文構造を持ち，V1 を尊敬語化できる（先生はもう少しで秘密をお話しになりかけた）．他方，「話しかける」全体で「声をかける」という意味になるときは語彙的複合であり，その場合は V1+V2 が全体で一語であるから，尊敬語化はそれ全体に適用する（先生は生徒に優しくお話しかけになった）．

本項では，統語構造における編入によって複合語ができる例を見た．これらは，形の上では語彙的な複合語と類似しているが，統語的な要素の介入という点で，通常の語彙的複合語とは明らかに異なる性質を備えている．

1.6 形態論と意味論の接点

形態論は近年めざましい発展を遂げているが，そのほとんどは形態論と音韻論ないし統語論との絡みであり，意味論との係わりはほとんど未開拓と言ってよい．

形態論に係わる意味の構造として，これまで提案されているのは，**項構造**(argument structure)と**語彙概念構造**(lexical conceptual structure)である．項構造というのは，動詞など述語が必要とする項(argument)を指定したもので，例えば他動詞の break「壊す」なら**動作主**(Agent)と**対象**(Theme)を取るが，自動詞の break「壊れる」なら対象(Theme)だけを持つ．

(54) 　他動詞 break: (Agent 〈Theme〉)
　　　自動詞 break: (　　　〈Theme〉)

他方，語彙概念構造は語の概念的意味を示すもので，概略次のようになる．

(55) 　他動詞 break の語彙概念構造
　　　$[x \text{ CAUSE } [\text{BECOME } [y \text{ BE BROKEN}]]]$

これは，「y が BROKEN（壊れた状態）になることを x が引き起こす」という意味を表す．この表示があれば，x が壊す側，y が壊れる側を表すというのは自動的に読み取ることができるから，語彙概念構造を仮定すれば，項構造におけ

る Agent や Theme などの意味役割のレッテルは不必要になる．そのため，項構造は(54)のような意味役割の代わりに，単に x や y という変項で表示することが多い．ただし，その場合でも，x と y のどれが主語になり，どれが目的語になるのかを示す必要がある．

(56) 　　　　　　　　外項　　内項
　　他動詞 break： 　（ x 　　 $\langle y \rangle$ ）
　　自動詞 break： 　（　　　 $\langle y \rangle$ ）

いわゆる主語に当たるものを**外項**(がいこう)(external argument)，目的語に当たるものを**内項**(ないこう)(internal argument)と呼び，(56)のように表示する．他動詞 break は外項と内項の両方を備えているが，自動詞 break は内項しか持たない．項構造は語彙概念構造と一定の規則によって対応関係を持ち，項構造の外項は上述(55)の語彙概念構造では CAUSE の主語 x に，内項は BE BROKEN の主語 y にそれぞれ相当する．（項構造と語彙概念構造は形態論だけでなく統語論および意味論にも係わる重要な概念であるから文献も膨大であるが，その中で Grimshaw (1990) と Jackendoff (1990) がそれぞれの代表として挙げられる.）

(a) 項 構 造

項構造を用いると，動詞を主要部に持つ名詞+動詞型の複合語（動詞由来複合語）の解釈に一定の法則を見いだすことができる．

(57) 　動詞由来複合語の内項規則
　　　　名詞+動詞型の複合語では，名詞は動詞の内項（つまり目的語）と解釈
　　　　できる．

これを裏返しに言うと，名詞が外項に解釈されることはないということになる．「小学生が俳句を作る」という文を例に取って，複合語を作ってみよう．

(58)　a. 小学生による［俳句作り］
　　　b.*俳句の［小学生作り］

すると，(58a)のようになるはずで，(58b)は不適切である．実際，この種の複合語の実例を集めると，ほとんどが目的語の関係に該当することが分かる．

(59)　村おこし，店じまい，腕くらべ，金もうけ，あら探し，魚釣り，
　　　人殺し，値上げ

(59)は語彙的な複合語であるが，同じ内項規則が統語的な複合語にも通用す

る．
- (60) a. ゲリラが人質を解放の際に…
  - b. ゲリラが［人質：解放］の際に…
  - c.＊人質を［ゲリラ：解放］の際に…

目的語を含む(60b)は適格だが，他動詞の主語を含む(60c)は成り立たない．

以上では他動詞の例を見たが，自動詞の場合はどうだろうか．項構造の観点から見ると，自動詞は2種類に分類できる．

- (61) a. 非対格動詞：(　〈y〉)
    降る，滑る，変わる，開く，上がる，切れる，下落(する)，破裂(する)，…
  - b. 非能格動詞：(x 〈 〉)
    働く，遊ぶ，暴れる，寝る，叫ぶ，争う，勉強(する)，体操(する)，…

非対格動詞(unaccusative)は主語が内項である自動詞で，意味的には自然発生的な現象を表すことが多い．他方，**非能格動詞**(unergative)は主語が外項である自動詞で，人間の意図的な活動を意味するものが多い．

この区別を踏まえて，内項規則に戻ってみよう．他動詞の場合は，目的語すなわち内項の解釈が基本的であった．このことを自動詞に拡張すると，主語を内項として持つ非対格動詞は名詞+動詞型の複合語に現れることができるが，外項しか持たない非能格動詞はこの複合語に現れない，という予測が立てられる．

- (62) a. 雨降り，地滑り，時間切れ，値上がり，幕あき，肩こり，心変わり，胸やけ
  - b.＊夫婦働き，＊子供遊び，＊やくざ暴れ

実際，(62a)のような複合語は実例があるが，(62b)のような表現は不適切である(一見，「カエル泳ぎ」のような例が(b)タイプのように思えるが，これらは「～のように」という動作の様態を表すだけで，外項を複合しているわけではない)．

統語構造でもほぼ同じ違いが観察できる．

- (63) a. ［株価：下落］の際…
    ［水道管：破裂］のため…

　　　　　　［母親：外出］中に…
　　b.*［受験生：勉強］中に…
　　　*［高校生：体操］中に…

　ここまでは語彙的な複合語と統語的な複合語との平行性が見られたが，目的語以外の要素も考慮に入れると，統語的な複合と語彙的な複合に違いがあることが明らかになる．とりわけ，副詞的な要素は語彙的複合語(64)には見られるが，統語的複合語(65)には不可能である．

(64)　語彙的複合（1つのアクセントで読む）
　　　a.　亭主は毎日，［朝帰り］だ．
　　　b.　子供たちは［飛行機旅行］を楽しんだ．

(65)　統語的複合（：の部分に休止を置く）
　　　a.*毎日，亭主が［早朝：帰宅］のため
　　　b.*子供が［飛行機：旅行］中に…

　統語的複合語が副詞的な要素を受け付けないということは，統語論の観点から言えば，目的語の「格」が必要であるということになる．他方，語彙的複合語は項構造に基づいて内項を取り込むのが基本であるが，それだけでなく，副詞的要素も取り込む可能性がある．

(b)　項の受け継ぎ

　さて，興味深いのは，語彙的複合語が副詞的要素を取り込んだ場合，元の動詞が他動詞なら，その目的語が文構造に表出されるという点である．

(66)　　a.　ワイシャツを［水洗い］する．
　　　　b.　貨物を［鉄道輸送］する．

「洗う，輸送（する）」は他動詞であるから，目的語を示さなければならない．「食器洗い」「貨物輸送」という複合語ならその内部に目的語（内項）が含まれているから，複合語の中だけで項関係が満たされるけれど，「水洗い」「鉄道輸送」という複合語では副詞的要素があるために，目的語は文のレヴェルで満たされることになる．通常，語は形態的緊密性の制約によって，文と自由に行き来することはできない(1.2節(a))．ところが，動詞にとって項はどこかで表出しなければならない必須の要素であるから，語の内部で満たされないときには語の外部に放出することができる．これを項の**受け継ぎ**(inheritance)と言う．

しかし項構造の受け継ぎは，いつでも自由に起こるわけではない．

(**67**) a. 演歌の[歌い手]，土地の[持ち主]，新党の[支持者]，
　　　　トラックの[運転手]
　　　b. *氷の[かき機] (cf. 氷かき機), ?皿の[洗い機] (cf. 皿洗い機)
　　　c. トラックの[運転席]，OHPの[指示棒]

(67a)のように人間を表す複合語では「〜の」を付けて目的語を表すことができ，この場合は受け継ぎが成り立っている．ところが，道具や機械を表す(67b)の表現では，「〜の」の部分は複合語内部の動詞の目的語とは解釈しにくい．氷をかく機械は「氷かき機」という複合語で表すのが普通で，「*氷のかき機」とは言いにくい．人間でない場合でも(67c)の「トラックの運転席，OHPの指示棒」のような表現ができるが，「トラックの，OHPの」は「運転(する)，指示(する)」の目的語ではなく，「運転席，指示棒」全体にかかる修飾語句と解釈される．英語でも，人間の場合なら the driver of the truck と言えるが，道具の場合には *a sharpener of pencils と言えない．どのような場合に項の受け継ぎが成立し，どのような場合に成立しないのかを解明するためには，複合語全体の意味構造にまで考察を進めていく必要がある．

(c) 語彙概念構造

前項では動詞が必要とする項を表示するためのレヴェルとして項構造を導入したが，単に外項か内項かという項構造の情報だけでは，合成語の意味を十全に捉えることは難しい．

次のような日本語の動詞を考えてみよう．

(**68**) a. -e- 自動詞(他動詞に -e- を付けて派生)
　　　　破る／破れる，ほどく／ほどける，割る／割れる，脱ぐ／脱げる
　　　b. -ar- 自動詞(他動詞に -ar- を付けて派生)
　　　　植える／植わる，掛ける／掛かる，炒める／炒まる

形態だけを見ると，これらの組はいずれも，他動詞から自動詞を派生するという形式を取っていて，派生された自動詞は内項しか持たない非対格動詞である．したがって，項構造について言えば，-e- 自動詞と -ar- 自動詞は同等になる．

ところが，両者の間にはいろいろな違いが指摘できる．

(69) -e- 自動詞
  a. 靴ひもが勝手にほどけた．
  b. 紙が勝手に破れた．
  -ar- 自動詞
  a.*庭に木が勝手に植わった．
  b.*壁にピカソの絵が勝手に掛かった．

(70) -e- 自動詞
  a. ひもよ，ほどけるな！
  b. 紙よ，破れるな！
  -ar- 自動詞
  a.*木よ，庭に植わるな！
  b.*絵よ，壁に掛かれ！

-e- 自動詞は「勝手に」という副詞を付けたり，命令文にしたりできるのに，-ar- 自動詞はそのようなことができない．「庭に木が植わっている」というのは，統語的には自動詞であっても，意味的にはその木を植えた動作主が含意される．山に自然に生えている樹木について,「植わっている」とは言えない．このように「植わる，掛かる」などは項構造では内項しか持たないものの，意味構造(語彙概念構造)ではその行為を行う動作主を持つものと理解できる((71)の構造でSTATEは「植わった状態」や「掛かった状態」などを表す)．

(71) a. -ar- 自動詞
      $[x \text{ CAUSE } [\text{BECOME } [y \text{ BE STATE}]]]$
         |
      someone
  b. -e- 自動詞
      $[x = y \text{ CAUSE } [\text{BECOME } [y \text{ BE STATE}]]]$

これに対して -e- 自動詞の場合は,「勝手に」や命令形が付くことができるから，変化対象はそれ自体が使役主であると考えることができる．このことを(71b)では $x = y$ で表している．要するに,「紙が破れる」というのは(もちろん何らかの外的な力が加わってはいるものの)紙自体の性質によって「破れる」ということなのである．このように変化対象そのものを使役主と同定するなら，状態変化の達成がその内在的な性質に依ると認識できるような物体についてだけ，-e- 自動詞が使えることになる．同じ「破れる」でも，ポスターなら「破れ

る」性質を持つが，世界記録や政治家の公約はそうではない．

(72) a. *世界記録が破れた．
b. *政治家の公約が破れた．

英語にも他動詞と自動詞の交替はあるが，「植わる，掛かる」に当たるような，動作主を必要とする自動詞は成り立たない．

(73) a. *Cherry trees planted in the park.
b. *A chandelier suspends from the ceiling.

英語で見られるのは，日本語の -e- 自動詞に相当する能格動詞(同じ形で自動詞にも他動詞にもなるもの)である．

(74) a. The glass broke all by itself.
b. Open, door!

これらの自動詞も，対象物が自ら変化すると認識される場合にしか成立しない．

(75) a. *The world record broke.
b. *Eis promise broke.

対象物が自ら変化するかどうかといった判断をくだすためには，その対象物を表す名詞の意味構造を参照する必要がある．名詞の意味構造として有望なのは，Pustejovsky(1995)の提唱する特質構造(qualia structure)である(特質構造については阿部ほか(1998)と影山(1999)に簡単な解説がある)．

このように，語形成規則は意味構造と深く係わっている．形態論と語彙意味論との関係はまだほとんど手つかずの状態であり，辞書編纂や機械翻訳といった実用面への応用からしても，今後深めていかなければならない分野である(この方向の研究として影山(1996)，影山・由本(1997)，影山(1999)などを参照)．

1.7 文法における形態論の位置づけ

以上，形態論の基礎的概念と理論的な問題点を概観したところで，1.1 節で触れた「形態論の位置づけ」という問題に立ち戻ることになる．この問題は次の二つの側面に分けて考察する必要がある．一つは，言語を構成する単位としての「語」の特性であり，もう一つは，「語」が文法内のどの部門で作られるかという派生場所の問題である．

(a) 形態構造と統語構造

本章では,語が形態的に小さい単位から大きい単位へと組み合わされていくことを述べてきたが,その前提となるのは,語も文と同じような階層構造を持つという考え方である.ところが,語は一般に「語彙照応の島」を形成し,その内部構造を統語的に見ることができない.このことから,語が語彙部門から統語構造に挿入された時点で,その内部構造が消され,単なる音声の連続として扱われるものと考えられている.また,Anderson (1992) は派生と複合を区別し,派生語は内部構造を持たず,統語規則も形態規則もその内部の一部分だけに言及することはできないと主張している.ところが,日本語では形態構造と統語構造はそれほどはっきりと分断できないことが分かる.

次のような用法の「同−」という接頭辞を検討してみよう.

(76) a. 竹中工務店によると,……竹下氏と[同社 | 経営者]とは縁せき関係にある. (新聞)
b. 角川書店は,……[元 | 同社 | カメラマン]が出張する際…… (新聞)

ここでは,「同社」という語がそれに先行する「竹中工務店,角川書店」を指し,代名詞「それ」と同じような照応機能を果たしている.しかも,「同社」は (a) では「同社経営者」という複合語の中に,(b) では「元同社カメラマン」という派生語の中に埋め込まれているから,語の内部に照応形が生起していることになる.これは明らかに「語彙照応の制約」に抵触する.

通常,「それ」などの代名詞は語レヴェル以下の合成語には生じない(「本読み」→「*それ読み」).(76) の例で特徴的なのは,問題の合成語が語$^+$のレヴェル (1.5 節 (a)) であるという点である.語$^+$はアクセント的に句に近いが,統語的にも「同〜」という照応形を含むことができる.これは複合語だけでなく,派生語にも起こるから,Anderson (1992) の唱える複合語と派生語の区別は関係ないことになる.統語的に利用できるかどうかは,複合か派生かの区別ではなく,語を構成する単位の大きさで決まる.語彙照応の制約は,語 (W) ないしそれ以下の単位について成立するが,語$^+$のレヴェルには成り立たない.語$^+$は形態的には語の一種ではあるものの,限りなく句に近いから,統語的な照応に参与できるとしても不思議ではない.しかしながら,語$^+$はあくまで語

の領域であり，句ではない．形態構造と統語構造は，連続的ではあるものの，基本的な境界はあると考えるのが妥当だろう．

(b) 語形成と文法体系

極端な「語彙論」においては，あらゆる種類の語が語彙部門という一つの部署に局所化される．ところが，1.5節で論じたように，統語部門でも複合語が作られることが判明したから，語形成の作業を語彙部門だけに限定することは正しくないことが分かる．

ところが，すべての語形成を統語部門に任せてしまうという考え方(Lieber 1992)も妥当ではない．これも1.5節で見たように，統語的な複合語はいくつかの重要な点で語彙的な複合語と異なっている．語彙的な語形成は，もともと形態的単位(語根，語幹，語，語$^+$)に基づいて行われるが，統語的な語形成は元来は句であった表現の主要部だけに適用するという違いがある．それだけではなく，語彙的な複合語は「知っている」とか「聞き慣れない」といった辞書登録に係わる判断が加わるが，統語的な複合語は自由に作られ，辞書に登録されることなく消えてしまう．辞書登録が係わるかどうかという違いも語彙部門における語形成と統語部門における語形成を区別する重要な基準になる．

ところが，音声の観点からすると，(語$^+$が係わる場合を除いて)語彙的な複合語と統語的な複合語の間には違いが感じられない．語彙的な「話しかける」と統語的な「話しかける」は同じアクセントで発音される．

そこで，語彙音韻論の考え方を拡張して，語彙部門と統語部門の両方に同じ複合アクセント規則がかかると想定してみよう．

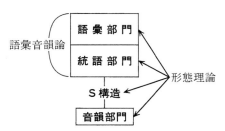

図1.14 文法における語形成の位置
(語形成は太字のすべての部門で行われる)

すると，統語的な性質では語彙的と統語的で違いがあるものの，音声的には

語彙部門と統語部門が一つの大きな領域を形成し，その全領域でいわゆる**語彙的な音韻規則**(lexical phonology)が適用すると考えられる．

このように考えると，前掲(50)の「結婚式：終了」のような，構成員それぞれが独自のアクセントを持つ複合語は，語彙的な音韻規則が終わった後の段階(S構造：いわゆる「表層構造」)で形成されることになる(影山1993)．Spencer (1991, p. 454)は，この日本語の「S構造複合語」は音韻部門で形成される音韻的な語(phonological word)ではないかと示唆しているが，1.5節(b)で述べたような項関係の制約は統語的な枝分かれ構造を想定しなければ説明できないから，やはり統語構造(S構造)と考える方が妥当だろう．

純粋な「音韻的な語」というのは，「犬が」のような名詞＋格助詞や，「歩きながら」のような動詞連用形＋接続接辞の連鎖，あるいは英語の the King of England's castle のような名詞＋属格('s)の連鎖などを指すべきで，「が」，「ながら」，'s などはその接語としての性格から，必然的に前の語と融合するのである．ところが，S構造複合語の場合はそのような性質ではない．「北京：訪問(中に)」という表現では「中」が接語であるから，表面的にはむしろ「訪問中」が一体として発音される．

以上述べたように，語には語彙部門で作られるものだけでなく，統語部門で作られるもの，あるいは音韻部門で作られるものがある．しかし，いずれの部門で作られても，母語話者はそれが「語」であると判断することができる．そこで，部門を超越して「語」というものの性質を規定するための「形態理論」というものを想定してみよう．形態理論は，図1.14に示したように，すべての部門における語形成をグローバルに規制する働きを持つ．この文法モデルを影山(1993)では「モジュール形態論」と呼んでいる．

語を作る語形成操作を文法内のさまざまな部署に分散させるという考え方(Halle & Marantz (1993)も参照)には，**余剰性**(redundancy)という点で反論が出るだろう．語形成を文法内の一つの部門だけで処理できれば，その方が理論的には望ましい．現在でも，語形成をすべて統語論で行うとか，一つの形態部門で処理するとかいった考え方が模索されている．さまざまなタイプの語を何らかの一つの部門に押し込めてしまうことは，理屈としては可能であるし，理論としてはすっきりする．しかしながら，そのような理論は人間言語の実体(とりわけ，語というものの多彩な側面)を的確に捉えているとは言い難い．語と文

との間には，類似性はあるにせよ，根本的な性質の違いがある．また，1.3 節 (b) で見たアラビア語の非線形型語構成のように，語内部の構成には文の構成とは異なる操作が絡んでいる．形態論は形態論独自の様式を持つ (Aronoff 1994) ことができるのであり，統語論の規則や原理と同一視すること (Lieber 1992) には無理がある．語と文の相違と類似，そして，文法内部に分散された語形成過程の相違と類似を適切に捉えるためには，上記のモジュール形態論のような考え方が必要だろうと思われる．

第 1 章のまとめ

1.1 形態論は，語彙論の仮説を軸として，文法理論の中で多様な位置づけがなされてきた．
1.2 語は，典型的に音声・形態・意味において一つのまとまりを成し，辞書に登録されるが，例外も多い．
1.3 語形成の過程には，線形型の複合および派生と，非線形型の畳語・短縮・混成などがある．
1.4 当該言語において適格な語を作りだし，不適格な語を排除する方策として，レヴェル順序づけなどの理論が開発されている．
1.5 形態論と統語論の接触を示す現象として，句の包摂，語$^+$，統語的編入などが実証されている．
1.6 形態論に係わる意味の構造として項構造と語彙概念構造が提唱されている．
1.7 伝統的に形態論と統語論は異なる領域と見なされるが，1.5 節と 1.6 節から窺えるように，近年では形態論と統語論あるいは意味論との密接な関係が明らかになってきた．形態論を中心として統語論と意味論との係わりを総合的に解明する理論の開発が必要である．

2
形態素解析

2 形態素解析

【本章の課題】

　言語学では，意味を担う最小の言語要素を**形態素**(morpheme)と呼ぶ．これに対応して自然言語処理では，形態素を同定する処理，すなわち，入力文中の単語を同定し，その語形変化を解析する処理を**形態素解析**(morphological analysis)と呼ぶ．形態素解析は，仮名漢字変換，テキスト音声合成，情報検索，機械翻訳など，ほとんどすべての自然言語処理応用ソフトウェアで必須となる要素技術である．本章では，語の構成に関する言語学的な説明は必要最小限にとどめ，形態素解析システムを作成する際に必要となるコンピュータ科学的な理論について解説する．

　以下では，まず単語分割，読み振り，品詞付与といった形態素解析の基本的な役割について説明する．次に最長一致法，文節数最小法，接続コスト最小法，隠れマルコフモデルなどの代表的な形態素解析法について説明する．最後に，形態素解析システムを実現する上で重要なポイントとなる単語辞書の構成法および n グラムの平滑化法について説明する．

　本章の2-3節は，第1次刊行時においては，図表の出典が明示されていないという著作権を侵害する内容を含んでおり，また，他の人の論文と同じ事例を用い類似した表現が多くみられたため，第2次刊行に際して全面的に書き改めた．

2.1 形態素解析の役割

(a) 単語分割と語形変化の解析

英語では以下の例のように動詞，形容詞，名詞などに語形変化がある．すべての変化形を辞書に登録することは現実的には不可能なので，規則変化する単語は原形を辞書に収録し，語形変化規則に基づいて入力文中の単語の原形を求める．これが英語の形態素解析の主な役割である．

　　　loving　⟶　love＋ing（進行形）
　　　happiest　⟶　happy＋est（最上級）
　　　girls　⟶　girl＋s（複数）

日本語では動詞や形容詞に活用変化がある．さらに日本語では以下の例のように，活用語の語幹に助動詞または接尾辞が次々と付け加えられて複雑な述語を構成するという特徴がある．

　　　書いた　⟶　書く＋た（過去）
　　　悪くない　⟶　悪い＋ない（否定）
　　　信じさせられなかった　⟶　信じる＋させる（使役）＋られる（受身）＋ない（否定）＋た（過去）

英語やフランス語などのインド・ヨーロッパ語族は，主として語形変化によって，性・数・格などの文法的関係を示す言語であり，**屈折語**(inflectional language)と呼ばれる．これに対して，日本語，韓国語などのウラル・アルタイ語族は，語の順序や語形変化よりも，助詞・助動詞などの付属語によって文法的な関係を示す言語であり，**膠着語**(agglutinative language)と呼ばれる．したがって，語形変化だけに着目すれば，英語よりも日本語の方が単純である．

ところが，英語の正書法には単語と単語の間に空白を入れる**分かち書き**という習慣があるのに対し，日本語の正書法では単語を分かち書きしない．このため，日本語の形態素解析では，語形変化の解析よりも単語の同定，すなわち，文を単語に分割することが主な課題となる．

ただし，単語を分かち書きするかどうかは，**正書法**(orthography)という社会習慣的な問題であって，言語の形態的分類（膠着語）や使用文字（漢字）には関

係ない．日本語以外では中国語やタイ語も単語を分かち書きしないが，中国語は孤立語(isolated language)であるし，タイ語はインド系の表音文字を使っている．

その他，日本語の形態素解析の大きな役割の一つとして，複合名詞や複合動詞などの複合語を，語基や接辞と呼ばれる基本的な語の単位に分割することがあげられる．

データ通信 ⟶ データ＋通信
持ち上げる ⟶ 持ち＋上げる

ただし，「データ通信」や「持ち上げる」を二つの単語に分割すべきかどうかは議論が分かれる．英語の場合には 'data communication' という文字列において空白で区切られた単位が単語であるという暗黙の合意が成立している．しかし，分かち書きしない日本語では，日本語を母国語とする人々の間でも，皆が納得するような「単語」の明確な定義は存在しない．

文の**単語分割**(word segmentation)は日本語の自然言語処理において誰もが最初に直面する基本的かつ重要な問題である．単語を組み合わせることにより複合語は無限に生成できるのに対して，コンピュータ上の辞書に格納できる単語の数は有限である．したがって，単語をどう定義すべきかという言語学的な問題とは別に，実用上の要請として，辞書に登録された語の単位に入力文を分割するプログラムが必要になる．

(b) 表記・読み・品詞の付与

通常，日本語の形態素解析は，狭い意味では「分かち書き」処理，すなわち，漢字仮名混じりで「ベタ書き」された日本語文の単語分割を指す．より広い意味では，文を構成する単語の表記や語形変化という形態論的性質の同定だけではなく，読みやアクセントなどの音韻論的性質，品詞などの統語論的性質，語義などの意味論的性質を同定する処理までを含む場合もある．

身近なところでは，仮名漢字変換は形態素解析技術の応用の代表例である．仮名漢字変換プログラムは，ひらがなまたはローマ字で表記された文を単語に分割し(単語分割)，各単語の漢字表記を選択する(**同音語選択**)．この際，文の単語分割を間違えると意味的に全く異なった解釈を生じる．例えば「きのうはいしゃにいった」には意味が異なる次の二つの単語分割がありうる．

2.1 形態素解析の役割

　　きのう｜はいしゃ｜に｜いっ｜た　⟶　昨日歯医者に行った
　　きのう｜は｜いしゃ｜に｜いっ｜た　⟶　昨日は医者に行った
また「きのう」や「いった」という単語にはいくつかの**同音異義語**(homonym)が存在し，この選択を間違えると全く違った意味になる．

　　きのう　⟶　昨日/機能/帰納
　　いった　⟶　行った/言った/煎った

　現状では，形態素解析精度が100％になることは望めないので，仮名漢字変換プログラムを使用する際には，「歯医者」と「は｜医者」のような単語区切り（文節区切り）の修正や，「昨日」と「機能」と「帰納」のような同音異義語の選択が必要になる．

　仮名漢字変換は「読み」から「表記」を求める処理であるが，テキスト音声合成などでは「表記」から「読み」を求める「読み振り」機能が必要になる．読み振りプログラムでは，漢字仮名混じり文を単語に分割し（単語分割），各単語の読みを選択する（**同形語選択**）．単語分割を誤ると意味が変わってしまうのは当然であるが，以下の例のように**同形異義語**(homograph)の選択を誤っても意味が全く変わってしまう場合がある．

　　最中　⟶　サイチュウ/モナカ
　　上手　⟶　ジョウズ/ウワテ/カミテ
　　行った　⟶　イッタ/オコナッタ

　さらに，テキスト音声合成，機械翻訳，情報検索などのアプリケーションでは，単語の品詞の情報が必要になる．例えば，英語のテキスト音声合成では，単語の品詞が決まると発音や意味が決まる場合が多い．

　　tear　⟶　名詞(涙，ティアー)/動詞(引き裂く，テアー)
　　wind　⟶　名詞(風，ウインド)/動詞(巻く，ワインド)

　機械翻訳などでは，以下の例のように，文を構成する単語の品詞の解釈の違いにより，文の意味が全く変わってしまうこともある．

　　Time/名詞　flies/動詞　like/前置詞　an/冠詞　arrow/名詞
　　　⟶　光陰矢の如し．
　　Time/名詞　flies/名詞　like/動詞　an/冠詞　arrow/名詞
　　　⟶　時蝿は矢を好む．

　また，情報検索の分野では，文書の**索引付け**(indexing)において，まず文中

の単語の品詞を決定し，助詞・助動詞などの機能語を**不要語**(stop word)として除去するという処理が一般的に行われる．例えば，「NTT は通話料金の値下げを発表した」という文を以下のように形態素解析し，

　　NTT/名詞｜は/助詞｜通話料金/名詞｜の/助詞｜値下げ/名詞｜を/助詞
　　発表/名詞｜し/動詞｜た/助動詞

この文から名詞だけを抜き出すことにより「NTT，通話料金，値下げ，発表」をキーワードとして抽出する．

　以上のように，形態素解析は，仮名漢字変換，テキスト音声合成，機械翻訳，情報検索などのアプリケーションにおいて，最も基本的で重要な役割を果たす技術であり，精度・速度ともに高い水準の性能が要求される．そのため，形態素解析は，自然言語処理の分野において，従来から最もよく研究され，かつ，現在も活発に研究が続けられている技術である．以下では，ほぼ歴史的な順番に沿って，形態素解析の代表的な手法を紹介する．

2.2　形態素解析アルゴリズム

(a)　日本語の単語分割の多義

　最初に漢字連続複合語の単語分割を題材として，日本語の形態素解析，特に，単語分割の問題点を考える．例として「全国都道府県議会議長会」という複合名詞を単語分割することを考える．ここでは辞書に次の 18 単語が登録されているとする．

　　全国，全，国都，国，都道府県，都道，都，道府県，道，府県，府，
　　県議会，県議，県，議会，会議，会，議長

　この複合名詞は「全国｜都道府県｜議会｜議長｜会」と分割するのが妥当と思われる．ところが，よくみると「国都」「道府県」「県議」「会議」なども語を形成するので，実は図 2.1 に示すように，「全｜国都｜道府県｜議会｜議長｜会」「全国｜都道｜府｜県議会｜議長｜会」など，非常に多くの単語分割の可能性が存在する．

　一般に，ほとんどの漢字は 1 文字でも語を形成するし，たまたま隣接した 2 文字以上の漢字列が語を形成する場合も多いので，可能な単語分割パターンの

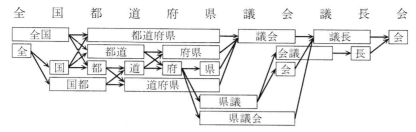

図 2.1 「全国都道府県」の単語分割の多義

数は非常に多くなる．図 2.1 において，文字列の先頭から末尾へ到達する経路が一つの単語分割パターンを表している．このように複数の可能性が存在するとき，この文は単語分割に関する**多義**または**曖昧性**(ambiguity) を持つという．

日本語の形態素解析法は，多くの可能性の中から正しい単語分割を選ぶ際の判定基準の違いにより，経験的優先規則に基づく方法，文法的接続可能性に基づく方法，接続コストに基づく方法，統計的言語モデルに基づく方法などに分類できる．以下では，各方法を順に説明する．

(b) 経験的優先規則に基づく形態素解析

人工知能の分野では，探索問題においてたいていの場合はこれでうまくいくという経験的に得られた優先規則のことを**ヒューリスティクス**(heuristics) と呼ぶ．日本語の単語分割では最長一致および分割数最小が有効なヒューリスティクスとして知られている．

文字列の先頭から解析を始め，後続する可能性がある単語が複数あるときは，最長の単語を選択して先へ進む方法を**最長一致法**(longest match method または maximum match method) という．これは**深さ優先探索**†(depth-first search) なので，高速かつ記憶領域が少なくてすむという利点があるが精度は劣る．

これに対して，入力文字列を構成する単語の総数が最小になる解釈を優先する方法を**分割数最小法**という．これは平均的な単語の長さが最大である単語分割を求めることに相当する．最長一致法と比べると，総当たり探索(exhaustive search) なので多くの記憶領域が必要だが精度は高い．

「全国都道府県議会議長会」という文字列を最長一致法と分割数最小法によ

り単語分割する例を図2.2に示す．最長一致法では，まず文字列の先頭において「全国」と「全」という二つの単語のうち，より長い単語である「全国」を選ぶ．次に「全国」に続く単語としては「都道府県」「都道」「都」があるが，より長い単語である「都道府県」を選ぶ．その後は「議会」「議長」「会」が順に選ばれ，「全国｜都道府県｜議会｜議長｜会」という単語分割が得られる．

分割数最小法の場合には，すべての可能な単語分割パターンの中で単語数が最小なものを求める．したがって「全国都道府県議会議長会」では，「全国｜都道府県｜議会｜議長｜会」が5単語なのに対し，「全｜国都｜道府県｜議会｜議長｜会」や「全国｜都道｜府｜県議会｜議長｜会」は6単語なので，前者の解釈が優先される．

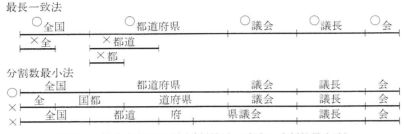

図 2.2 複合名詞の単語分割（最長一致法と分割数最小法）

しかし，最長一致や分割数最小は単なる経験則であるから，例外も多い．例えば，「連れ去られたままだ」という動詞句は，分割数最小法では（最長一致法でも）「連れ去ら｜れ｜たま｜まだ」と分割されるが，より分割数が多い「連れ去ら｜れ｜た｜まま｜だ」という解釈が正しい．そもそも，最長一致法は長い単語を優先する根拠が明確ではないし，分割数最小法は分割数が同じ解釈が複数あった場合にどの解釈を優先すべきかが明確ではないという問題がある．

最長一致や分割数最小のほかのヒューリスティクスとしては，**字種変化**に着目する方法が有効である．日本語の漢字仮名混じり文では内容語が漢字，カタカナ，英数字で表記され，機能語がひらがなで表記されることが多い．そのため字種の変化点は，おおむね単語境界に対応する．実際には，ひらがな表記される文末の述部や漢字連続複合語などが存在するので，字種変化は単語分割のヒューリスティクスとしては精度が悪い．しかし，辞書未登録語（未知語）に対しては，例えば「同一字種文字列を一つの単語とみなす」といった字種情報に

基づくヒューリスティクスを利用する方法が一般的である(吉村他 1989)．

（c） 文法的接続可能性に基づく形態素解析

最長一致や分割数最小という経験則だけでは，日本語として不適切な解釈が優先されてしまう事例が多数生じる．そこで，文の単語分割候補の妥当性を調べるために，単語間の文法的接続可能性を検査するのが有効である．

単語間の文法的接続可能性の検査には，表 2.1 に示すような品詞接続表と単語辞書を用いる．**品詞接続表**は隣接する二つの単語の接続可能性を示すもので，第 i 行が左側の単語の品詞 i，第 j 列が右側の単語の品詞 j を表す．もし i 行 j 列の要素が 1 ならば品詞 i と品詞 j は接続可能であり，0 ならば接続不可能である．

接続検査で用いられる品詞は，接続可能性に基づく単語の分類であれば何でもよい．実用的なシステムでは，普通名詞，サ変名詞，五段動詞，一段動詞，格助詞，接続助詞といったより細かい品詞体系を使用し，さらに動詞，助動詞などの活用語は未然，連用，終止などの各活用形を一つの品詞とみなすので，品詞の数は 100 個程度になることが多い．

表 2.1 品詞接続表と単語辞書

	名詞	助詞	形容詞	副詞	助動詞	動詞
名詞	1	1	0	0	1	0
助詞	1	0	1	1	0	1
形容詞	1	0	0	0	1	0
副詞	1	0	0	0	0	1
助動詞	1	0	0	0	1	1
動詞	1	0	0	0	1	1

表記	読み	品詞
会議	かいぎ	名詞
用紙	ようし	名詞
が	が	助詞
送る	おくる	動詞
申し込む	もうしこむ	動詞
…	…	…

単語辞書には，単語の表記と読みと品詞を記述する．どの項目をキーとして単語辞書を検索するかは形態素解析の用途によって異なる．テキスト音声合成の読み振りの場合には表記がキーになるし，ワープロの仮名漢字変換では読みがキーになる．実用的なシステムでは，数万から十数万単語を辞書に収録することが多い．

例として「へんなじがでる」を仮名漢字変換する場合を考える．もし辞書に「変な」「字」「自我」「が」「出る」が登録されているとすると，最長一致法や分割数最小法では「変な自我出る」が第一候補となってしまう．しかし，品詞接続表において「てにをは」などの助詞を抜かして名詞と動詞が直接接続することを禁止しておけば，次に分割数が少ない「変な字が出る」が候補として得られる．

　　　へんな/形容詞｜じが/名詞｜でる/動詞 ⟶ 変な自我出る（×）

　　　へんな/形容詞｜じ/名詞｜が/助詞｜でる/動詞 ⟶ 変な字が出る（○）

さらに「助詞と名詞の間には文節の切れ目がある」というような文節区切り情報を品詞接続表に加えると，文の単語分割だけでなく**文節分割**ができる．この文節という単位と，最長一致や分割数最小というヒューリスティクスを組み合わせた手法として，連続する2文節が最長となる場合を優先する**2文節最長一致法**(牧野・木澤 1979)や，入力文の文節数が最小となる場合を優先する**文節数最小法**(吉村他 1983)などが提案されている．このような経験的優先規則と文法的接続可能性を組み合わせた手法は，高速かつコンパクトに実装できるので，パソコン上の仮名漢字変換に用いられることが多い．

(d) 接続コストに基づく形態素解析

経験的優先規則と文法的接続可能性だけでは，正しい形態素解析候補を得られない場合が多い．例えば，先の例では名詞と動詞の接続を不可と規定することにより「変な自我出る」という候補を排除したが，実際に使われている言語表現を観察すれば，助詞を抜かして名詞に動詞が後続する例はいくらでもある．ただ相対的に見て，名詞に助詞が後続する割合が，名詞に動詞が後続する割合より多いというだけである．このような場合には，品詞の接続可能性を可能(1)または不可能(0)という二つの値で表現するのではなく，接続することが稀であるほど大きな数値をとるコストで表現すればよい．

2.2 形態素解析アルゴリズム

文の単語分割に対して何らかの**接続コスト**を設定し，文全体で接続コストの和が最小となるような単語分割を選択する方法を**接続コスト最小法**(minimum connective cost method) と呼ぶ(久光・新田 1994)．接続コスト最小法では品詞接続コストだけではなく単語コストも考慮する．例えば，「じ」という読みを持つ名詞は「字/痔/辞/地」などがあるが，これらの単語の出現頻度には大きな差がある．そこで単語の出現頻度が大きいほど小さな単語コストを与えれば，出現頻度が大きな単語が優先される．ただし，品詞接続コストと単語コストの具体的な値は試行錯誤により実験的に決定するしかない．

接続コスト最小法では，動的計画法を用いて入力文に対して接続コストが最小となる形態素解析候補を求める．このアルゴリズムは 2.2 節 (f) で述べるビタビアルゴリズムと全く同じなので，ここでは説明を省略する．

接続コスト最小法は，最長一致法や文節数最小法に比べて計算量は多いが形態素解析精度は高い．そのため近年のパソコンの処理能力の向上に伴い，接続コスト最小法は仮名漢字変換アルゴリズムの主流になりつつある．

(e) 統計的言語モデルに基づく形態素解析

人間の経験と勘と試行錯誤により決められた接続コストは理論的根拠に乏しい．コストの設定には微妙なバランス感覚が要求され，ある領域(例えば新聞)向けに調節したコストは，他の領域(例えば特許文)では不適切なこともある．このように接続コスト最小法には，対象領域へのパラメタの適応や保守が難しいという問題がある．

本項では，言語表現の出現頻度に基づく統計的言語モデルを用いる方法について説明する．この方法は，情報理論と確率論に基づく明確な理論的根拠を備え，対象領域のテキストからモデルのパラメタを学習する方法が存在し，かつ，実験的に最も高い精度が報告されている．簡潔に言えば，接続コスト最小法のコストを自動的に最適な値に設定することができるのである．

ここでは，統計的言語モデルの代表例として，**品詞二つ組モデル**(part of speech bigram model) または**隠れマルコフモデル**(hidden Markov model, HMM) と呼ばれるものを紹介する．

まず日本語の形態素解析を数学的に定式化する．長さ m の文字列からなる入力文 $S = c_1 \cdots c_m$ が長さ n の単語列 $W = w_1 \cdots w_n$ に分割され，各単語に付与さ

れた品詞が品詞列 $T=t_1\cdots t_n$ を構成するとする．このとき，日本語の形態素解析は，単語列と品詞列の同時確率 $P(W,T)$ を最大化する単語分割と品詞付与の組 $(\hat{W},\hat{T})$ を求める問題に帰着する．

$$(\hat{W},\hat{T}) = \arg\max_{W,T} P(W,T|S) = \arg\max_{W,T} P(W,T) \quad (2.1)$$

一般に，$P(W,T)$ を計算するための確率モデルを**単語分割モデル**(word segmentation model)と呼ぶ．日本語の形態素解析では，単語分割モデルとして次式に示す隠れマルコフモデルが用いられることが多い．隠れマルコフモデルでは，品詞二つ組確率 $P(t_i|t_{i-1})$ と単語出現確率 $P(w_i|t_i)$ の積で同時確率 $P(W,T)$ を近似する．

$$P(W,T) = \prod_{i=1}^{n} P(t_i|t_{i-1})P(w_i|t_i) \quad (2.2)$$

実際には，文頭および文末も特別な記号と考えた方が言語モデルおよびアルゴリズムを記述する上で都合がよいので，次式を用いることが多い．

$$P(W,T) = P(t_1|\#) \prod_{i=2}^{n} P(t_i|t_{i-1})P(w_i|t_i)P(\#|t_n) \quad (2.3)$$

ここで "#" は文境界(文頭および文末)を表す特別な記号である．

表 2.2 に品詞二つ組確率と単語出現確率の例を示す．表 2.1 の品詞接続表および単語辞書と比較すると，品詞接続表において可能(1)または不可能(0)という2値で表現されていた品詞接続情報が，隠れマルコフモデルではある品詞に他の品詞が後続する条件付き確率を表す品詞二つ組確率に置き換えられている．また，隠れマルコフモデルの単語出現確率は，単語辞書に品詞別の出現確率が付加されたものである．

品詞二つ組確率および単語出現確率は条件付き確率であるから，すべての事象の和は 1 に等しい，すなわち，$\sum_j P(t_j|t_i) = 1$ および $\sum_k P(w_k|t_i) = 1$ という制約が存在する．なお，表 2.1 には辞書中の単語の一部しか示していないので，品詞別の単語出現確率の和は 1 にはなっていない．

一般に，あるシンボルの生成確率が直前のシンボルのみに依存すると仮定する確率モデルを**マルコフモデル**という．これに対して，マルコフ過程[†]に従って遷移する内部状態とその状態に依存する確率分布を持つシンボル生成器から構成される確率モデルを**隠れマルコフモデル**という．外部から観測できるの

2.2 形態素解析アルゴリズム

表 2.2 隠れマルコフモデルの品詞二つ組確率と単語出現確率

	名詞	助詞	形容詞	副詞	助動詞	動詞
名詞	0.77	0.04	0.00	0.01	0.16	0.02
助詞	0.84	0.00	0.08	0.04	0.00	0.04
形容詞	0.97	0.00	0.00	0.00	0.03	0.00
副詞	0.50	0.00	0.02	0.02	0.02	0.44
助動詞	0.48	0.00	0.00	0.00	0.35	0.16
動詞	0.05	0.00	0.00	0.00	0.88	0.07

表記	読み	品詞	確率
会議	かいぎ	名詞	0.21
用紙	ようし	名詞	0.16
が	が	助詞	0.17
送る	おくる	動詞	0.05
申し込む	もうしこむ	動詞	0.03
...	...	...	

は出力されたシンボル系列の方であり,内部の状態遷移は直接観測できないので「隠れ」マルコフと呼ばれる.品詞を状態,単語をシンボルと考えれば,自然言語の生成過程は隠れマルコフモデルで近似することができる.またこれは品詞接続表と単語辞書を用いる文法記述枠組みの自然な拡張になっている.図 2.2 の品詞二つ組確率(状態遷移確率)と単語出現確率(シンボル出力確率)を,隠れマルコフモデルの状態遷移図の形式で表現したものを図 2.3 に示す.隠れマルコフモデルは,その定義から明らかなように,確率有限状態オートマトン[†]と等価である.

隠れマルコフモデルのパラメタは,人手により単語分割と品詞付与が行われたテキストが大量にあれば,対応する事象の相対頻度から求めることができる.

$$P(t_i|t_{i-1}) = f(t_i|t_{i-1}) = \frac{C(t_{i-1}, t_i)}{C(t_{i-1})} \quad (2.4)$$

$$P(w_i|t_i) = f(w_i|t_i) = \frac{C(w_i, t_i)}{C(t_i)} \quad (2.5)$$

ここで $C(\ )$ は出現頻度を表す.すなわち,品詞二つ組確率は連続する二つの品詞 $t_{i-1}t_i$ の出現頻度と左側の品詞 t_{i-1} の出現頻度の比であり,品詞別単語出

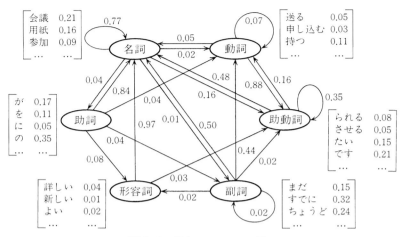

図 2.3 隠れマルコフモデル

力確率は品詞 t_i を持つ単語 w_i の出現頻度と品詞 t_i の出現頻度の比である．

なお，単語区切りと品詞が付与された日本語コーパス(言語データを集成したもの)としては，電話会話などの話し言葉を収集した ATR コーパス(約 80 万語)，新聞・雑誌などの書き言葉を収集した EDR コーパス(約 500 万語)，新聞記事を収集した RWCP コーパス(約 90 万語)などがある．これらのコーパスの入手法については松本他(1994)を参照して頂きたい．

(f) 動的計画法を用いた形態素解析アルゴリズム

本項では，式(2.1)の解，すなわち，同時確率 $P(W,T)$ を最大化する単語列と品詞列の組 $(\hat{W},\hat{T})$ を求めるアルゴリズムを説明する．文頭から i 番目の単語までの単語列と品詞列の同時確率 $P(w_1 \cdots w_i, t_1 \cdots t_i)$ を $\phi(w_i,t_i)$ と定義すると，式(2.2)より，以下の関係が成立する．

$$\phi(w_i,t_i) = \max_{w_{i-1},t_{i-1}} \phi(w_{i-1},t_{i-1}) P(t_i|t_{i-1}) P(w_i|t_i) \qquad (2.6)$$

すなわち $\phi(w_i,t_i)$ は，文頭から $i-1$ 番目の単語までの同時確率の最大値 $\phi(w_{i-1},t_{i-1})$ と，$i-1$ 番目の単語から i 番目の単語への品詞の遷移確率 $P(t_i|t_{i-1})$，および，i 番目の単語の品詞別単語出現確率 $P(w_i|t_i)$ の積の最大値である．

2.2 形態素解析アルゴリズム

この関係を用いて文頭から再帰的に $\phi(w_i, t_i)$ を求めることを繰り返せば，文頭から文末までの同時確率の最大値 $\phi(w_n, t_n)$ が求まる．形態素解析結果は，最大値を与えた単語列と品詞列を逆向きにたどることにより得られる．

動的計画法 (dynamic programming, DP) を用いて式 (2.6) の再帰計算を実現するアルゴリズムを図 2.4 に示す (久光・新田 1994; Nagata 1994)．このアルゴリズムは音声認識や英語の品詞タグ付けで用いられる**ビタビアルゴリズム** (Viterbi algorithm) を一般化したものであり，文の文字数に比例する計算量で最尤単語列 (最も確率が大きい単語列) を求めることができる．

長さ m の日本語文字列を $C = c_1 c_2 \cdots c_m$ とし，部分文字列 $c_{p+1} \cdots c_q$ を c_p^q で表す．図 2.4 のアルゴリズムでは，辞書に相当するものとして，文字列 c_q^r から単語と品詞の組のリストへの写像 $D(c_q^r) = \{(w_i, t_i) \mid w_i = c_q^r\}$ を定義する．そして入力文の文字位置 q から文末までの部分文字列の接頭辞と一致する単語の集合 $\bigcup_{q < r \leq m} D(c_q^r)$ を求める手段を用意する．また，文字位置 q で終わる単語を記憶するテーブル $T_q = \{(w_{i-1}, t_{i-1}) \mid w_{i-1} = c_p^q\}$，および，最適部分解析の確率

$T_0 = \{(w_0, t_0)\};$ /* 文頭における初期設定 */
$\phi(w_0, t_0) = 1;$
for $q = 0$ **to** m /* 文頭から文末へ 1 文字ずつ進む */
  foreach $(w_{i-1}, t_{i-1}) \in T_q$ /* 文字位置 q で終わる部分解析の集合 */
    foreach $(w_i, t_i) \in \bigcup_{q < r \leq m} D(c_q^r)$ /* 文字位置 q から始まる単語の集合 */
      begin
        /* テーブルに未登録ならば新しい部分解析を作成し登録する */
      if $(w_i, t_i) \notin T_r$ **then**
        begin
          $T_r = T_r \cup \{(w_i, t_i)\};$
          $\phi(w_i, t_i) = 0;$
        end
      /* 新しい部分解析の確率が以前の値より大きければ更新する */
      $newprob = \phi(w_{i-1}, t_{i-1}) P(t_i \mid t_{i-1}) P(w_i \mid t_i);$
      if $newprob > \phi(w_i, t_i)$ **then**
        $\phi(w_i, t_i) = newprob;$
    end

図 2.4 動的計画法を用いた形態素解析アルゴリズム (ビタビアルゴリズム)

$\phi(w_i, t_i)$ を記憶するテーブルを用意する．

図 2.4 に示すビタビアルゴリズムは，文頭から文末方向へ 1 文字ずつ進む．まず文頭には特殊な記号を仮定し，その表記および品詞を w_0 および t_0 とする．この文頭記号 (w_0, t_0) を文字位置 0 で終わる単語のテーブル T_0 に格納し，最適部分解析確率 $\phi(w_0, t_0)$ を 1 に初期化する．各文字位置では，その文字位置で終わる最適な部分解析とその文字位置から始まる単語を組み合わせて新しい部分解析を作成し，もし新しい部分解析の確率が以前の最適部分解析の確率よりも大きければ，最適部分解析の確率を更新する．

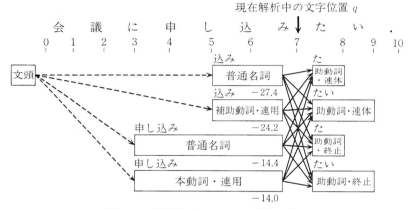

図 2.5 動的計画法を用いた前向き探索

図 2.5 は，「会議に申し込みたい」という文の「申し込み」の終りの文字位置における動的計画法の様子を示している．品詞の違いも考慮すると，この文字位置で終わる単語が 4 個，この文字位置から始まる部分文字列と一致する単語が 4 個あり，これらのすべての組合せを調べて最適部分解析の確率が更新される．

（g）上位 N 個の最適解を求めるアルゴリズム

前項のアルゴリズムでは，最尤解，すなわち，最も確率が大きい単語列しか求められない．しかし，例えば仮名漢字変換の次候補のように，実用的には上位 N 個の解を求めたいことが多い．一般に，上位 N 個の最適解を求めることを **N 最良探索**（N-best search）という．本項では，日本語形態素解析の N 最良

2.2 形態素解析アルゴリズム

探索法として**前向き DP 後向き A^* アルゴリズム**を紹介する (Nagata 1994).

このアルゴリズムは，動的計画法 (DP) を用いた**前向き探索** (forward search) と，A^* アルゴリズムを用いた**後向き探索** (backward search) の二つのパスから構成される．前向き探索では，前項で述べたように，文頭から文末へ 1 文字ずつ進む動的計画法を用いて，文頭から任意の単語までの最適部分解析の確率をテーブルに記録する．後向き探索では，文末から文頭へ進む A^* アルゴリズムを用いて，確率が大きい順番に一つずつ任意個の形態素解析候補を取り出す．

ここで A^* **アルゴリズム**について簡単に説明する．グラフの任意の節点を n としたとき，初期状態から n までの最適な経路のコストを $g(n)$ とし，n から最終状態までの最適な経路のコストを $h(n)$ とする．n を通る最適な経路のコスト $f(n)$ は次式で与えられる．

$$f(n) = g(n) + h(n) \tag{2.7}$$

我々の目標は初期状態から最終状態への最適な経路を求めることである．もし $f(n)$ が正確にわかっていれば，初期状態から $f(n)$ が最小となる節点をたどることにより解が得られる．実際には $g(n)$ も $h(n)$ も正確にわからないので探索が必要である．

$g(n)$ は，それまでわかっている n までの道の中でコストが最小のものとする．$h(n)$ の推定値を $\hat{h}(n)$ とするとき，もし推定コスト $\hat{h}(n)$ が真のコスト $h(n)$ より小さければ，すなわち $\hat{h}(n) \leq h(n)$ ならば，$\hat{f}(n) = g(n) + \hat{h}(n)$ が最小となる節点をたどることにより最適解が得られることを証明できる．この性質を利用したようなグラフ探索戦略を A^* アルゴリズムという．また，ある探索アルゴリズムが必ず最適解を発見できるとき，その探索アルゴリズムは**認容可能** (admissible) であるという．

もし推定コスト $\hat{h}(n)$ と真のコスト $h(n)$ が一致するならば，A^* アルゴリズムは（最適経路以外の節点を通ることなく）ただちに最適経路を求めることができる．一般に推定コストが真のコストに近いほど，探索量は少なくてすむ．もし推定コストを常に 0 とすれば，推定コストが真のコストより小さいという認容可能条件を満足するが，実質的には $g(n)$ を用いて **幅優先探索**[†] (breath-first search) をするのと同じであり，非常に効率が悪い．

さて，後向き探索では，前向き探索により求めた，文頭からある単語までの部分解析を A^* アルゴリズムにおけるグラフの節点と考える．関数 $g(n)$ とし

て，文末から現在の単語に至るまでの単語列と品詞列の同時確率の対数の絶対値を用いる．また，関数 $h(n)$ としては，前向き探索で求めた，文頭から現在の単語に至るまでの単語列と品詞列の同時確率の対数の絶対値を用いる．前向き探索により $h(n)$ の真の値が分かっているので，後向き探索は必ずかつただちに最適解が得られる．最適解が得られたら，その節点を取り除き，さらに探索を続けることにより次の最適解が得られる．このようにして，後向き探索では，正確かつ効率的に上位 N 個の形態素解析候補を求めることができる．

図 2.6 に，「会議に申し込みたい．」という文の後向き探索の様子を示す．この図において，左端の数字が候補順位であり，左端の箱の下の数字は全経路の対数確率である．「申し込み(本動詞連用形と普通名詞)」「たい(助動詞終止形と助動詞連体形)」「に(格助詞と助動詞連用形)」に関する品詞の多義，および，「申し込み」と「申し｜込み」という単語分割の多義が最ももっともらしい順番に提示される様子がわかる．

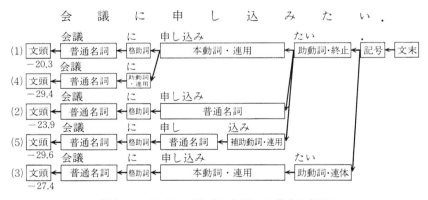

図 2.6　A^* アルゴリズムを用いた後向き探索

統計的言語モデルを用いた日本語の形態素解析は 95%以上の精度を持ち，従来の方法よりも高精度かつ頑健である．しかし，パラメタの学習のために，人手により単語分割したテキストを 100 万語以上作成しなければならないので，学習データの作成コストが大きな問題となる．そこで，近年では，プレーンテキストから **自己組織的**[†] (self-organizing) に統計的言語モデルを学習する方法，すなわち，**教師なし学習**[†] (unsupervised learning) の研究が始まっている (Yamamoto 1996; 竹内・松本 1997; Nagata 1997)．しかし，未知語の取り

扱いの難しさのために，現状では，教師なし学習の精度は教師あり学習の精度より低い．

(h) 英語の品詞付け

本項では，英語の品詞付けについて説明する．英語の品詞付けは，日本語の単語分割と技術的に似ているので，その研究動向を知ることは，日本語の形態素解析に関する理解を深めるのに役立つ．

英語には単語を分かち書きする(単語の間に空白を入れる)習慣があるので，空白と空白の間の文字列を取り出すことにより，容易に単語を同定できる．しかし，英語は多品詞語が多いために品詞の決定が難しい．例えば，多くの名詞は動詞としても使うことができるし，"like" のように名詞，動詞，前置詞，接続詞，形容詞として使える単語もある．そこで，英語の形態素解析では，語形変化の解析を(狭い意味での)形態素解析と呼び，品詞決定処理を**品詞付け**(part of speech tagging)または**タグ付け**(tagging)と呼ぶことが多い．

英語の品詞付けでは，語形変化に対して，変化形ごとに細分化した品詞を付与する．例えば，動詞の下位分類として次のようなものを用意すればよい．

　　　VB(原形)，VBD(過去形)，VBG(現在分詞形/進行形)，
　　　VBN(過去分詞形)，VBP(非三人称単数現在形)，
　　　VBZ(三人称単数現在形)

まず英語の品詞付けを数学的に定式化する．入力文が単語列 $W = w_1 \cdots w_n$，品詞列 $T = t_1 \cdots t_n$ から構成されるとすれば，英語の品詞付けは，単語列と品詞列の同時確率 $P(W,T)$ を最大化する品詞列 $\hat{T}$ を求める問題に帰着する．

$$\hat{T} = \arg\max_T P(T|W) = \arg\max_T P(W,T) \quad (2.8)$$

一般に，$P(W,T)$ を計算するための確率モデルを**品詞付けモデル**(tagging model)と呼ぶ．ここで，単語列を観測可能なシンボルの系列，品詞列を観測不能な状態系列と考えれば，$P(W,T)$ は隠れマルコフモデル(HMM)で定式化できる．英語の品詞付けでは次式のような二次隠れマルコフモデル(2nd order HMM)を用いることが多い．

$$P(W,T) = \prod_{i=1}^{n} P(t_i|t_{i-2}, t_{i-1}) P(w_i|t_i) \quad (2.9)$$

ここで，$P(t_i|t_{i-2}, t_{i-1})$ は品詞三つ組確率，$P(w_i|t_i)$ は品詞別単語出現確率を表し，それぞれ，隠れマルコフモデルにおける状態遷移確率とシンボル出力確率に相当する．

観測系列 W を生成する最適状態系列 $\hat{T}$ は，音声認識と同様，ビタビアルゴリズム（動的計画法）によって求めることができる (Church 1988)．図 2.7 に "I like to dance." という文の品詞付けの例を示す．各単語は複数の品詞の可能性があるが，ビタビアルゴリズムを用いれば，文中の単語数に比例する計算量で，すべての品詞の組合せの中から最尤状態系列（最も確率が大きい品詞列）を求めることができる．

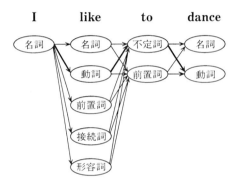

図 2.7　ビタビアルゴリズムによる英語の品詞付け

品詞付けモデルのパラメタは，人手によって品詞が付与された**品詞タグ付きコーパス**（tagged corpus）から求める場合と，**品詞タグなしコーパス**（untagged corpus），すなわち，プレーンテキストから求める場合がある．タグ付きコーパスでは状態遷移が観測できるので，状態遷移確率とシンボル出力確率は関連する事象の相対頻度から求められる (Church 1988)．これに対して，タグなしコーパスでは状態遷移が観測できないので，パラメタ推定には，隠れマルコフモデルのパラメタ推定法である**前向き後向きアルゴリズム**（forward-backward algorithm）を用いる (Cutting et al. 1992)．一般に，タグ付きコーパスからパラメタを推定した方が，タグなしコーパスから推定するよりも若干精度が良い．

統計的言語モデルを用いた英語の品詞付けプログラムは 95% から 97% 程度の精度を持ち，従来の文法規則に基づく方法よりも高精度かつ頑健なので，広く用いられている．近年では，**誤り主導の変換に基づく学習**(error-driven transformation-based learning) (Brill 1995)，**決定木アルゴリズム**(decision tree algorithm) (Black et al. 1992)，**重み付き有限状態変換器**(weighted finite state transducer) (Sproat et al. 1996)など，様々な言語モデルや学習法が提案され，形態素解析に適用されている．これらは，隠れマルコフモデルを用いた形態素解析よりも，精度，計算量，記憶量，学習データ量などの点で優れている．

式(2.2)と式(2.9)を比べると，日本語の単語分割モデルと英語の品詞付けモデルは基本的に同じであることがわかる．また，図2.5と図2.7を比べると，日本語の単語分割アルゴリズムは英語の品詞付けアルゴリズムを一般化したものであることがわかる．したがって，英語の品詞付け手法の多くは日本語の単語分割にも適用可能である．今後は，日本語の形態素解析に関しても，前向き後向きアルゴリズムのような人手によるコーパスの注釈付けを必要としない学習法，決定木アルゴリズムのような隠れマルコフモデル以外の言語モデルおよび学習法，および，有限状態変換器のような非常に高速かつコンパクトな実装法の研究が進むことが期待される．

2.3 単語辞書の実装法

本節では，形態素解析プログラムにおける単語辞書の実装法について説明する．一般に，単語辞書には各単語に関する表記，読み，品詞などの言語情報が格納される．最も単純な単語辞書の表現形式は，一つの行に各単語の言語情報を列挙した以下のようなファイルであろう．

言語, げんご, 名詞
言語学, げんごがく, 名詞
言語処理, げんごしょり, 名詞
情報科学, じょうほうかがく, 名詞
情報工学, じょうほうこうがく, 名詞
情報処理, じょうほうしょり, 名詞

一般に，形態素解析プログラムにおいて，処理時間の大半は辞書の検索に費やされ，使用メモリの大半は辞書の格納に使われるので，単語辞書の実装法の良否が形態素解析プログラムの時間的・空間的性能を決めるといっても過言で

はない．

以下では，日本語の形態素解析において使用されることが多いトライを用いた辞書実装法，および，近年欧米言語の形態素解析において主流となっている有限状態オートマトンや有限状態変換器を用いた辞書実装法について紹介する．

(a) 単語辞書を表現するためのデータ構造

トライ

日本語の形態素解析では，入力文の各文字位置においてその文字位置から始まる文字列と一致するすべて単語を辞書から検索しなければならない．例えば，「中国語学校」という複合名詞を形態素解析する場合，1文字目から始まる単語として「中」「中国」「中国語」，2文字目から始まる単語として「国」「国語」「国語学」，3文字目から始まる単語として「語」「語学」，4文字目から始まる単語として「学」「学校」を検索する必要がある．

  中国語学校 ⟶ 中国語 国語学 語学 学校
        中国 国語 語   学
        中   国

ハッシュ法やB木法により単語辞書を構成する場合，入力文字列のすべての部分文字列を一つずつ順番に照合する必要がある．これに対して，トライにより単語辞書を構成すれば，ある文字位置から始まるすべての接頭辞(**最左部分文字列**)を1回の走査で照合することができる．

トライ(trie)は，キー集合の各キーの共通接頭辞を併合した木構造である(青江 1993)．図2.8に，本節の最初に示した六つの単語の表記「言語」「言語学」「言語処理」「情報科学」「情報工学」「情報処理」から構成されるキー集合に対してトライを作成したものを示す．ここで，'#'はトライの葉とキーを1対1に対応させるため導入した**終端記号**を表す．

キーの検索は，キーの末尾に終端記号を加えた文字列とトライの枝ラベルを根から順に1文字ずつ照合することにより行なう．例えば，図2.8において「言語処理」という単語を検索する場合，トライの根1から出発してラベル'言','語','処','理','#'を辿ることにより，節点2,4,8,13,17を経て辞書情報「げんごしょり，名詞」を得る．これに対して，「言語工学」という単語を検索すると，節点4から出るラベル'工'の枝が存在しないので，検索は失敗する．

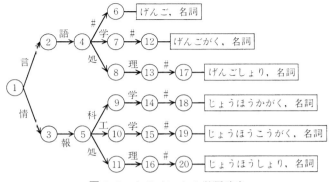

図 2.8 トライによる単語辞書

トライの特徴は，入力文字列のすべての接頭辞を1回の走査で探索できることである．例えば，入力文字列が「言語学会」の場合，根1から出発して'言', '語', '学', '会' という枝ラベルを順番に辿る過程で，「言語」と「言語学」が接頭辞として検索できる．また，各節点における枝の探索時間が節点から出る枝の数に依存しなければ，トライの検索時間はキーの長さに比例する．したがって，トライは単語を分かち書きしない日本語の形態素解析に非常に適したデータ構造である．

有限状態オートマトン

一般に，キー集合の共通文字列を併合してグラフ構造で表現すると**有向非循環グラフ**[†](directed acyclic graph)になる．トライはキー集合の接頭辞側の共通文字列だけを併合した木構造であるが，接尾辞側の共通文字列も併合すれば，検索時間はそのままで，さらにコンパクトな表現が可能になる．

有向非循環グラフは，節点を状態，枝を遷移に対応させれば，非循環の**有限状態オートマトン**[†](finite state automaton) とみなせる．形式言語理論によれば，任意の有限状態オートマトンはそれと等価な状態数最小の有限状態オートマトンに変換できるので，任意のトライは節点の数が最小の有向非循環グラフに変換できる．

一般に，状態数 n の有限状態オートマトンの最小化は $O(n \log n)$ 時間が必要である (Ahc et al. 1986)．しかし，非循環の場合には，最終状態までの最長経路の長さが等しい状態の中で同じ遷移ラベルと遷移先の組の集合を持つ状態

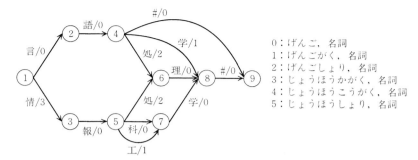

図 2.9　有限状態オートマトンによる単語辞書

を併合するという手続きを，最終状態から初期状態に向かって順番に適用することにより，オートマトンの遷移数に比例する時間で状態数を最小化することができる (Revuz 1992)．ただし，トライでは，図 2.8 のようにキーに対応する辞書情報を葉節点に格納することができるが，有向非循環グラフでは，辞書情報を検索するために以下のような工夫が必要になる (Revuz 1991)．

まず有向非循環グラフを作成する際に，各枝に対して，その枝を出発する節点から生成される単語の中で，その枝ラベルより辞書順で小さい文字で始まる単語の数を割り当てる（これを順位数と呼ぶことにする）．キーを検索する際には，経路上の各枝に割り当てられた順位数の和を求める．順位数の和はキー集合における各単語の辞書式順位（起点は 0）に等しいので，キーに対して一意に辞書情報を割り当てることができる．

例として，図 2.8 のトライによる単語辞書を状態数最小の有限状態オートマトンに変換したものを図 2.9 に示す．'情報科学#' と '情報工学#' の共通接尾辞である '学#' などが併合されていることがわかる．図 2.9 において，枝ラベルの後に '/' を区切り記号として付与されているのが順位数である．例えば，「情報工学」という単語を検索する場合，'情'，'報'，'工'，'学'，'#' という経路上の順位数の和 3+0+1+0=4 から辞書式順位 4 が求まるので，このキーに対する辞書情報「じょうほうこうがく，名詞」を取り出すことができる．

なお，この有向非循環グラフと順位数を用いて文字列に整数を割り当てる方法は，キー集合の各キーに対して衝突が全く起こらないような**完全ハッシュ関数** (perfect hash function) (Fredman & Komolos 1984) を構成する方法の一つとみなすこともできる．

有限状態変換器

　状態数最小の有限状態オートマトンは，単語辞書のキー集合の共通文字列を理論的な極限まで併合しており，キー集合に関しては最もコンパクトな表現法といえる．しかし，例えば「げんご」「げんごがく」「げんごしょり」の三つの読みにおける「げんご」のように，読みや品詞などの辞書情報の中には多くの共通文字列が存在するので，辞書情報の格納法には，まだ改善の余地がある．

　有限状態オートマトンの状態遷移に入力記号だけでなく出力記号を付加したものを **有限状態変換器** (finite state transducer) と呼ぶ．近年，有限状態変換器の決定化アルゴリズムおよび最小化アルゴリズムの研究が進み，状態数が100万を越える大規模な有限状態変換器を構築できるようになった (Mohri 1996)．そこで，単語の表記を入力記号，読みや品詞などの辞書情報を出力記号とする有限状態変換器により単語辞書を構築する方法が欧米言語の形態素解析では主流になりつつある．

　図 2.9 の有限状態オートマトンによる単語辞書を有限状態変換器で表現したものを図 2.10 に示す．枝ラベルにおける ':' の左側と右側の文字列は，それぞれ入力記号と出力記号を表す．図 2.10 では，表記 (キー) と読みはそれぞれ入力記号と出力記号として格納され，品詞は終端記号 '#' に対する出力記号として格納されている．「げんご」「じょうほう」など，辞書情報に存在していた共通文字列が効率的に表現されていることがわかる．例えば，「言語処理」という単語を検索する場合，入力記号列 '言','語','処','理','#' を辿ることにより，対応する出力記号から辞書情報として「げんごしょり」という読みと「名詞」という品詞を得られる．

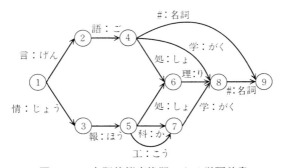

図 2.10　有限状態変換器による単語辞書

一般に，有限状態オートマトンと有限状態変換器をまとめて有限状態機械 (finite state machine) と呼ぶ．有限状態機械は高速かつコンパクトに実装できるので，近年ではここで説明した辞書圧縮だけでなく，自然言語処理の基盤技術として形態素解析，構文解析，音声認識などの様々な分野に応用されている (Mohri 1996; 1997)．

(b) 疎行列の表現法に基づく単語辞書の実装法

行置換法による有限状態機械の表現法

以下では，トライまたは有限状態機械で表現された単語辞書を計算機上で効率的に実装する方法について述べる．単語数に依存せず，単語長に比例する時間で単語を検索するためには，各節点における枝の探索時間が節点から出る枝の数に依存しないことが必要である．この条件を満たす最も簡単な単語辞書の表現法は配列を使う方法である．

行列 M の i 行 j 列の要素を $M(i,j)$ で表し，その値を k とするとき，節点 i から節点 k へ至るラベル j の枝を，要素 $M(i,j) = k$ に対応させることにより，有限状態機械を配列で表現することができる．

図 2.11 の上段に，有限状態オートマトンを行列で表現する例を示す．ここでは文字 'a', 'b', 'c', … を内部コード 1, 2, 3, … で表すことにする．例えば，図 2.11 の上段左のグラフの根 1 から節点 3 へ至るラベル 'e' の枝は，上段右の行列の要素 $M(1,5) = 3$ に対応する．

このようにグラフを 2 次元配列で表現すれば，各節点における枝の探索時間が節点から出る枝の数に依存しないので，キーの検索時間はキーの長さに比例する．しかし，節点の数を n，異なる文字の数を m とする場合，配列の大きさは $O(nm)$ となり，キーの数が増えると非常に多くのメモリを必要とする．特に日本語では文字の種類が 6000 以上あるので，大規模な辞書を単純な配列で表現することは現実的ではない．

このようにグラフの配列表現のメモリ効率が悪い原因は，ほとんどの配列要素が未使用なためである．この問題は疎行列の表現法を適用することにより解決できる．

ほとんどの要素が 0 である行列を**疎行列** (sparse matrix) と呼ぶ．疎行列の表現法は古くから研究されており，代表的な手法として，**行置換法** (row

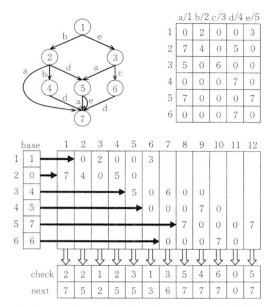

図 2.11 行置換法による有限状態機械の表現

displacement method) (Tarjan & Yao 1979) が知られている．ここでは，行置換法の一つで，Unix の字句解析プログラム Lex や構文解析プログラム Yacc において，有限状態オートマトンや LR パーザの状態遷移表の表現に用いられている **Johnson の方法**を紹介する (Aho et al. 1986)．

行置換法では，行列の各行を平行移動して，非零要素が重ならないように一次元配列に写像する．この写像は $base, check, next$ という三つの配列で表現される．図 2.11 の上段右の行列を行置換法により圧縮して表現する例を図 2.11 の下段に示す．

配列 $base$ は各行の格納場所の基底位置を与え，各行の非零要素の値は次式により配列 $next$ に格納する．

$$next[base[i]+j] = M(i,j) \tag{2.10}$$

しかし，これだけでは配列 $next$ の要素がどの行の要素かを一意に判定できないので，配列 $check$ に元の行番号を格納する．

$$check[base[i]+j] = i \tag{2.11}$$

例えば，行列の非零要素 $M(2,4)=5$ (節点 2 から節点 5 へ至るラベル 'd' の

枝が存在すること）は，以下の計算により確認できる．
$$next[base[2]+4] = next[0+4] = next[4] = 5$$
$$check[base[2]+4] = check[0+4] = check[4] = 2$$

配列 $base$ の値の決め方には様々な方法があるが，非零要素が多い行から順に配列 $next$ に詰め込むだけで実用上は十分である．この決定法を **FFD 法**（first-fit decreasing）と呼ぶ．例えば，図 2.11 の上段右の行列の場合，非零要素の数は，行 2 が 3 個，行 1,3,5 が 2 個，行 4,6 個が 1 個である．そこで，行 2,1,3,5,4,6 の順に非零要素が重ならないように配列 $next$ の先頭から詰め込むと，図 2.11 の下段のようになる．なお，行置換法による疎行列の圧縮法の詳細については，青江 (1990) を参照してほしい．

ダブル配列法によるトライの表現法

Johnson の方法は，トライや有限状態機械（有向グラフ）を表現するのに $base$, $check$, $next$ という三つの配列を使用する．しかし，トライのような木構造（ある節点に到達する枝が一つしかない有向グラフ）だけに限定すれば，よりコンパクトな表現が可能である．ここでは，二つの配列を用いてトライを表現する**ダブル配列**（double array）法を紹介する（青江 1988）．

ダブル配列法では，節点 n から節点 m へ至るラベル 'a' の枝を，二つの配列 $base$, $check$ を使用して以下のように表現する．
$$m = base[n]+a, \quad check[m] = n \qquad (2.12)$$

Johnson の方法では枝が到達する節点の番号を $next[m]$ に格納する．これに対してダブル配列法は，節点の番号の与え方には自由度があることを利用して，到達する節点の番号 m を $base[n]+a$ とすることにより配列 $next$ を不要にしている．さらにダブル配列法では，分岐がない経路が始まる節点の番号を r とするとき，分岐がない経路上の枝ラベルを文字列として配列 $tail[-base[r]]$ 以降に格納することにより，無駄な節点や枝を取り除いて圧縮効率を高めている．

例として，以下の五つの単語について仮名漢字変換のために読みをキーとして単語辞書を作成する場合を考える．

あい, 愛, 名詞
あいかわらず, 相変わらず, 副詞
あいこうか, 愛好家, 名詞

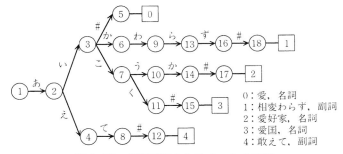

図 2.12 単語辞書のトライによる表現

 あいこく，愛国，名詞
 あえて，敢えて，副詞

 このキー集合をトライで表現したものを図2.12に示し，図2.12のトライをダブル配列法により表現したものを図2.13に示す．ここで，文字 '#', 'あ', 'い', … は，それぞれ内部コード 1, 2, 3, … に対応するとする．またトライの葉には辞書情報を検索するために 0 を起点とする辞書式順位を格納することにする．

 例えば，図2.13に示すダブル配列でキー "あいかわらず#" を検索する場合，まず，$base[1]+$'あ'$=1+2=3$ かつ $check[3]=1$ より節点 1 から節点 3 へのラベル 'あ' の枝が確認できる．同様にして，節点 3 から節点 4 へのラベル 'い' の枝，節点 4 から節点 8 へのラベル 'か' の枝がダブル配列上で確認できる．ここで，$base[8]=-2$ より残りの枝ラベルが $tail[2]$ 以降に格納されていることが分かる．そして，残りの入力文字列 "わらず#" と残りの枝ラベル "わらず#" が一致するので，キー "あいかわらず#" はキー集合に含まれていることが分かる．さらに，枝ラベルに続いて格納されている辞書式順位 1 から，辞書情報「相変わらず，副詞」を検索できる．

 キー集合からダブル配列を作成するアルゴリズムは，基本的には前節で説明したFFD法と同じである．すなわち，配列の非零要素が重ならないように配列 $base$ の値を決定する．ただし，Johson の方法が静的なキー集合(枝の変化がない)に限定されるのに対して，ダブル配列は動的なキー集合(キーの追加と削除)が扱えるように改良されている．ダブル配列を作成するアルゴリズムの詳細については，青江(1988)を参照して欲しい．

 なお，ダブル配列法において配列 $tail$ に格納されている接頭辞側の共通文字

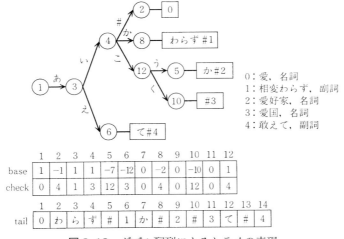

図 2.13　ダブル配列によるトライの表現

列を併合して圧縮効率を高める方法として，分岐がない文字列の逆順の文字列に対してトライを構成し，元のトライと連結する**ダブルトライ法**が提案されている(Aoe et al. 1996)．

その他のデータ構造

最後に，トライや有限状態機械以外の単語辞書の実装法について簡単に触れておく．最左部分列の検索にトライを用いると，入力文字列の同じ部分を何度も走査するという無駄がある．この問題に対して，Maruyama(1994)では，Aho と Corasic (Aho & Corasick 1975)による複数キーワードの文字列照合法を応用し，トライに**失敗回復関数**(failure function)を付加することによりバックトラックしない辞書検索法を提案している．

なお，一般に，主記憶と二次記憶を併用してハッシュや探索木を作成する方法は動的ファイル管理法と呼ばれる(青江と佐藤 1993)．形態素解析では，同じ接頭辞を持つキーを同一ブロックに格納する**拡張 B 木法**が提案されている(日高他 1984)．

一般に，情報検索分野における全文検索のためのインデックス作成法は，そのまま単語辞書の実装に応用できる(Frakes & Baeza-Yates 1992)．フリーの日本語形態素解析プログラムとして有名な「茶筌」(ChaSen)(松本他 1996)の

辞書は，分岐がないノードを圧縮したトライである**パトリシア**(Patricia)で実装されており，文字列の接尾辞へのポインタを配列に格納して間接ソートしたデータ構造である接尾辞配列(suffix array) (Manber & Myers 1993)を使用するオプションもある．

2.4 N グラムの平滑化

隠れマルコフモデルのような統計的言語モデルを形態素解析に用いる場合，様々な事象の確率を推定する必要が生じる．これらは基本的には関連する事象の相対頻度から求めればよいのだが，実際には学習データの量が不足しているために何らかの**平滑化**[†](smoothing)が必要になる．本節では頻度の平滑化の基本的な考え方を説明する．

（a） 最尤推定法

ある事象が生起する確率が直前の N 個の事象のみに依存するとき，これを **N 重マルコフ過程**と呼び，単語の生起を $N-1$ 重マルコフ過程で近似したモデルを **N グラムモデル**(N-gram model) と呼ぶ．

いま，単語列 $w_i^j = w_i \cdots w_j$ が学習データに出現する回数を $C(w_i^j)$ とするとき，N グラムの確率は，N 個組と $N-1$ 個組の相対頻度から次のように推定できる．

$$P_{ml}(w_i|w_{i-N+1}^{i-1}) = \frac{C(w_{i-N+1}^{i})}{C(w_{i-N+1}^{i-1})} \qquad (2.13)$$

このように相対頻度から推定値を求める方法を**最尤推定**(maximum likelihood estimation)という．

N の値が大きいほど，学習データから信頼性の高い N グラムの値を推定するのは難しいので，通常は $N=2$ または $N=3$ を用いる場合が多く，それぞれ**二つ組**(bigram)および**三つ組**(trigram)と呼ばれる．また $N=1$ の場合，式(2.13)は単語の出現確率を表すが，これは**一つ組**(unigram)と呼ばれる．

最尤推定法には，学習データに出現しない単語列の確率を 0 にしてしまうという大きな欠点がある．これを**ゼロ頻度問題**(zero-frequency problem)という．もし学習データに 1 回しか出現しない単語列がたくさんあるのならば，この学

習データには出現しなかったが，別のデータに出現する可能性がある単語列が非常に多く存在する．統計的言語モデルを用いるシステムでは，複数の単語列の確率の積から文の確率を求めるので，どれか一つの単語列の確率が 0 だと全体の確率が 0 になってしまうため都合が悪い．

また，学習データに出現する単語列でも，その頻度が小さい場合には，最尤推定値の統計的信頼性は低い．一般に単語の組合せの数は学習データ数よりもはるかに大きいので，頻度の小さい単語列は非常に多く存在する．これを**スパースデータ問題**(sparse-data problem)という．例えば，学習データの大きさ(延べ単語数)を 100 万語，語彙数(異なり単語数) V を 1 万語とすれば，$V^3 = 10^{12} \gg 10^9$ である．

したがって，観測されなかった事象(unseen events)や頻度が小さい事象(infrequent events)に関するより適切な推定値を得るためには，データの平滑化が必須である．

(b) 加 算 法

確率が 0 になるという問題を避ける最も単純な方法は，観測されたすべての事象の出現頻度に小さな値 δ を足し，観測された事象と観測されなかった事象の確率を以下のように推定する方法である．これを**加算法**(additive method)と呼ぶ．

$$P_{add}(w_i|w_{i-N+1}^{i-1}) = \begin{cases} \dfrac{C(w_{i-N+1}^i)+\delta}{C(w_{i-N+1}^{i-1})+\delta|V|} & C(w_{i-N+1}^i) > 0 \text{ のとき} \\ \dfrac{\delta}{C(w_{i-N+1}^{i-1})+\delta|V|} & \text{それ以外のとき} \end{cases}$$

(2.14)

ここで $|V|$ は単語列の異なり総数を表す．

加算法の中で最も有名なのは $\delta=1$ の場合，すなわち，1 を足す方法(add-one method)である．しかし，加算法は，後述する線形補間法やバックオフ法に比べて非常に精度が悪いことが知られている(Chen & Goodman 1996)．

(c) 線形補間法

線形補間法(linear interpolation)は，N グラムの確率値を低次の M グラム

($M < N$) の確率値から線形に補間する (Jelinek & Mercer 1980; Jelinek 1985). 三つ組の場合には, 次のようになる.

$$\begin{aligned}P_{li}(w_i|w_{i-2},w_{i-1}) &= \sum_{k=1}^{3} \lambda_k(w_{i-k+1}^{i-1})P_{ml}(w_i|w_{i-k+1}^{i-1}) \\ &= \lambda_3(w_{i-2},w_{i-1})P_{ml}(w_i|w_{i-2},w_{i-1}) \\ &\quad +\lambda_2(w_{i-2},w_{i-1})P_{ml}(w_i|w_{i-1}) + \lambda_1(w_{i-2},w_{i-1})P_{ml}(w_i)\end{aligned}$$
(2.15)

ここで, $\lambda_3(w_{i-2},w_{i-1})$, $\lambda_2(w_{i-2},w_{i-1})$, $\lambda_1(w_{i-2},w_{i-1})$ は, それぞれ三つ組, 二つ組, 一つ組に対する重み係数であり, $\sum_k \lambda_k(w_{i-2},w_{i-1}) = 1$ となるように設定する. 重み係数の推定法には, 後述するヘルドアウト補間法と削除補間法がある.

式(2.15)の補間では, 学習データ中に三つ組 $w_{i-2}w_{i-1}w_i$ が出現しない場合には, 二つ組と一つ組から $P(w_i|w_{i-2},w_{i-1})$ の値を推定する. さらに二つ組 $w_{i-1}w_i$ も出現しない場合には, 一つ組の値により近似する. 一般に, 学習データにおける三つ組 $w_{i-2}w_{i-1}w_i$ の出現頻度が大きいほど, すなわち, 相対頻度 $P_{ml}(w_i|w_{i-2},w_{i-1})$ の信頼性が高いほど, $\lambda_3(w_{i-2},w_{i-1})$ の値は大きくなる.

ただし, 重み係数 λ_k ($k=1,2,3$) が直前の単語列 $w_{i-2}w_{i-1}$ に依存すると仮定すると推定すべきパラメタの数が非常に多くなるので, 実際には, 相対頻度 $P_{ml}(w_i|w_{i-2},w_{i-1})$ の値を 0 から 1 の間のいくつかの範囲(range)に分け, 範囲ごとに異なる λ_k を用いることが多い. あるいは, 精度は少し落ちるが, 直前の単語列に依存しない共通の λ_k を用いてもよい. 単語三つ組の場合, 経験的には $\lambda_3 = 0.9$, $\lambda_2 = 0.09$, $\lambda_1 = 0.01$ 程度になることが多く, これより λ_3 の値が小さいならば, 学習データが不足している.

ヘルドアウト補間法

ヘルドアウト補間法(held-out interpolation)では, まず最初に学習データから N グラム確率を最尤推定し, 次に N グラムの学習に使ったものとは別の評価用データ(ヘルドアウトデータ)を用いて, ヘルドアウトデータの生成確率が最大となるように式(2.15)の重み係数を推定する.

N グラムを求めるのに用いたデータと同一のデータを用いて重み係数を求めると, $\lambda_3 = 1$, $\lambda_2 = 0$, $\lambda_1 = 0$ が最適となるので意味がない. N グラムの推定と

重み係数の推定には，必ず別のデータを用いる必要がある．

重み係数 λ_k を推定するために，式(2.15)に対応する図2.14のような隠れマルコフモデルを考える．一つの単語二つ組 $w_{i-2}w_{i-1}$ は $s_k(w_{i-2}, w_{i-1})$ ($k = 0, 1, 2, 3$) という四つの状態を持つ．状態 s_4 は次の単語二つ組の初期状態 $s_0(w_{i-1}, w_i)$ に相当する．λ_k は $s_0 \to s_k$ というヌル遷移（何も出力をしない遷移）が起こる確率である．状態遷移 $s_k \to s_4$ ($k = 1, 2, 3$) からは単語 w_i が出力され，その遷移確率はそれぞれ $P_{ml}(w_i)$, $P_{ml}(w_i|w_{i-1})$, $P_{ml}(w_i|w_{i-2}, w_{i-1})$ である．

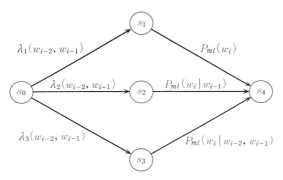

図 2.14　三つ組の線形補間のための隠れマルコフモデル

我々の目標は，相対頻度の計算に用いたものとは別のテキスト $W = w_1 \cdots w_n$ に対して，W の確率が最大となるように λ_k を決めることである（最尤推定）．

さて，単語列 $W = w_1 \cdots w_n$ が図2.14に示す隠れマルコフモデルから生成されたとしよう．もし状態 s_0 に到達した回数 $C(s_0)$，各状態遷移の回数 $C(s_0 \to s_i)$ を観測できれば，次式により λ_k を推定できる．

$$\lambda_k = \frac{C(s_0 \to s_k)}{C(s_0)} \qquad (k = 1, 2, 3) \tag{2.16}$$

しかし，この遷移は実際には観測できない．そこで，何らかの方法で求めた λ_k の推定値から状態遷移回数の推定値を求め，λ_k を**再推定**(reestimate)することを考える．

もし λ_k の値がわかっている場合，単語列 $w_{i-2}w_{i-1}$ の後に単語 w_i が観測されたときに，状態遷移系列 $s_0 \to s_k \to s_4$ が起こった確率 $p_k(w_i)$ は次式で与えられる．

$$p_1(w_i) = \lambda_1 P_{ml}(w_i)/P(w_i|w_{i-2}, w_{i-1})$$
$$= \frac{\lambda_1 P_{ml}(w_i)}{\lambda_3 P_{ml}(w_i|w_{i-2}, w_{i-1}) + \lambda_2 P_{ml}(w_i|w_{i-1}) + \lambda_1 P_{ml}(w_i)}$$
$$p_2(w_i) = \lambda_2 P_{ml}(w_i|w_{i-1})/P(w_i|w_{i-2}, w_{i-1})$$
$$= \frac{\lambda_2 P_{ml}(w_i|w_{i-1})}{\lambda_3 P_{ml}(w_i|w_{i-2}, w_{i-1}) + \lambda_2 P_{ml}(w_i|w_{i-1}) + \lambda_1 P_{ml}(w_i)}$$
$$p_3(w_i) = \lambda_3 P_{ml}(w_i|w_{i-2}, w_{i-1})/P(w_i|w_{i-2}, w_{i-1})$$
$$= \frac{\lambda_3 P_{ml}(w_i|w_{i-2}, w_{i-1})}{\lambda_3 P_{ml}(w_i|w_{i-2}, w_{i-1}) + \lambda_2 P_{ml}(w_i|w_{i-1}) + \lambda_1 P_{ml}(w_i)} \quad (2.17)$$

ここで $w' = w_{i-2}$ かつ $w'' = w_{i-1}$ のときに 1 となり，それ以外で 0 となる関数 $I(w', w'')$ を定義すれば，単語列 $w_{i-2}w_{i-1}$ がテキスト W に表れる回数は次のようになる．

$$C(s_0) = \sum_{j=1}^{n} I(w_{j-2}, w_{j-1}) = C^*(s_0) \quad (2.18)$$

また，テキスト W において，状態遷移 $s_0 \to s_k$ が起こる回数の推定値 C^* は次のようになる．

$$C^*(s_0 \to s_1) = \sum_{j=1}^{n} I(w_{j-2}, w_{j-1})p_1(w_j)$$
$$C^*(s_0 \to s_2) = \sum_{j=1}^{n} I(w_{j-2}, w_{j-1})p_2(w_j)$$
$$C^*(s_0 \to s_3) = \sum_{j=1}^{n} I(w_{j-2}, w_{j-1})p_3(w_j) \quad (2.19)$$

十分に大きなテキストサイズ n に対して，真の頻度 $C(s_0 \to s_k)$ と，その推定値 $C^*(s_0 \to s_k)$ は，ほぼ等しくなることが証明されている．

そこで，まず，λ_k を何らかの方法で決定し，式 (2.17)(2.18)(2.19) から C^* を推定すれば，次式により新しい λ_k を推定できる．

$$\lambda_k^* = C^*(s_0 \to s_i)/C^*(s_0) \quad (2.20)$$

λ_k^* を用いて計算したテキストの確率 $P(W)$ は，元の λ_k を用いたときよりも大きいことが証明できる (Baum 1972)．したがって，適当な初期値，例えば $\lambda_k = 1/3$ を与え，この手順を繰り返すことにより，$P(W)$ を最大化 (極大化) する重み係数 λ_k を決定できる．

削除補間法

学習データが少ない場合，ヘルドアウト法はデータの利用効率が悪いので，以下に述べる**削除補間法**(deleted interpolation)を用いることが多い．削除補間法は，学習データ全体を使って重み係数を推定するので，ヘルドアウト法よりも頑健である．

削除補間法では，まず学習データ L を m 個の部分集合に分割する．

$$L = L_1 \cup \cdots \cup L_m \tag{2.21}$$

次に学習データから L_i を削除し，残りのデータ $\bigcup_{j \neq i} L_j$ から N グラム確率を最尤推定する．この N グラム確率を P_{ml}^i とする．削除補間法では，学習データ全体を使って重み係数を推定するが，その計算の過程において学習データ L_i を処理しているときには N グラム確率として P_{ml}^i を用いる．

一般に，データを N 等分し，その中の一つを評価に使用し，残りの $N-1$ 個を学習に使用することを N 回繰り返して平均を求める方法を **N 重クロスバリデーション**(N-fold cross validation)と呼ぶ．削除補間法は，線形補間の重み係数の最尤推定にクロスバリデーションの考え方を取り入れた手法である．

(d) バックオフ法

最尤推定では，観測された事象の確率は過大評価され，観測されなかった事象の確率は過小評価される．この偏り(bias)を正すためには，観測された事象の頻度を減らし，観測されなかった事象に再配分すればよい．

バックオフ法(back-off smoothing)(Katz 1987)は，頻度が小さい N グラムの最尤推定値を**グッド・チューリング推定値**(Good-Turing estimator)に置き換えることにより頻度を補正する．観測されなかった N グラムへの再配分には，$(N-1)$ グラムの確率分布を再帰的に利用する．

頻度のディスカウンティング

出現頻度 r をより小さい値 r^* に補正することを**ディスカウンティング**(discounting)と呼び，比 $d_r = r^*/r$ を**ディスカウント係数**(discount coefficient)と呼ぶ．

大きさ N のコーパス中に r 回出現する単語の数を n_r で表す．このとき次の

式が成り立つ．

$$N = \sum_{r \geq 1} r n_r = n_1 + 2n_2 + 3n_3 + \cdots \tag{2.22}$$

グッド・チューリング法では，コーパスに r 回出現する単語 w の頻度を次式により推定する (Good 1953)．

$$r^* = (r+1)\frac{n_{r+1}}{n_r} \tag{2.23}$$

このとき，単語 w の出現確率は $P_{gt}(w) = r^*/N$ である．

コーパス中の単語 w の出現回数を $C(w)$ で表すことにし，コーパス中に1回以上出現した（すなわち $C(w) > 0$）すべての単語に対するグッド・チューリング法による単語の生起確率の和を求めると，以下の関係が得られる．

$$\sum_{w:C(w)>0} P_{gt}(w) = \sum_{r \geq 1} \frac{n_r r^*}{N} = \sum_{r \geq 1} \frac{(r+1)n_{r+1}}{N} = \frac{1}{N}(2n_2 + 3n_3 + \cdots)$$
$$= 1 - \frac{n_1}{N} \tag{2.24}$$

上式は，グッド・チューリング法では，コーパスに出現するすべての単語の確率の和が1より n_1/N だけ小さくなることを示している．すなわち，グッド・チューリング法による未知語（コーパスに出現しなかった単語）の確率の和は，コーパスに1回だけ出現した単語の確率の和 n_1/N に等しい．

$$\sum_{w:C(w)=0} P_{gt}(w) = \frac{n_1}{N} \tag{2.25}$$

グッド・チューリング法では，学習データにおける頻度が同じ事象には，すべて同じ頻度が割り当てられる．しかし，同じ頻度を持つ事象の出現確率に関する別の情報源 (second estimator) が利用できる場合には，より正確な頻度の推定が可能である．Church & Gale (1991) は，単語二つ組確率の推定において，個々の単語の出現確率の積 $P(w_{i-1})P(w_i)$ の値に基づいて同じ頻度を持つ二つ組に対して異なる頻度の推定値を与える改良グッド・チューリング法 (enhanced Good-Turing method) を提案している．

頻度の頻度の平滑化

グッド・チューリングの推定式 (2.23) において，$n_r = 0$ の場合には r^* の推定

ができない．そこで**頻度の頻度**(frequency of a frequency) n_r を平滑化する必要がある．グッド・チューリング法には n_r の平滑化法の違いによって様々な種類がある．以下では**単純グッド・チューリング法**(simple Good-Turing method) を紹介する(Gale & Sampson 1996)．

まず r より小さくかつ頻度の頻度 $n_{r'}$ が正である最も大きい頻度 r' と，r より大きくかつ頻度の頻度 $n_{r''}$ が正である最も小さい頻度 r'' を求め，次式により n_r を平滑化した値を Z_r とする．

$$Z_r = 2n_r/(r'' - r') \tag{2.26}$$

次に $\log n_r$ と $\log r$ の線形和が一定であるという経験則(Zipfの法則)を利用し，線形回帰分析†(linear regression analysis)により Z_r を平滑化した値 S_r を求める．

$$\log S_r = -m \cdot \log r + b \quad (m, b \text{ は定数}) \tag{2.27}$$

一般に r が小さいときは n_r が大きくかつ $n_r = 0$ となることはないので，式(2.23)の推定値の信頼性は高い．そこで，単純グッド・チューリング法では，r が小さい領域では元の n_r の値をそのまま使用し，r が大きい領域では S_r を n_r の代わりに使用する．

低次 N グラムへのバックオフ

ここでは，単語二つ組のバックオフ法について説明する．三つ組以上については同様の手続きを再帰的に適用すればよい．

まず，コーパス中に単語列 w_1w_2 が出現する場合には，グッド・チューリング法を用いて，条件付き確率 $P_{bo}(w_2|w_1)$ を求める．ここで $d_{C(w_1w_2)}$ はディスカウント係数である．

$$\begin{aligned} P_{bo}(w_2|w_1) &= \frac{C^*(w_1w_2)}{C(w_1)} = \frac{C^*(w_1w_2)}{C(w_1w_2)} \frac{C(w_1w_2)}{C(w_1)} \\ &= d_{C(w_1w_2)} \frac{C(w_1w_2)}{C(w_1)} \end{aligned} \tag{2.28}$$

次に，コーパス中に単語列 w_1w_2 が出現しない場合について考える．$C(w_1w_2) > 0$ となる(すなわちコーパスに出現した)すべての単語列について，式(2.28)を用いて推定した条件付き確率の総和を求め，1から引いたものを関数 β と定義する．

$$\beta(w_1) = 1 - \sum_{w_2 : C(w_1 w_2) > 0} P_{bo}(w_2|w_1) \tag{2.29}$$

関数 $\beta(w_1)$ は，単語 w_1 に対し，$C(w_1 w_2) = 0$ となる (すなわちコーパスに出現した) すべての単語 w_2 に対する条件付き確率の和を与える．

バックオフ法では，$C(w_1 w_2) = 0$ となる単語列に対しては，より低次の N グラムモデルである単語 w_2 の出現確率 $P_{bo}(w_2)$ に従って，$\beta(w_1)$ を分配することにより $P_{bo}(w_2|w_1)$ を求める．このような分配を行う関数を α とすると，$C(w_1 w_2) = 0$ の場合には，

$$P_{bo}(w_2|w_1) = \alpha P_{bo}(w_2) \tag{2.30}$$

となる．α は，単語 w_1 に依存する関数であり，次のように定義される．

$$\alpha = \alpha(w_1) = \frac{\beta(w_1)}{\sum_{w_2 : C(w_1 w_2) = 0} P_{bo}(w_2)} \tag{2.31}$$

もし $C(w_1) = 0$ の場合には次のように定義する．

$$P_{bo}(w_2|w_1) = P_{bo}(w_2) \tag{2.32}$$

以上の手続きをまとめると，N グラムに対するバックオフ法は以下のように記述できる．

$$P_{bo}(w_i|w_{i-N+1}^{i-1}) = \begin{cases} d_{C(w_{i-N+1}^i)} \dfrac{C(w_{i-N+1}^i)}{C(w_{i-N+1}^{i-1})} \cdot & C(w_{i-N+1}^i) > 0 \text{ のとき} \\ \alpha(w_{i-N+1}^{i-1}) P_{bo}(w_i|w_{i-N+2}^{i-1}) & \text{それ以外のとき} \end{cases} \tag{2.33}$$

実際には，出現回数の大きい単語列に対しては単純に相対頻度を用い，出現回数の小さな単語列に対してだけグッド・チューリングの推定値を用いてもよい．すなわち，適当な定数 k に対し，$r > k$ ならば $d_r = 1$ とし，$r \leqq k$ ならばグッド・チューリングの推定値を用いる．これにより頻度の頻度を平滑化する必要がなくなることが多い．Katz(1987) では $k = 5$ 程度が適当な値と報告している．また $d_1 = 0$ としても，すなわち頻度 1 のデータを捨てても実用上は問題がないので，言語モデルの記憶空間を大きく節約することができる．

第2章のまとめ

2.1 形態素解析は入力文中の単語を同定する処理であり，単語分割，語形変化の解析，表記・読み・品詞の付与などの役割を担う．

2.2 日本語の形態素解析法としては，最長一致法，文節数最小法，接続コスト最小法などが代表的であるが，近年では，隠れマルコフモデルなどの統計的言語モデルを用いた形態素解析法の研究が進んでいる．

2.3 高速な形態素解析プログラムを実現するためには単語辞書の実装法を工夫する必要がある．日本語辞書のデータ構造としてはトライが代表的である．

2.4 統計的言語モデルのパラメタ推定の際には，ゼロ頻度問題およびスパースデータ問題への対処が必要である．Nグラムの平滑化法としては，削除補間法やバックオフ法などが代表的である．

3
心 的 辞 書

3 心的辞書

【本章の課題】

本章の目的は，認知心理学における先行研究が，「読み」処理活動の問題にどのように取り組んできたのか，その一端を紹介することにある．具体的には，「読み」処理活動において重要な役割を担っている**心的辞書** (mental lexicon) の特性を明らかにすることを目指す．

ここで扱おうとする心的辞書とは，人間の言語活動を情報処理活動の一環とみなした際に，その言語情報処理活動を通じて，脳内に蓄積・表現されている語彙情報の集合体のことをさす．この意味で，心的辞書は，多くの心的活動や心的現象を記述するために，あるいは説明するために，心理学において創出された仮説構成概念の一種である．心的辞書の解明に関わる研究では，人間の言語処理の過程において，いかにして語彙情報への接近と検索が行われているのかが，主要な関心事となっている．

ところで，心的辞書は，単語が寄せ集められた，いわゆる辞書の比喩として理解することも可能である．しかし，そうした枠組みにおいて生じる理解の矛盾と限界を示すことが，本稿の主要な目的の一つでもある．心的辞書は，単語の集合としての語彙に相当し，可能な限り単一の単語と，その集合体である語彙とを区別することを心がけるが，すでに流布している「語彙処理」(lexical processing) などの用語の使用が，両者の区別を困難にしていることを最初に断わっておかなければならない．

なお，心的辞書との関連において，発達心理学的観点や，神経心理学的な観点からの研究なども，心的辞書の形成とその運用を理解する上で重要である．また，同様に，音声言語の語彙情報も，心的辞書と発話産出との関連を考えていく上で，欠くことのできない研究である．しかしながら，これらの紹介については紙面の都合上その多くを別の機会に譲り，ここでは必要最小限の記述にとどめる．

まず最初に，認知心理学における単語認知研究の系譜について概観し，次に英語（アルファベット表記語）を実験材料として構築されてきた心的辞書のモデルについて紹介する．そして，最後に漢字表記語を材料とした一連の実験的研究を参照しつつ，心的辞書の特徴についての理解を深めることを目指す．

3.1 単語認知研究の系譜

(a) はじめに連想研究ありき

　私たちの言語活動を支える言葉の連鎖的想起は，一般に「連想」という用語で親しまれている．連想は，広義には，個人の一連の心的活動を形成する観念や感情や，運動の結合，および結合したものの一方が生じると，それと結合する他方が引き出されることを指す．こうした現象には association という用語が使用されているが，これには「連想」と「連合」という2種類の訳語が当てられている．両者の用法上の区別は必ずしも明確ではないが，「連想」という訳語は，イギリス経験主義の流れを汲む，ある観念と他の観念との結びつき（観念連合）に由来する．これに対して，条件反射などの生理学機構やその結合規則の記述に対して相対的な重みが置かれる場合には，「連合」という訳語が用いられる．

　この結合過程とそれを支配する原理については，アリストテレスの時代から認識されており，当該の思考において，ある対象から別の対象を想起するのは，両者が類似しているからか，あるいはそれらを想起する人が，想起以前に両項目を時空間的に接近して経験していたからであると見なされていた．これらのアリストテレス派の連合の原理は，今日では，類似(similarity)，対比(contrast)，接近(contiguity)の法則として知られている．アリストテレスは，対象の反復や，対象に対する感情・注意や，対象の特定の様式や形もまた，連合の形成に影響すると見なした．彼の考えに従うと，思考は（神からの贈りものではなく）環境（が規定する経験）によって決定されることになり，この連合に関する見解は，イギリス経験主義哲学者である T. Hobbes, J. Locke, D. Hume, D. Hartley, A. Bain らによって連合主義，あるいはその学説として受け入れられるまでに，2000年の休眠期を要した．

　連想についての実験的研究は Galton(1883)にはじまり，彼は研究法として連想に何の制限をも設けない**自由連想法**(method of free association)を用いたが，これに対して連想語の種類を制限する**制限連想法**(method of controlled association)も知られている．より具体的に述べると，記憶実験（あるいは，検

査)において，ある言語刺激(例えば，語)を与え，それに対して思い出される連想反応(語)の種類に，反対語や類義語などの何らかの制限を設けた結果得られる想起を**制限連想**と呼び，その実験(検査)技法を制限連想法と呼ぶ．これに対して，何の制限をも設けないで自由に想起させる実験(検査)技法を自由連想法と呼ぶ．連想(検査)法は，実験的には語の連合関係や意味的階層性，および思考の研究において，また臨床的には人の心的状態を分析するための研究技法として用いられる．

連合の形成という観点から記憶研究を行うために，Ebbinghaus(1885)が，3文字の無意味綴り(nonsense syllable)，例えば，'MUZ'のように子音(consonant)，母音(vowel)，子音の結合から成るCVC型の無意味な単語を考案し，それを記憶材料として駆使した実験技法は，その後の言語学習の研究の基礎を築いた．しかし，彼の考案した無意味綴りも，厳密な意味では，材料間の無意味性(あるいは有意味性)において等質ではなかった．そこで可能な限り等質な無意味綴りを選んで学習リストを構成するために，Glaze(1928)らは，**連想価**(association value)の測定を行った．

連想価は，個々の無意味綴りに対して，一定時間内に何らかの有意味語を連想した人数の百分率によって表される．同様の手続きにおいて，連想反応を示さなかった人数の百分率(**無連想価**)が用いられることもある．これとは別に，各刺激語に対して被験者が想起する異なった反応語の総種類数を被験者数で除した数値は，**有意味度**と呼ばれ，連想価との間に高い相関が認められる．連想価の測定は当初，記憶研究の実験材料として用いられていた無意味綴り間の等質性を確保するために遂行されていたが，結果的に**連想記憶**(associative memory)研究そのものをも刺激した．Glaze(1928)やNoble(1961)らなど複数の研究者がこの種の資料を公開しており，わが国においても同様の連想基準表が作成されている(梅本 1969)．

その後，連想に関わる研究は，行動主義心理学の枠組みの下で，学習機構の解明の一端として，特に言語学習(verbal learning)と言語行動(verbal behavior)の研究を中心として進められた．その結果の一例としては，連合の方向性(順連合 vs. 逆連合)や階層性(水平連合 vs. 垂直連合)などが知られている．これらの知見のいくつかは，素朴ではあるが，日常経験に照らしてみると，興味深い側面をとらえている．例えば，連合には通常，方向性が認められ，ある

経験項目 a とそれに後続する経験項目 b との間に形成される順方向(a → b)の結合は**順連合**(forward association)と呼ばれる．これとは非対称に，順連合の形成と同時に弱い逆方向の結合(b → a)が形成され，これは**逆連合**(backward association)と呼ばれる．

　これらの連想研究の伝統の一部は，認知心理学における連想記憶のモデル研究に受け継がれている(Anderson & Bower 1973)．また連想研究の臨床面への応用としては，Kent & Rosanoff(1910)の連想基準表の整備や，Jung(1918)による連想検査(WAT)が知られている．

(b)　連想研究から認知心理学へ

　認知心理学(cognitive psychology)は，広義には，知的機能の解明に関わる心理学を全般的にさすが，狭義には，人間を一種の高次情報処理システムと見なす人間観に基づき，相互に関連する情報処理系を仮定し，そこにおいて実現される情報処理過程の解明によって，心的活動を理解しようとする心理学の一分野をさす．

　広義の認知心理学の発展は，その誕生以前に心理学で主流を占めていた**行動主義**(behaviorism)との対比によって特徴づけられる．J. B. Watson らに代表される行動主義は，科学における観察可能性と論理実証性とを重視し，観察可能な刺激と反応の関係性だけで行動を記述する研究姿勢を推奨していた．その結果，行動主義は，刺激と刺激，あるいは刺激と反応間の連合によって多くの現象を説明することに成功を収めたが，20 世紀の後半を迎えるにつれ，言語の産出と理解や，思考における創造性や，一般的な問題解決能力などの，より高次な心的活動の説明に限界を示し始めた．こうした研究動向を背景として，直接的には観察不可能な心的活動，特に積極的に情報を取捨選択し，意思決定を行っていく過程を主として研究する，認知心理学の萌芽が形成された．

　認知心理学の誕生は 1950 年代後半以降と見なされ，情報科学の影響を強く受けている．現在の認知心理学は，コンピュータ科学や言語科学と密接な関係を有する認知科学や脳科学との連携のもとに発展しつつある．初期の認知心理学においては，特定情報が比較的安定した構造をもつ貯蔵庫を通じて逐次的に処理され，その過程における処理容量への制限が，特定時間内での心的活動に影響を及ぼすと見なしていた．現在では特定処理が完了した後に，系列的に情

報が処理されるとする観点をとることは少なく，むしろ多くの場合，相互に影響を及ぼしあう並列処理的な観点を採用するものが多い(Lachman et al. 1979)．また，認知心理学では，心的活動を汎用的目的をもつ記号処理システムと見なし，知的行為に含まれる処理システムの理解と，システムの運用を可能とする**表象**(representation)の解明を目標としている．しかし，最近では処理の並列性に加えて処理の分散性をも考慮し，神経結合を模して，より微視的なレベルからモデルを構築しようとする計算論的(非記号論的)なアプローチも活発に進められている(Plaut et al. 1996)．

情報処理の観点から言えば，行動主義が情報処理体としての人間の行動を規定する，情報の入力と出力の一対一の対応関係の厳密な記述に終始したのに対して，認知心理学は情報の処理経路における一対多(あるいは多対一)の対応関係のモデル化に，その研究の中心を移した．ただし，狭義の認知心理学の揺籃期(1950年代)よりもはるか以前に James(1890)が唱えた一次記憶と二次記憶の区別(現在では短期記憶と長期記憶と呼ばれている)や，Bartlett(1932)が唱えた**スキーマ**(schemata，体制化された知識)の記憶への影響などの研究が，後の認知心理学の発展に大きな影響を与えたことは，特筆に値する．

(c) 認知心理学における単語認知研究

単語認知(word recognition)は，外的に呈示されたパターンを手がかりとして，心的辞書に貯蔵されている形態，音韻，意味などの単語が担う情報を抽出する知的情報処理活動である．それらの情報処理過程の解明に関わる研究を単語認知研究と総称する．ここで特に，「外的に呈示された文字パターンや文字列の認知」とは表現せずに，単に「パターンの認知」と記述したのは，例えば

13OX

というパターンが視覚的に呈示された際に，それを処理すべき文脈(context)に応じて，「13OX」あるいは「BOX」として認知される現象をも単語認知研究の範疇として考慮したためである．

このような観点から，単語認知研究は，人の注意機能や記憶の研究との密接な関係のもとに，人がいかにして読み，聴き，話し，書くかという知的活動の理解を目指す認知心理学の一領域として，発展してきた．最近では，特に単語が担う諸情報の処理過程と，処理間の相互作用のモデル化を通じて，言語処理

に関する心的活動や脳機能の理解を目指している．その研究は，刺激材料の呈示様式が主として視覚的か聴覚的かによって，また対象が健常者であるか失語症などの言語障害をもつ者であるかによっても大別可能ではある．しかし，研究の共通の関心は，心的辞書における語彙情報の貯蔵とそれへの接近，および接近後に利用される情報の性質の究明にある．また，研究を通じて開発された実験技法は，人の単語理解にとどまらず，文理解や，広く言語の意味の抽出と運用システムの研究に利用されることが多い．

3.2 単語認知実験

(a) 単語の特性と単語認知実験における技法

この節では，後に述べる心的辞書に関する複数の実験やモデルの理解を助けるために，認知実験を遂行する上で使用されている基本的用語について述べる．具体的には，まず，単語認知実験で扱われている単語の諸特性と，それらの研究のために開発された代表的な実験技法の概略について述べる．その後に，典型的な実験結果について実験材料を交えながら説明を加える．

実験構成上の基本用語

実験に参加し，視覚的あるいは聴覚的に呈示される単語やその属性についての処理判断などを求められる者，いわゆる実験協力者を**被験者**と呼び，被験者に呈示される実験材料を**刺激**と呼ぶ．単語認知の実験においては，刺激として実在する単語が用いられるだけではなく，これとの比較のために，実在しない単語（非単語）が同一実験課題内で用いられることがある．非単語は，正書法（orthography，正しい綴字法）に照らして類似の正しい単語が存在することもあり得る．その場合の非単語は，正しい単語との類似性の程度において，単なる無意味な文字の組み合わせによって構成される非単語と区別するために，**擬似単語**（pseudo word）とも呼ばれる．さらに，それらの非単語は，アルファベット表記語の場合には，実験の目的に応じて，例えばその非単語の発音可能性や，その非単語に類似した正しい（実在する）単語が何種類存在するかなどの特性によっても区別される．

単語についてのこれらの特性は，実験の目的に応じて，検討を加えるべき実験上の**要因**として選定される．この実験要因を構成するために準備される刺激材料は，特定の条件あるいは基準を満たしていなければならない．例えば，語の使用頻度や，語の形態的複雑性が，単語認知に及ぼす影響を検討する際には，刺激材料は，実験の準備段階において，あらかじめ設定された**使用頻度**や**視覚的複雑性**などの一定の基準を満たすように選定される．これとは別に，実験結果に影響を及ぼすことが予想される要因には，すべて広義の**統制**が施されていなければならない．実験遂行上，単語の特性について一定の統制を加えるために，何らかの基準表が利用されることもある．しかし，該当する適切な基準表が存在しない場合には，実験目的に適合する材料を選定するために(あるいは暫定的な基準を作成するために)，実験に先行して予備調査が行われる．実験で用いられる刺激材料は，このような事前の吟味を経た後に，実験要因を構成する刺激として選ばれ，実験に使用される．

反応の指標と課題

単語に対する認知判断の容易性は，例えば，刺激語が正しく同定されるまでに必要とされる時間(**反応時間**)や，その際の判断の正しさ(正答率，あるいは誤答率)によって相対的に決定される．また実際には呈示されていない語が，呈示されたとする誤った判断の生起率が，**虚報率**として利用されることもある．反応時間としては，特定の単語(もしくは，単語対)が呈示された時点から，それらに対する判断が下されるまでの時間が用いられる．また，課題によっては，単語が呈示されてから，その単語の最初の音を読み上げるまでに必要とされる時間が，音読(読み上げ)潜時として用いられることもある．

刺激の呈示法としては，同一画面上に複数の刺激パターン(単語や文字)を同時に呈示する方法(**同時呈示法**)や，最初の刺激が呈示された後に一定の時間間隔を経て，それに続いて異なる(あるいは同一の)刺激が呈示される方法(**継時呈示法**)が，実験の目的に応じて使用される．通常これらの刺激の呈示は，何らかの時間的制限を受けており，多くの場合は数十ミリ秒から1秒以下で瞬間的に呈示される．さらに認知の対象とされる刺激は，実験目的に応じて特定の刺激特性を隠蔽(mask)するために，マスクパターンとともに呈示されることもある．

実験計画

実験計画者が関心を寄せている現象に最も大きな影響を及ぼしている（と考えられる）要因を，効率的に検討するために考案された方法が，**実験計画法** (method of experimental design) である．より厳密には，実験データ内の統計的変動，いわゆるバラツキ，を見込んだ上で，実験要因が測定値の変動に影響を与えているか否かを判定する統計的手法との併用を前提として計画される．例えば，単語の諸特性あるいはそれに関わる要因のうち，いずれの要因が最も単語の認知に影響を及ぼしているのかという疑問を解くうえで，可能性のある要因のすべてを，またそれらを同時に検討することはできない．そこで，特定の問題を実験的に究明していく際には，時間や労力などの資源を有効に利用するためにも，効率よく検討を加えていくための実験計画が必要となる．

通常は先行する研究や実験調査によって絞り込まれた特定の要因が検討の対象とされるが，解明しようとする問題に関して，先行研究や資料が十分に整っていない場合や，それを解決してゆかなければならない段階では，ある要因を操作するとどのような結果が得られるかを調べる要因発見的実験が行われることもある．

実験計画上，最も単純な場合には，実験者（実験の計画者）は実験結果に特定の影響を及ぼすと考えられる一つの要因（実験的には刺激変数）のみを操作し，そのほかのすべての条件を一定に保つように努める．この操作された刺激変数は，心理学の実験では**独立変数**と呼ばれ，これに対応して観察の対象とされる反応側の変量は，**反応変数**あるいは**従属変数**と呼ばれる．

例えば，使用頻度の高い単語は，その同定に要する時間が短いという仮説の検証においては，使用頻度の高低が独立変数として操作され，単語の同定に要する反応時間が従属変数として観察の対象とされる．その際の具体的操作としては，相対的に使用頻度の高い単語と低い単語とが，何らかの基準表に基づいて刺激材料として選定される．同様に，低頻度語の認知においては，誤反応が多いという仮説の検証においては，単語の使用頻度が独立変数として操作され，認知における誤反応率が従属変数として分析の対象とされる．

通常，実験は，実験者が操作を加えた要因以外の潜在的な要因（**剰余変数**）はすべて一定に保たれているという前提（理念）に基づいて計画されている．この理念を限りなく現実に近づけつつ実験を実施するための方略が，広義の実験計

画法である．しかし現実には，単語認知の難易は，視認環境や文脈や被験者の知識などによって変動するだけではなく，予期せぬ要因の影響を受けることもある．また，特定の実験課題における被験者間の，あるいは同一被験者内のデータでさえも，認知判断の容易性は，あくまで相対的難易を反映しているにすぎない．このために，被験者間での，あるいは要因間での比較を可能とするためには，特定の実験要因の影響を受けにくいと見なされる中立条件(例えば，中立語)が設定される．そして，そうした中立項目語に対する反応を**ベースライン**(baseline)とし，それを基準値として認知判断の難易が比較検討される．

　一般に，判断行為は一つの変数の関数であることはまれで，むしろいくつかの変数の関数であることが多い．例えば視覚パターンは複雑になるほど認知が困難になると予想されるが，漢字などの単語の場合，複雑なパターンは，その使用頻度が低いだけではなく，親しみのある字種数も少なくなる．このことから，逆に，複雑な漢字であっても使用頻度が高ければ，あるいは親しみがあれば，容易に認知されるだろうか，という仮説を検討するためには，二つ以上の独立変数が従属変数に及ぼす影響を検討するための実験計画の立案が必要となる．これについての説明は本章の目的を越えるので，ここでは割愛する(Solso & Johnson(1984)参照)．

実験課題

　実験に用いられる課題には，複数の単語刺激が同時にあるいは継時的に呈示され，それらが同一の単語であるか否かを問う**異同判断課題**(same-different decision task)や，呈示された語が，実在する単語か，あるいは実在しない非単語であるかの判断を問う**語彙判断課題**(lexical-decision task)などがある．また，ある刺激が特定のカテゴリーに属す単語か否かを問う**カテゴリー判断課題**(category-decision task)が用いられることもある．これらの課題において，被験者は，課題の要請に応じた判断を，あらかじめ指定されたキー押し反応によって示すことを求められる．これとは別に，呈示された語を読み上げる課題(naming task)が用いられることもある．これらの課題は，実験の目的に応じて使い分けられる．例えば，語彙判断の過程を調べるためには，ある単語項目が確実に検索されている，あるいは語彙項目が参照されていることが保証できる課題でなければならない．そこで，ここでは語彙への接近過程の研究におい

て，比較的多く用いられる語彙判断課題をとりあげ，その課題によって得られる典型的な単語認知実験の結果について紹介しておく．

(b) 単語認知実験における代表的知見

ここで紹介する単語認知実験で用いられている被験者の課題は，呈示された刺激が単語であれば，Yes（正）反応キーを，そうでなければ，No（負）反応キーを押すことによって，単語と非単語との弁別判断を行うことである．その判断に伴う反応時間や，判断における反応の正確さが，当該単語の処理の難易の指標として用いられる．単語認知実験において比較的よく知られた効果を，以下に列挙するが，これらの効果はいずれも背反的なものではなく，相互に影響しあっていることが多い．したがって実験者が，ある特定の（独立の）効果をねらって実験を遂行したとしても，注意深い材料選択や適切な実験計画の下に実験が実施されていない場合には，目的とする以外の複数の効果が実験結果に混入してしまうことが起こり得る．実験の具体例の一部については，後に再度触れるが，詳細については Taft(1991) を参照されたい．

頻度効果(frequency effect)　出現頻度の高い単語は，出現頻度の低い単語よりも容易に認知される．例えば，以下のような単語対を比較すると，高い頻度で使用されている語（高頻度語）に対する語彙判断時間は，低頻度語に対するそれよりも，短いことが知られている(Rubenstein et al. 1970)

高頻度語		低頻度語
HOUSE	<	ROUSE
だいがく	<	つうがく
通行	<	通則

また，高頻度語の認知に対する誤反応率は低頻度語に対するそれよりも，低いことが期待される．

有意味性効果(lexical status effect)　単語に対する語彙判断時間は，非単語に対するそれよりも短い(Rubenstein et al. 1970)（以下 * は非単語を示す）．

単語		非単語
BLINK	<	*FLINK
だいがく	<	*ついがく
大学	<	*対学

このことは，一般的に正(Yes)反応が負(No)反応よりも短い反応時間を示す傾向に一致している．

非単語の正書法準拠性効果(nonword legality effect)　正書法規則に準拠した非単語(例：＊FLINK)に対する語彙判断時間は，正書法規則に準拠していないランダムな文字列(例：＊LFKNI)に対するそれよりも長い(Rubenstein et al. 1971)．非単語の正書法準拠性効果が，先の有意味性効果をもたらす規則に支配されているならば，語彙判断時間は，使用頻度の高い有意味語に対して最も短く，これに対して正書法規則に準拠しておらず，使用頻度が限りなく低い非単語に対して最も長くなると予想される．つまり

　　　　BLINK ＜ ＊FLINK(正書法準拠・非単語) ＜ ＊LFKNI(非準拠・非単語)
の順に反応時間が長くなると予想される．しかし，語彙判断時間の結果は，

　　　　＊FLINK ＞ ＊LFKNI
となる．これら2種類の非単語は，いずれも1語としての理論上の使用頻度が限りなく低く，この点においては等しいが，正書法規則への準拠という観点において区別されている．つまり，正書法規則に準拠した非単語(＊FLINK)は，準拠していない非単語(＊LFKNI)よりも，単語に類似している程度が高いために，結果的に「単語ではない」と判断を下すのに，より長い時間を必要としている．このことは次に述べる単語類似性効果に集約される．

単語類似性効果(word similarity effect)　正書法規則に準拠して作成された非単語のうち，実在する単語(TRAIN)に類似している非単語(例：＊TRIAN)は，そうではない非単語(＊TRUAN)よりも，より長い語彙判断時間や，高い誤反応率を示す．

近傍単語サイズ効果(neighborhood size effect)　M.Coltheartらは，英単語を構成する1文字を，同一文字位置において別の文字に置き換えた際に，新たに作り出される単語数を N によって表現し，これを**近傍単語サイズ**(neighborhood size)と呼んでいる(Coltheart et al. 1977)．彼らは，1文字違いの単語を多く持つ非単語に対する語彙判断時間は，そうではない非単語に対するそれよりも，長くなることを報告し，これを**近傍単語サイズ効果**と呼んだ．例えば，非単語＊JATEを構成する1文字を置き換えて作られる類似単語としては，GATE, HATE, RATE, DATE, JUTE, JADEなどが実在するが，これに対して非単語＊RALPには，類似単語としてRAMP, RASPしか実在しない．

したがって，非単語 *RALP の語彙判断時間が，非単語 *JATE のそれよりも短いことは，非単語 *RALP の近傍単語サイズ($N=2$)が非単語 *JATE のそれよりも小さいことによって説明される．しかしこの効果が非単語においてしか認められないのか，単語においても認められ得るのかに関しては，現在もなお議論の渦中にある．

なお，近傍単語サイズは「類似単語サイズ」と呼ばれることもあるが，類似単語という用語を用いた際に，単語一語の全体パターンを問題にしているのか部分パターンを問題にしているのか，また単語の形音義のいずれの水準における類似性が問題とされているのかが曖昧となる．この曖昧性が引き起こす議論については後の節において再度述べる．

反復プライミング効果(repetition priming effect) 　プライミング効果とは，一般に先行刺激が後続刺激の処理に何らかの影響を与えることを指す．その機能としては，後続刺激の処理を促進する効果がよく知られているが，抑制する効果も報告されている．特に先行刺激が，被験者による十全な意識的な処理を受けない(例えば，先行刺激の呈示があまりにも瞬間的で，十分に認知されなかったり，あるいは被験者に先行刺激の存在が意識されなかったりした)場合にも，後続刺激の処理に影響を及ぼすことが，実験的には注目を集めた(Marcel 1980)．

単語の反復プライミング効果は，ある単語に対する反応時間が，その語が最初に呈示されたときよりも，再度呈示された際に短縮されることとして知られている(Kirsner & Smith 1974)．例えば，同一の単語 CAMEL が 2 度呈示された際に，反復呈示された CAMEL の認知は，単一呈示しか受けていない場合の CAMEL の認知よりも，容易になる．

意味的プライミング効果(semantic priming effect) 　ある単語の認知は，その語に対して意味的に関連した語が呈示されていると，容易になる(つまり，促進される)ことが知られている(Meyer & Schvaneveldt 1971)．例えば，先行刺激 DOCTOR に続いて呈示される NURSE(関連語)に対する反応は，先行刺激 NATION に続いて呈示される NURSE(非関連語)に対する反応よりも，促進される．

D. E. Meyer と R. W. Schvaneveldt は，この意味的プライミング効果を，検索された語彙項目から意味的に関連する他の語彙項目への活性化の自動的な拡

散(automatic-spreading activation)によって説明している．つまり，特定語の賦活状態が関連語に伝播し，その状態が拡散することによって，関連語の検索処理が促進され，結果的にその検索時間は相対的に短縮される．これに加えて，先に紹介したベースライン条件を設定することによって，より精緻な議論が展開されている．関連条件(DOCTOR–NURSE)のターゲット語(NURSE)が中立条件(XXXXXX–NURSE，ベースライン条件)よりも速く反応されるだけではなく，無関連条件(NATION–NURSE)のターゲット語(NURSE)に対する反応が中立条件のそれよりも遅れることが報告されている(Neely 1976)．これは，いわば，プライム語とターゲット語間での意味的な無関連性が，ターゲット語の反応に抑制効果をもたらすことを示唆する．この抑制効果は，検索された単語に関連する意味領域からターゲット語が検索されない場合に，被験者が意識的に注意処理を行うために生じると考えられている．つまり，意識的な注意処理は，活性化拡散処理よりも相対的に長い処理時間を必要とするために，その影響はプライムとターゲットの呈示間隔が長い条件で確認されると見なされている(Neely 1977)．

視覚的劣化効果(visual degradation effect)　視覚的に呈示された文字列の質が何らかの方法によって劣化させられると，単語と非単語の判断が困難になる．刺激の視覚的劣化を実現するための技法として，例えば単語の認知に妨害効果を持つ特定のパターンで単語を覆ったり(Meyer et al. 1974)，呈示する単語そのものの明るさ(輝度)や呈示画面全体の輝度を下げたり，あるいは，単語の表記を aPpLe などの馴染みのない文字列に置き換えて呈示する方法が知られている．これらの技法は，実験目的に添った単語の属性や，それによって得られる特定の効果などを引き出すために用いられる．

　ところで，心的辞書の機構を解明するために，様々な単語の属性に着目し，また多様な実験技法を駆使して実験が行われ，それらの知見に基づいて複数の単語認知モデルが提案されている．それらのモデルは，それぞれ異なる理論的枠組みに立脚しており，その違いが単語認知実験における諸効果の説明にも反映されている．そこで次の節では，各モデルが立脚する理論的枠組みの特徴を，ここで述べてきた知見に照らしながら，検討していく．

3.3 単語認知と語彙処理モデル

単語認知過程に関する代表的なモデルとしては，K. I. Forster の捜査(探索)モデル(search model)，J. Morton のロゴジェン・モデル(logogen model)，J. L. McClelland と D. E. Rumelhart の相互活性化モデル(interactive activation model)，C. A. Becker の照会モデル(verification model)，そして W. D. Marslen-Wilson のコホートモデル(cohort model)の 5 種類が知られている．これらのモデルは，単語認知に関わる初期の処理と，それより後期の処理と見なされる高次意味処理との関連において，大別される．

捜査モデルは，感覚入力情報からより高次な意味処理に向けて継時的な**直列型の処理**を仮定している．これに対して，残りの四つのモデルは，程度の差はあるが，単語処理と統語や意味処理(高次認知処理)との相互作用を仮定しており，その背景には**並列処理**の概念が含まれている．コホートモデルを除く四つのモデルが主に視覚情報処理を中心に発展してきたのに対して，コホートモデルは音声言語入力とその処理に実験的基礎をおいて展開されている(Marslen-Wilson 1987)．具体的には，このモデルは話し言葉の単語処理が，単語を最後まで聞かないうちに進行することを念頭において提案されている．

ここでは，論点を簡潔にするために，視覚呈示された単語の認知過程を対象として，捜査モデル，ロゴジェンモデル，相互活性化モデル，照会モデルに焦点をあて，コホートモデルの説明については別の機会に譲る(阿部他(1994)参照)．そこで，以下の節では残された四つのモデルを中心に，心的辞書をめぐる問題について考えてみよう．

捜査(探索)モデル

捜査モデル(search model)では，感覚属性に依存する 2 種類の**アクセスファイル**(綴りと音韻情報)と，語彙情報自体を保有する**マスターファイル**とを仮定している．マスターファイルの情報はアクセスファイルを介して利用可能となる．さらにアクセスファイルの内容は単語に関する特定情報(例えば，使用頻度)によって管理されており，その管理用のサブセットは**ビン**(bin)と呼ばれ，これが検索されるべき候補単語群と見なされる．したがって，ビン内の候補語

108   3 心的辞書

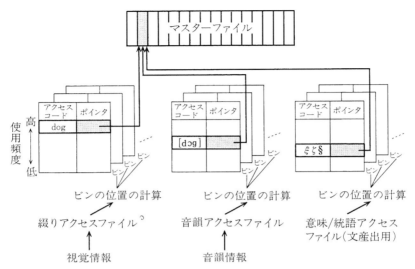

図 3.1 捜査モデルにおける，マスターファイルと下位アクセスファイル の構成を示す模式図（Forster (1976) を参考に一部加筆修正）

は捜査に先だって選ばれている．図 3.1 に捜査モデルの模式図を示す．

　このモデルでは，単語の検索は継時的かつ悉皆的に行われ，該当単語が検索された際には，その検索は「中途打ち切り型」となるが，これに対して非単語の検索においては該当単語が検索されないために悉皆検索が実施されることになる．これによって単語と非単語に対して生じる処理時間の差が説明可能とされている．しかしながら，このモデルでは，非単語と擬似単語（正しい単語に類似した非単語）間に認められる処理の難易の説明に問題が生じる．このことは，捜査モデルの基本構想が，初期のコンピュータモデルにおいて採用されていた，データ格納番地の絶対的な指定（アドレッシング）方式や単一索引方式による検索からの影響を受けていることをうかがわせる．つまり，捜査モデルは，検索方略として直列的（継時的）な情報検索を仮定していること，また検索対象として実在する文字パターン（単語）を単位とし，検索されるべき単語情報に冗長な表現を与えないことを基礎としている点に，モデルとしての限界を有している．

ロゴジェンモデル

心的辞書の語彙への接近過程をモデル化する上で，直列的検索方式に替わる概念は，より生理学的現象を意識した「活性化」であり，ロゴジェンモデルはこの概念を導入した典型的モデルである．**ロゴジェン**(logo+gen, Morton (1969, 1979, 1982) による造語) は，単語の特徴を収集するための装置として仮定され，その活性化のレベルは入力刺激の特徴が心的辞書内に表象されている単語の特徴との類似性の程度に応じて高まり，活性化の水準があらかじめ設定された閾値に達すると，ロゴジェンが発火し「単語が認知される」ことになる．図 3.2 はロゴジェンモデルの模式図を示す．

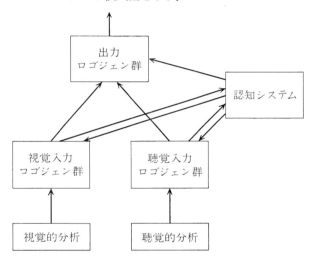

図 3.2 ロゴジェンモデルの模式図 (Jackson & Morton (1984) より一部修正)

例えば，ロゴジェンモデルでは，ロゴジェンの発火に要する時間の相違に基づいて単語頻度効果を説明する．高頻度語は低頻度語に比べて活性化の閾値が低いか，あるいは活性化以前の発火準備水準自体が高いと見なされている．このために，低頻度語のロゴジェンは，高頻度語のそれよりも，多くの感覚入力情報を必要とし，低頻度語は発火閾に達するまでの時間が長くなる．

ロゴジェンの集合が「ロゴジェンシステム」であり，その処理はデータ駆動型 (bottom-up) 処理特性を備えていると同時に，このシステムは，単語の意味や文法的特性などのより高次の予測を含む概念駆動型 (top-down) 処理として，

「認知システム」の支援を仮定している．ここでの「認知システム」は，捜査モデルにおけるマスターファイルがスタティック（静的）な特性を帯びているのに対して，より高次のダイナミック（動的）な特性を加味していると見なされる．しかし，出力反応としての単語の正書（正しい綴り方）や発音におけるロゴジェンの利用のされ方の詳細については明らかではない．

相互活性化モデル

McClelland と Rumelhart やその共同研究者たちによって提案された**相互活性化モデル**（interactive activation model）は，捜査モデルの延長線上に仮定されるシステムの構造に由来する計算特性と，ロゴジェンモデルにおける活性化の概念の協調的融合を図ったモデルである（McClelland & Rumelhart 1981; Rumelhart & McClelland 1982）．このモデルは，ロゴジェンに類似した処理ユニット群を，より具体的に視覚特徴ユニット，文字ユニット，単語ユニットとして提案し，各ユニットからの活性伝播が下位と上位ユニット間で双方向的に仮定されていることを特徴としている．ただし，ロゴジェンモデルでは視覚と聴覚入力からの活性化を，それぞれ独立したロゴジェンが担うことを想定しているが，相互活性化モデルでは，文字と音韻ユニット群からの活性化を受け入れる一つの単語ユニット群のみを想定している（図 3.3）．

また，このモデルのもう一つの特徴は，ロゴジェンモデルが主として活性の促進性に着目していたのに対して，抑制性をも考慮に入れている点に認められる（McClelland 1987）．このゆえに，相互活性化モデルでは，ロゴジェンモデルと同様に，ユニットの発火準備水準が単語の頻度に感応するだけではなく，ユニット間の結合強度が発火準備水準に影響を及ぼしていると見なされる．例えば，文字ユニット H と単語ユニット HOUSE の結合強度は，文字ユニット H と単語ユニット HOUND よりも強く，これによって高頻度語 HOUSE の頻度効果が説明される．

照会モデル

相互活性化モデルにおける出力は，単一の単語であり，それは競合するユニットに対する抑制機構によって対立する候補群の中から抽出される．これに対して Becker らによる**照会モデル**（verification model）は，活性化された候補群

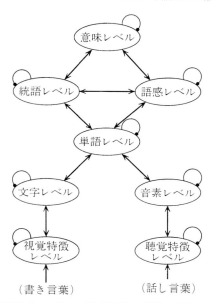

図3.3 相互活性化モデルの模式図（McClelland(1987)より）．
潜在的な処理レベルの集合とレベル間の結合．相互活性化モデルでは，各レベルは多数の単純な処理ユニット群から構成されていると仮定している．この集合は図解を目的として作成されたものであり，これが実際に機能しているレベルそのものではない．両方向性の興奮性結合は，両端に矢印を持ち，レベル間をつなぐ結線で表現されている．同一レベル内の抑制性の結合は，終点に黒丸を持つ曲線で表現されている．

の中から，単一の単語出力を選択するために，相互活性化モデルとは異なる方法を提案している(Becker 1976)．図3.4に照会モデルの模式図を示す．

照会モデルでは，単一の最終候補ではなく，単語検出器によって複数の対立候補が挙げられ，それらの候補は継時的に当該の刺激(WORD)と比較照合され，照合が得られた単語のみが出力されると考えられている．したがって，照会モデルでは，候補語を作り出す過程においては単語の出現頻度の影響を受けないが，候補語の頻度情報が照合の順序をもたらし，これによって頻度効果が生じるとしている．つまりこのモデルは，捜査モデルと同様に，頻度効果を単語一語をユニットとする系列的処理によって説明している．このように語彙項目ごとに単語一語に基づく頻度情報を仮定すると，語の頻度効果は説明されるが，他方，語としての出現頻度の差異が存在しないはずの非単語と擬似単語間に生じる認知の容易性の違いは説明されない．

112　3　心的辞書

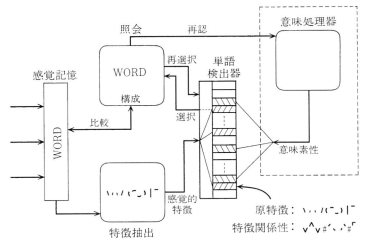

図 3.4　照会モデルの模式図（Becker（1980）より）

モデル評価の分岐点

　ここでは単語認知のモデルについての評価を大きく左右するいくつかの問題点を眺めてみよう．先の四つのモデルは，捜査モデルと照会モデルとが悉皆的処理特性を有する逐次処理モデルであるのに対して，ロゴジェンモデルと相互活性化モデルとは，活性化の閾値や結合ユニット強度を導入した並列処理モデルとして位置づけられる．最終的には，照会モデルの特徴は捜査モデルに集約され，ロゴジェンモデルの特徴は相互活性化モデルに集約されると見なされる．そこで，ここでは前者を総括して**逐次処理モデル**と呼び，後者を**活性化モデル**と呼び，両モデルを対比的に検討する．

　単語認知課題において認められる効果については，語彙判断課題を中心としてすでにいくつかの代表例を見てきた．逐次処理モデルは，頻度効果や有意味性効果を系列処理特性によって説明し，これに対して活性化モデルは，複数ユニット間での活性化の相対的な差によって説明する．両モデルの差異的特徴は，非単語の正書法準拠性効果においていくぶん認められ，単語類似性効果において最も顕在化する．

　具体的に述べると，逐次処理モデルは，実在する単語データベースに強く依存しているために，正書法に準拠していない文字パターンの照合ができない．よって逐次処理モデルは，正書法に準拠していない文字パターンが，何らかの

語彙項目との比較参照を受けることを仮定しない限り，非単語の正書法準拠性効果の説明に支障をきたす．これに対して，活性化モデルでは，単語であることを判断するための活性化水準値が絶対的に固定されているのではなく，ユニット間での活性化の差が，判断のための閾値を相対的に変動し得ると見なしており，これによって逐次処理モデルが直面する問題点を回避している．

しかし，活性化モデルにも解決されるべき問題がないわけではない．例えば，単語（例：TRAIN）内の文字の配列を替えて作られる非単語（配置替え非単語，例：*TRIAN）と，単語内の1文字をその単語内では使われていない1文字と入れ替えて作られる非単語（置換非単語，例：*TRAIM）とを比較すると，いずれの場合にも反応の遅延が認められるが，置換非単語（*TRAIM）に対する誤答率はきわめて低い（Chambers 1979; Taft 1987）．つまり，配置替え非単語（*TRIAN）の誤答率は，置換非単語（*TRAIM）のそれよりも高い．文字間の結合確率が利用可能な情報として保持されていると仮定すれば，非単語に対する反応の遅延は説明可能である．しかし，配置替え非単語（*TRIAN）に対する誤答率の高さ，あるいは置換非単語（*TRAIM）に対する相対的な誤答率の低さはどのようにして説明されるのだろうか．

人の単語認知システムが形成される過程を考慮すると，実在しない誤った単語よりも，実在する正しい単語に触れる頻度が多い．認知システムはそうした経験に基づく頻度に重みづけられていると考えられる．事実，校正読みの作業においてさえも，誤った単語を見つけるだけではなく，それに対応する本来の正しい単語が見つけられなければならない．活性化モデルの枠組みにそって，非単語から正しい単語が復元され，想起される確率を考慮すると，配置替え非単語（*TRIAN）においては，その確率が高いと考えられる．このことは，活性化モデルの問題点を考える上で興味深い．

例えば，処理判断の対象となるターゲット語が非単語の際には，これに類似する単語が多ければ多いほど，つまり近傍（類似）単語サイズが大きいほど，ターゲット語に対する語彙判断反応は，遅くあるいは不正確になることが，一貫した結果として報告されている（Andrews 1989; Coltheart et al. 1977; Forster & Shen 1996）．しかしながら，有意味な語をターゲット語とした際には，その近傍単語サイズがいかなる影響を与えるかについては，いまだ研究者間に統一した見解が認められていない．具体的には，近傍単語サイズが何ら効果を持た

ないという研究結果(Coltheart et al. 1977)をはじめとして，近傍単語サイズの大きなターゲット語に対する反応は，非単語の場合とは異なり，速くあるいは正確になるという，近傍単語サイズによる促進性効果を認める研究(Andrews 1989)や，逆にその抑制性効果(Grainger 1990)を報告する研究が混在する．

しかしながら，近傍単語サイズによる単語の処理への影響が，促進的であれ抑制的であれ，あるいはその影響が皆無であったとしても，活性化モデルはそれらの結果の説明を可能としている．このことについて，単語レベル，文字レベル，視覚特徴レベルのユニット間の関係を具体的に表現した図 3.5 に基づいて考えてみよう．ここでは説明のために，図 3.5 に描かれた複数の単語の中で，'TRAP' を処理すべき単語(ターゲット語)の例としてとりあげる．

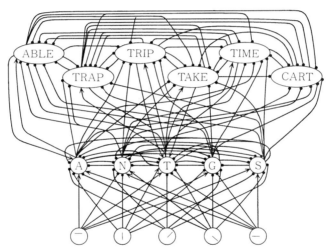

図 3.5　具体的な単語の例(TRAP)を用いた相互活性化モデルの模式図(McClelland & Rumelhart(1981)より)

まず，近傍単語サイズによる単語の処理への**促進効果**は，単語レベルのユニットから文字レベルのユニットへの活性化のフィードバック・システムを利用することによって次のように説明される．最初に T が活性化されると，

[1]　T から始まる近傍単語数が多いほど，ターゲット語の構成文字ユニット T が，より多くの単語ユニット(例えば，TRAP の近傍単語である TRIP など)から活性化のフィードバックを受ける．

[2]　このフィードバックされた活性化が，ターゲット語ユニット(例:

TRAP）へ再度伝播される．

[3] Tと同様にTRAPを構成するR, A, Pが活性化され，その結果ターゲット語ユニット（TRAP）が最も活性化され，ターゲット語の認知が促進される．

もし近傍単語数の多い非単語が呈示されると，多くの近傍単語ユニットが活性化されるが，それらの活性化が特定単語（ターゲット語）の活性化へと収斂していかない．これによって，呈示された文字列が非単語であると判断するまでの反応が遅延されると考えられる．したがって非単語の処理に及ぼす近傍単語サイズ効果も，活性化モデルによって説明可能である．

これらに対して，近傍単語サイズによる抑制効果は，単語ユニット間での活性化の相互抑制システムによって，次のように説明される．

[1] 近傍単語数が増えるほど，ターゲット語ユニット（例：TRAP）は，より多くの他の単語ユニット（例：TRIP など）から抑制を受ける．

[2] これによって，相対的に発火準備水準が引き下げられる．

[3] 結果的に，ターゲット語の活性化水準が発火のための閾値を超えるまでに時間を要し，ターゲット語の認知が抑制される．

このように，活性化モデルは，2種類のシステム，つまり文字ユニットと単語ユニット間の促進性の活性化伝播システムと，単語ユニット間の抑制性の活性化伝播システムとを内包するがゆえに，相反する複数の研究結果の説明を可能としている．これに対して，逐次処理モデルでは，近傍単語数が増えることは，誤った単語への接近確率が増えることになり，ターゲット語に対する促進効果を説明することができない．

相互活性化モデルと逐次処理モデルとを対比すると，逐次処理モデルでは以下に列挙することがらが説明できない．

（1） 近傍単語サイズによる促進効果

（2） 形態的に類似したプライム語による抑制効果（BOOK の先行呈示による LOOK の抑制）

（3） 候補語のサイズの最適（効率的）最小化

結局のところ，これらの問題点は，「単語を検索するつど，心的辞書全体を捜査の対象としないためにはどのような機構が備わっていなければならないか」という，より大局的な問題に関連している．よって，逐次処理モデルは，その欠

点を補うためには，何らかのかたちで活性化の概念を受け入れる必要があり，その受け入れによって生まれる修正モデルは——例えば，照会モデルに類似のモデルとしては，活性化–照会モデル(activation-verification model)が存在するが(Paap et al. 1982)——もはや逐次処理モデルではなく，活性化モデルの一種と見なされるべきであろう．

3.4　単語認知過程に影響を及ぼす要因

(a)　文 脈 効 果

相互活性化モデルの特筆すべき特性の一つは，単語の意味的・統語的特性，つまり高次の知識が，語彙処理の過程に影響を及ぼすことを仮定している点である．これに対して，逐次処理モデルでは，単語検索が終了した後にのみ，当該語の意味的・統語的情報が利用可能となる．ここでは，単語認知過程に影響を及ぼすと見なされているこれら複数の要因を広義の文脈情報と総称し，これについて述べる．

　意味的関連語を先行呈示すると(例：DOCTOR)，後続呈示されるターゲット語(例：NURSE)の瞬間視における同定が促進されることをすでに述べた．このようなプライミング課題においてターゲット語の認知が促進されることは，語の連想関係の枠組みから了解可能である．同様に，文を先行呈示すると，呈示しない場合よりも，その文に適合する語の同定に要する時間が短縮されることが知られている．つまり，文であれ単語であれ，先行情報が後続情報の予測に関与し，後続情報の絞り込みへの寄与が認められる場合，これを**文脈効果**と呼ぶ．ただし，後続情報に対する先行情報の規定力が極端に著しい条件を想定すると，例えば後続情報としての単語呈示が行われなくとも，その単語の推定が先行情報によってのみ決定され得るような場合には，これは当然単語認知に対する文脈効果とは呼べないだろう．

　単語に関する文脈効果の説明として，活性化の自動的な拡散の概念が利用される．この概念を用いて，先行情報が後続情報処理に与える影響を，文レベルでの文脈効果にまで拡張するためには，次のような考え方が採られる．例えば

　　　彼女が，大きくなったら成りたいと思っていたのは，Xです．

という文中の X に適合する単語の検索には，文脈が「女性の職業」というスキーマを活性化するという仮定を設ける．これによって，そのスキーマの活性化が「看護婦」という単語への接近を容易にすると考えられている．この種の問題の検討には，実験手続き上は，先行文

　　彼女が，大きくなったら成りたいと思っていた

に続いて呈示されるターゲット語(例：看護婦)が単語か非単語かを問う語彙判断課題や，ターゲット語を読み上げる命名課題，あるいは，ターゲット語が先行文に適合するか否かを問う**文適合判断課題**などが利用される．当然のことながら，先行文からターゲット語をどの程度予測しやすいか，またターゲット語に対する促進性あるいは抑制性を比較検討するために設けられる中立条件の難易の程度などが，実験結果に影響を及ぼす．

　一般的には，適切なベースラインを提供する中立条件が設けられていることを前提として，語彙判断課題を用いて確認されている文脈効果は，以下の3点に集約される(Kinoshita 1985; Kinoshita et al. 1985)．

（1）　不適切なターゲット語に対する抑制効果が認められる．
（2）　適切ではあるが予測困難なターゲット語には促進効果が認められない．
（3）　逆に，きわめて予測容易なターゲット語に対しては促進効果が認められる．

(b)　多義性の解消と文脈効果

　複数の意味を担う多義語は，出現頻度(あるいは使用頻度)の高い意味，つまり優先的に使用される意味から検索あるいは想起される．このことは多義語の担う2種類の意味において，それらの出現頻度や使用頻度に偏りが認められる際に顕著である．例えば，BELT には「革帯」と「たたく」という2種類の意味があり，BELT は「革帯」の意味で使われることが多い．文末に多義語を含む文を被験者に呈示し，その多義性の判断を求めると，多義語が，使用頻度の低い意味として使用された場合に，多義性を有する(曖昧である)とする判断が速く行われる

　　That's the naughty boy I would like to belt.

つまり，多義語内で使用頻度の高い意味(革帯)は，文脈が多義語内の使用頻度の低い意味(たたく)に一致している場合にも，迅速に検索される．これに

対して，文脈が多義語に含まれる複数の意味の内でよく使われる意味に一致している場合には，あまり使われない意味(たたく)の検索には時間を要する(Hogaboam & Perfetti 1975)．よって，文脈が多義性の絞り込みに効果がないわけではないが，それよりも多義語における使用頻度の高い優位な意味が優先的に想起される傾向にある．

例えば，

  ラジオがこうてんを伝えたので，登頂隊は，登頂をあきらめた．

という文が，被験者に視覚的に呈示されると，文脈は「荒天」に一致するのだが，「好天」の使用頻度が高いために，被験者は文脈とは別に「好天」を高い頻度で想起する傾向を示す．この使用頻度に基づく単語の想起傾向のために，結果的に文意がとれない状況に陥ることが起こり得る．この例からも予測されるように，文中の多義語の存在が文処理の速度を低下させることが知られている．もちろん特定の文によって文脈規定性が高まるにつれて，その文中に含まれる多義語の持ついずれか一方の意味の想起が促進されることになり，文処理の負担は軽減される(Carpenter & Daneman 1981)．

多義性の解消に関する実験における主要な関心は，文脈による意味の絞り込みが，文処理過程のどの段階で有効になるかに向けられている．文脈が多義語の一方の意味に適合し，もう一方の意味には適合しない場合にも，適合していないもう一方の意味は活性化されていないのだろうか．この疑問に答えるためにクロスモーダル・プライミングの課題(cross-modal lexical priming task)が用いられている．例えば被験者に，聴覚的に

  All the cash that was kept in the safe at the <u>bank</u> was stolen last week when two masked men broke in.

という文が呈示される．多義語 BANK が聞こえた直後の位置で，BANK に関連する語 MONEY, RIVER，あるいは無関連な語である STUDY のいずれかが視覚呈示され，語彙判断が求められる．実験の結果，無関連語よりも関連語に対する語彙判断が速いことが確認された．しかし，BANK が聴覚呈示された1.5秒経過後では，文脈に一致する MONEY に対してのみ促進効果が認められ，STUDY と，文脈に一致しない RIVER との間には差が認められなくなった(Onifer & Swinney 1981)．

したがって，この実験結果は，文意が決定された後には，特定の文脈に一致

する特定の意味が多義語から抽出されるが，抽出の過程においては，潜在的に可能性を有する複数の意味が活性化されることを示している．これに加えて，多義語の一方の意味を限定するための文脈規定性が高い場合には，多義語の特定の意味のみが促進され，文脈規定性が低い場合には，多義語の複数の意味が促進を受けることも報告されている(Tabossi 1988)．

　実験結果の詳細にわたる議論は今後の発展にゆだねるとしても，輻輳する文処理過程での処理に関して，**カスケードモデル**(cascade model)において主張されているような，少なくとも次のような考え方を受け入れてもよさそうである(McClelland 1979)．つまり，ある水準(例えば，綴り)での処理はより高次な水準(例えば，意味)の情報が抽出される以前に完了していなければならないと考える必要はない．この考え方は，文脈が，少なくとも単語の処理のかなり初期の段階で多義語の意味を絞り込むことに作用し始めるという立場と軌を一にする(McClelland 1987)．よって，活性化モデルは，文脈の影響が単語の意味の活性化，あるいは活性化の抑制化の過程を通じて生じるという立場をとり，単語の意味が抽出された後に文脈によるチェック機構が作動すると考える逐次処理モデルの立場とは異なる．

(c)　音韻的符号化の位置づけ

　アルファベット表記の言語においては，以前にその発音を聞いたことがない無意味綴り語の発音も，**書記素−音素変換**(grapheme-to-phoneme conversion, GPC)**ルール**の利用によって可能であると考えられる．しかし，不規則語の発音はGPCルールでは決まらないことも事実である．例えば，同一の文字Oに与えられる音価は，DOG, WOMAN, WOMEN, SON, TOLL, TOMBにおいて異なる．このことは，英語のように綴字と音(書記素と音素)との対応関係が多様な言語の処理において，音韻的符号化の問題として，多くの研究者の注目を集めてきた．特に，音韻的符号化が行われるのは，語彙接近に至る処理の前後のいずれの位置か，つまり単語の意味が抽出される前なのか後なのかという問いに関心が寄せられてきた．具体的には，視覚的に呈示された単語の処理において，黙読中に心的辞書への間接的な接近をもたらす音韻経路の存在が不可欠か否かという観点から議論されてきた．

　この問題に一石を投じたのは，Rubenstein et al. (1971)によって報告され

た pseudo-homophone effect（擬似同音語効果）であった．彼らは，同音異義語を持つ単語の語彙判断時間が，同音異義語を持たない単語のそれよりも遅れることを報告した．このことが**同音異義語効果**と呼ばれるのに対して，非単語を用いた結果に対しては，**擬似同音語効果**の名称が与えられた．例えば，実在する単語 LEAF /liːf/ を同音語として持つ非単語 *LEEF /liːf/ は，/liːf/ への音韻符号化を経て LEAF の表象に至り，そのことが結果的に誤った語彙項目の検索に繋がる．このために，非単語 *LEEF は，実在する同音語を持たない非単語 *NEEF よりも非単語であると分類されるのに時間を要すると考えられた．

その後，非単語に対する擬似同音語効果のみが，複数の研究者によって確認され，それらの結果は，心的辞書への接近に対して，直接的な視覚経路と，GPC ルールに媒介される間接的な音韻経路との存在を認める**二重経路モデル** (dual-route model) を支持すると解釈された（Coltheart et al. 1977；Coltheart 1978, 1980）．しかしながら，擬似同音語効果が間接的な音韻経路によって生じていると結論づけるためには，非単語と同音語との間で，形態的類似性と同音性（音韻的類似性）とが明確に分離されていなければならない．なぜなら，非単語 *LEEF は LEAF と同音性を有するだけではなく，形態上も LEAF と類似しているからである．これに対して，非単語 *NEEF は非単語 *LEEF よりも，形態上も LEAF との類似関係が低いと見なされる．つまり，同音性のみではなく，この形態上の類似性によっても，擬似同音語効果を説明し得る（Taft 1982）．

なお，擬似同音語効果には，音韻的要因そのものも含まれるが，その効果は，実験試行内に同音異義語が含まれているか否かによって異なるとする報告もある（Underwood et al. 1988）．いずれにしても，同音性の効果が音韻的な特徴よりも形態的な類似性に影響を受けているならば，綴り上の類似性を統制せずに同音性の効果を検討した研究は再考を迫られることになる．これについては，漢字表記を用いた実験との関連から再度述べる．

要約すると，先にとりあげた問いは，視覚的に呈示された単語の処理において，音韻的符号化が行われるのは，語彙接近に至る処理の前後のいずれの位置か，また黙読中に心的辞書への間接的な接近をもたらす音韻経路の存在が不可欠か，という 2 種類に大別できる．これらの問いに関する多角的な実験結果（刺激として同音異義語を用いた実験や，形態プライミング課題を用いた実験，

さらに発音の規則性に焦点を当てた実験など）は，おおよそ否定的な見解をもたらしている．つまり，間接的な音韻ルートは，直接的な視覚接近経路が課題の負荷によって十全に機能しないか，何らかの困難を伴う際に，補助的な処理経路として機能すると見なされている．

(d) 単一経路・多層水準モデルへ

　Glushko(1979)は，二重経路モデルに抵触する現象を報告している．EAT という文字列は，規則語 TR<u>EAT</u> と不規則語 THR<u>EAT</u> の単語の終末に共通に用いられているが(以後，**共通終末文字列**と呼ぶ．Patterson & Morton(1985)では，これをbɔdyと呼んでいる)，その発音には一貫性が認められない．これに対して，共通終末文字列 EAN には，常に一貫して同一の音価 /i:n/ が与えられる．R.J. Glushko は，規則的だが一貫性のない終末文字列を持つ単語(例：TR<u>EAT</u>)の発音は，規則的でかつ一貫性のある単語(例：CL<u>EAN</u>)のそれよりも，読み上げ潜時が長いことを確認した．音韻変換規則の一様な適用を仮定する二重経路モデルでは，終末文字列の発音の一貫性に関わらず，すべての規則語に同様の処理が与えられるはずである．規則語に対する一貫性効果は，その後，不規則語でも認められ，さらに共通終末文字列が何種類の発音に対応しているか，その個数によって，一貫性効果が影響されることが確認された．以上のことを包括すると，共通終末文字列の発音が，少数事例に属する場合に，それを含む単語の読み上げ潜時が遅延されると言える．

　Glushko の知見はその後，文字と単語の水準を「つなぐ」形態的ユニット(パターン)を仮定し，そのパターンの活性化によって語の発音が語彙情報から引き出されるとする——より厳密には**活性化−合成**(activation-synthesis)機構を基礎とする——相互活性化モデルに生かされている(McClelland & Rumelhart 1981)．綴りと対応する特定の形態ユニットの活性は，それと対応する音韻ユニットの活性をもたらす．例えば，CL<u>EAN</u> /kli:n/ は，CL /kl/，EA /i:/，EAN /i:n/ の合成によって得られるのに対して，TR<u>EAT</u> の EAT には，TR<u>EAT</u> /i:t/，THR<u>EAT</u> /et/，GR<u>EAT</u> /eit/ などの異なる活性化が生じる．文字パターンユニットと音素ユニット間の連合の程度が，音素ユニットの活性化に影響すると仮定すれば，共通終末文字列の発音が，少数事例に属する場合に，それを含む単語の読み上げ潜時の遅延が説明される．

このような経緯を受けて，研究者の関心は，音読時に間接的な音韻経路が利用されているのか否かへと向けられるようになってゆくが，単語を発音するための，語彙接近を経ない（あるいは必要としない）音韻経路の存在は，失読症研究の症例によって支持されている．

獲得性失読症は，何らかの損傷を受ける以前には正常に機能していた脳が，損傷によって語彙への接近に障害を示すもので，一般には多様な症状の組み合わせが認められる（表3.1参照）．例えば，**表層性失読症**(surface dyslexia)では，規則語や非単語の処理には障害が認められないが，不規則語の正確な発音や理解ができないとされている．さらに，不規則語の発音が規則化される傾向も認められる．これらの症状は，心的辞書への視覚経路を通じての直接的接近は損傷されているが，間接的な音韻経路は損傷されていないことを示すと解釈されている．

これに対して，失読症の患者のなかには，間接的な音韻経路のみが選択的に障害を受けているタイプが存在する．**音韻性失読症**(phonological dyslexia)では，規則語や不規則語の理解や発音はできるが，非単語の音読に困難を伴う．このタイプの失読症は，視覚経路は正常であるが，音韻経路が損傷されていることによって生じると解釈されている．つまり，二重経路モデルに基づくと，単語の発音は，規則語と不規則語によらず，視覚経路を通じて接近された語彙情報によって産出可能となるが，非単語の発音はこの限りではない．

表3.1 失読症のタイプと障害のタイプ

失読症のタイプ	障害有	障害無	障害経路	非障害経路
表層性失読症	不規則語	規則語，非単語	視覚経路	音韻経路
音韻性失読症	非単語	規則語，不規則語	音韻経路	視覚経路

これらの2種類の症状を統一的に説明するためには，綴りから音への変換には複数の水準が存在することを認める必要がある(Patterson & Coltheart 1987)．すでに述べたように，単語一語と結びついた音韻表象の下位の構造として，単一の形態素より高次な文字ユニットを準語彙（準単語）ユニットとして仮定すると，非単語の発音も単語と同様に，準語彙ユニットから合成される．

この仮定を受け入れると，規則語や非単語の発音は適切に生成されるが，単語ユニットとその音韻表象との結合が損傷された場合に，発音は準語彙ユニッ

トから集められるだけなので，不規則語の発音には不適切な規則化が生じる．これによって，表層性失読症のパターンが説明可能となる（図 3.6 の①部分の結線の障害を参照）．逆に，単語ユニットとその音韻表象との結合は損傷されておらず，準語彙ユニットとそれに対応する音韻表象の結合が損傷されているならば，単語の発音は可能であるが，非単語の発音は生成されない．これによって音韻性失読症のタイプが説明される（図 3.6 の②部分の結線の障害を参照）．

このように考えることが妥当であるならば，また先に紹介した視覚情報処理によって得られる終末文字列が，英単語の音韻表象の産出に関与するという事実をも考慮すると，間接的音韻経路を含むとする二重経路モデルは，何らかの修正を迫られることになる．二重経路モデルと，その対極に位置する単一経路モデルの対立の解消は，心的辞書がサイズの異なる準語彙ユニットの階層によって構成されているとする，**多層水準モデル**によって試みられている（Taft

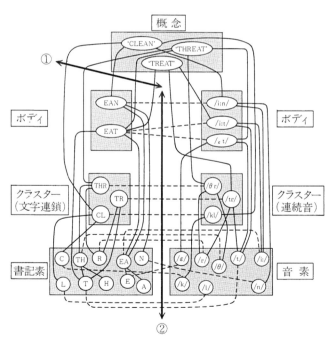

図 3.6 多層水準モデルの模式図（Taft (1991) に一部加筆）
多層水準モデルに基づくと，①部分の障害によって表層性失読症が説明され，②部分の障害によって音韻性失読症が説明される．

1991).図3.6は，相互活性化モデルに基づく多層水準モデルの一例である．

多層水準モデルは，当該の言語処理において，音韻処理に与えられる重みを考慮することによって，より現実に即したものとなる．つまり，実験課題が口頭での発音や同音性の判断を求めている場合や，言語的符号化に関わる作業記憶(working memory)に大きな負荷を課す場合には，単純な語彙判断が求められる場合よりも，音韻表象の重要性は増加する．二重経路モデルは，単一経路内に形態と音韻の双方向処理を仮定する多層水準モデルへと発展し，吸収されたと見なされる．

要約すると，音韻表象の利用が，語彙への接近の以前か以後かを問うこと，あるいは，視覚経路に対比される独立的な音韻経路の存否を問うことは，適切な疑問であるとはもはや見なされなくなってきている．現在では，音韻表象は語彙への接近過程において利用され，その利用の程度は課題の要求に応じて変化すると捉えられる傾向にある．

(e) 語形成構造を利用した処理

語形成構造(morphographic)とは，Taft(1985)による造語である．彼は語の形態上の(morphological)構造(語幹や接辞などの形態素)と正書法上の音節構造との，両構造特性に着目した単語認知モデルを提案している．彼は，特定の二つの単語の頻度に着目した際に，それらの語としての出現頻度には差が認められないが，両単語の語幹の頻度には差が認められる材料を用いて語彙判断課題を実施している．その結果，頻度の高い語幹(例：PLOY)を有する単語(例：DEPLOY)は，頻度の低い語幹を有する単語(例：DEFLATE)よりも速く単語として分類されることが確認された(Taft 1979a)．彼は，この結果が，接頭辞を有する単語は，その語幹の表象を介して認知されていること，また語幹が同じ単語は，処理の入力部を共有していることを示唆すると解釈している．つまり，語幹(例：PLOY)の頻度を一定にすると，単語頻度の高い語(例：EMPLOY)は，頻度の低い語(例：DEPLOY)より，速く認知されるということである．したがって，一般に頻度効果と呼ばれる現象には二つのタイプの効果が内在されている可能性がある．その一つは入力段階での**語幹頻度効果**(stem frequency effect)であり，これに対してもう一つはより高次の**単語頻度効果**(word frequency effect)である．

これら一連の考え方は，次のように要約される．単語そのものについての情報は，語彙項目から得られるが，語幹の表象への接近が単語情報を検索する上での核であり，これを実現するために接頭辞は語から分離されなければならない(Taft & Forster 1975)．これに対して，活性化モデルでは，文字に適切な組み合わせが生じると，接頭辞の有無に関わらず，語幹を中心とする活性化が生起する．つまり，活性化モデルは，接頭辞が分離される必要がない点において(つまり，そのために接頭辞リストを持つという魅力のない考え方を採らなくてもよいという点において)，M.Taft とその共同研究者らの考え方をより一般的に包括しているといえる．

　さらに，活性化モデルの特徴とその利点は，捜査(探索)モデルと対比すると，複合語の認知においても発揮される．活性化モデルに基づくと，例えば複合語(例：HANDBOOK)の認知は，第1構成要素(HAND)だけではなく，その単語を構成する任意の文字列によって単語全体の表象に接近可能となる．この特性は，第2構成要素(BOOK)の語彙表象の活性化が，第1構成要素の語彙表象の活性化の成功にのみ依存するのではなく，第2構成要素からだけでも(あるいは，文字列のどの部分からでも)潜在的に語彙情報の活性化を可能としている．つまり，活性化システムは柔軟性に富む．このことは，例えば，複合語の単語パターン全体としての出現頻度を一定にし，第1構成要素の頻度だけではなく(Taft & Forster 1976)，第2構成要素の頻度のみを変化させた場合にも，その構成要素の頻度効果が語彙判断時間において確認されていることからも支持される(Andrews 1986)．

(f) 基本綴り音節構造

　単音節文字列は，多音節文字列よりもその命名が容易であるにも関わらず，音節数は語への接近の速度には影響しないことが，多くの実験で確認されている(例えば，Eriksen et al. 1970; Forster & Chambers 1973 など)．しかし，このことから，音節に対する分析が語彙判断処理において行われていないとは必ずしも言えない．ただし，一般の人が通常行っている読み処理過程において，言語学上の議論の対象とされる類の音節構造の決定や，あるいはそれに関する知識そのものが，直接的に関与しているとは考えがたい．そこで，Taft(1979b)は，視覚的に呈示された単語を対象とし，その発音を考慮せずに，音節に相当

する文字パターンを切り出す方法を提案し，その基礎となる考え方を，**基本綴り音節構造**(basic orthographic syllabic structure，BOSS)と呼んでいる．彼は，BOSSとは，単語の(第1)語幹形態素と第1母音に続くすべての子音を含む先頭部分であるが，ただし単語の最後尾にはつかないような子音群は除く，と定義している．これによって，例えば，'JUNGLE'のBOSSは，'JUNGL'ではなく'JUNG'であり，'BOYCOTT'のそれは，'BOYC'ではなく'BOY'となる．BOSSと音韻上の音節の境界とのいずれが単語認知に影響を及ぼしているかについては，文字間に間隔を設けたり('PIST OL'対'PIS TOL')，表記タイプを変えることによって('PISTol'対'PIStol')，あるいは単語の部分パターン情報('THUND'または'THUN')から単語の全体パターン('THUNDER')を推測する課題などによっても検討可能である．複数の実験結果から，BOSSが単語の認知に何らかの正の効果を持っていることが支持された．

これに対して，Seidenberg(1987)は，同一単語に対して，BOSSと，BOSSとは異なる境界区分をもたらす音韻音節とに着目し，一つの単語の前後を異なる色で提示した後に，単語を構成する特定の文字が何色で表示されていたかを問う実験を行っている．例えば，単語'LAPEL'は，BOSSに基づけばLAP+ELと区分され，音韻音節の考えによればLA+PELと区分される．実験結果は，PがELとは異なる色で提示された際に，同一の色で提示されたと判断される誤反応が多く認められ，このことはLA+PELという境界区分，つまり音韻音節の考え方を支持する．これとは別に，BOSSと音韻音節区分とが同一になる単語，例えば'SONIC'では，NはNICではなくSONと区分される結果を示した．これらの結果は，音韻音節区分を支持するとも解釈されるが，M.S.Seidenbergは，異なる解釈を提起した．

二つの文字が語を構成する要素として組み合わせられる頻度(バイグラム頻度)を考慮すると，相互活性化モデルの枠組みでは，組み合わせ頻度の高い文字群は一緒に活性化することになる．したがって，LAPELにおけるLAはAPよりもともに生起する頻度(共起頻度)が高く，結果的にLAP(+EL)と区別されるより，LA(+PEL)と区分されやすく，同様にSONICに対する結果は，OとNの共起頻度がNとIのそれよりも高いことによって説明される．現在では，綴りパターンと音節との関係に対するより詳細な検討を通じて，BOSSの定義は初期のものより緩やかなものへと変更されている(Taft 1987)．

本節での議論は，アルファベット表記語を実験材料として発展してきた単語認知モデルに基づいているが，その骨子は以下の4点に要約される．
（1）　心的辞書を構成する単語の表象（表現）は，必ずしも単語一語という単位に限定されておらず，単語間で使用頻度の高い文字パターン（文字列）をも含んでいる．
（2）　この使用頻度の高い部品の利用可能性は，単語一語の処理にのみ限定されるのではなく，ユニットの結合水準を上げることによって，複合語などの処理にも拡張され得ると考えられる．
（3）　このことは，非単語が現実には存在しない（使用されていない）という理由から，心的辞書に登録されていないという考え方をとる必要性がないことを示唆する．
（4）　これらのことは，系列処理モデルよりは，活性化モデルが採用する部分表象の多層水準性や分散表現性，および並列処理特性と相互活性化特性の重要性を示す．

　以上のことが，アルファベット表記語にのみ限定されるのではなく，漢字表記語においても認められるならば，特定の表記を越えたより一般的な単語処理モデルの構築への道が開かれることになる．そこで次に，漢字一語において使用頻度の高い部分パターン（部品）が，全体パターンとしての単語の認知に及ぼす影響について検討を加える．

3.5　漢字の認知と心的辞書

（a）　文字結合錯誤をめぐる二つの観点

　日常的に，語は，一語全体としてまとまって認知され，そのまとまりは，何らの分解や統合過程の入り込む余地がないほどまでに，ごく自然に実現されていると感じられる．このために書き誤りや見誤りなどは，日常の読み処理活動の背後に押しやられ，それらの生起機構が省みられることは稀である．しかしながら，丹念に読み処理活動を検討すると，そこでの失敗や錯誤は，単に対象に対する知識の不完全性や欠如によってのみ引き起こされているのではなく，むしろそれらの誤りには，意識化されない様々な**知識の関与**が認められる．

少数の単語からなる文，道路標識，あるいは広告などを，特に急いで読む際には，実際に呈示された複数の単語の混合によって形成される単語を誤って報告することが古くから知られている(Woodworth 1938)．

　　　　Department of Psychology ⟶ *Departology, *Psychoment

アルファベット表記語を用いたこれらの状況における典型例としては，1単語中の一つないしは少数の文字の位置が，同一単語内で入れ替わったり，あるいは二つの単語間で入れ替わったりすることが実験的にも知られている．近年，この現象は研究者の関心を集めており，それぞれの研究者の立場によって，**分節化錯誤**(segmentation errors) (Allport 1977)，**結合錯誤**(illusory conjunctions) (Treisman & Souther 1986)，あるいは**文字錯合**(letter migration) (McClelland & Mozer 1986; Mozer 1983)のように異なる用語で呼ばれている(文字錯合はletter migration に対して与えられた訳語であり，齋藤による造語である．ここでは便宜的に，文字の結合錯誤をも含めて，文字錯合と呼ぶ)．

　文字錯合現象を探究するために，アルファベット表記を用いて計画された典型的な実験では，注視点の左右両側に二つの単語が同時呈示される．例えば，SAND と LANE が瞬間同時呈示され，その後に左側の単語の報告が求められると，被験者は SAND ではなく LAND や SANE を誤って報告することがある．右側の単語に対する報告が求められた際にも，これと同様の文字錯合が生起する(Mozer 1983)．

　文字錯合現象に関する一つの解釈は，注意に関する**特徴統合理論**(feature integration theory) (Treisman & Gelade 1980; Treisman et al. 1977)に基づいて Treisman & Souther(1986)によって提案されている．この理論によれば，知覚的処理は注意が向けられる前と後の二つの段階に区分され，前注意段階では各刺激項目は多くの独立の特徴次元にそって分析され，後注意段階では特徴集合が単一の刺激表象として統合される．これとは別の，多少直感に反する解釈が，結合を機軸とする処理機構を標榜する McClelland & Mozer(1986)によって提起されている(McClelland 1985; Mozer 1987)．McClelland らが提唱する**コネクショニスト・モデル**(connectionist model)によれば，2 単語間の文字錯合は，高次の構造的知識表象への接近過程における相互作用，つまりいかなる文字列が結合すると親近性の高い全体形態(例えば，単語一語)が形成されるのかについての知識，によって生起すると考えられている．

さて，アルファベット表記系で注目されてきたこの現象は，高度に組織化された視覚的構成要素から成る表意文字，例えば漢字においても生起するだろうか．そしてもし，同様の現象が漢字においても確認されるならば，その実験結果は，アルファベット表記を用いた実験とどのような共通点，あるいは相違点を持っているのだろうか．これらの疑問に対して，ここでは漢字一語の認知が，その漢字を構成する部品の結合確率の影響を受けるという観点から考察を加える．まず漢字の語構成上の特徴を概観し，次にその特徴を利用して実施された実験結果を紹介する．

(b) 漢字の形態的特性

漢字の一つの特徴は，漢字一語が形態的構造上いくつかの基本パターン（部品）から構成されており，それらのパターン間に結合特性が認められることである．部品の概念は，いわゆる辞書の索引などに用いられる部首の概念に相当するが，部品群は厳密な意味では部首に対応していない．ここでは漢字構成上の基本パターンを便宜上，**部品**(radicals)と呼び，この用語を厳密に定義することなく用いる．

例えば，ここで部品と見なしている形態的要素のうちのいくつかのものは，独立した漢字一語としても使用されている．これらの問題点は，必要に応じて再度触れるが，重要な点はこのような漢字一語の形態上の構造が，二つの異なる「分解と結合」という観点から記述され得ることである．すなわち，漢字一語全体は部分パターン（一般には部首）へと分解され，これとは逆に，部分としての部首（部品）から全体としての漢字一語が結合によって統合されていることである．

そこで，漢字一語内の基本的なパターンの結合に着目すると，漢字は，**単漢字**(single characters)と**複合漢字**(complex characters，例：時，国，冒など)とに大別され，複合漢字の多くは，一つの単漢字もしくは部品と，他の部品との結合によって構成されている．図3.7にJIS第一水準に属する漢字2965字に対する形態的カテゴリー分類を示す．

齋藤他(1995a)は，この漢字2965字を構成する部品の形態的な特徴に注目し，左右分離漢字と見なされる漢字1668字を選出し，それらを構成する部品のコード化を行っている．こうした漢字部品のコード化の結果，以下の4点を

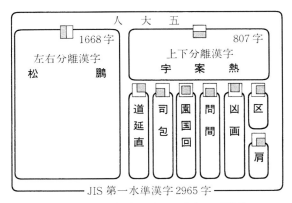

図 3.7 JIS 第一水準に属する漢字の形態的カテゴリー分類と各カテゴリーにおける漢字の例

明らかにしている．
(1) 左右分離漢字の比率：左右分離漢字と見なされる漢字は，JIS 第一水準に属する漢字 2965 字のうち，1668 字 (56%) であった．
(2) 部品数：左右分離漢字 (1668 字) を構成する部品の数は 857 個であった．
(3) 部品のタイプ：左右分離漢字の構成部品は漢字構成上，その出現位置によって 3 タイプに分類された．左位置にのみ出現する部品 (left-anchored radicals, 左投錨部品：金，糸など) は 97 種類 (11%)，右位置のみに出現する部品 (right-anchored radicals, 右投錨部品：寸，頁など) は 610 種類 (71%)，左右両方の位置に出現する部品 (floating-free radicals, 自由部品：方，青など) は 150 種類 (18%) であった．つまり，左右分離漢字を構成する部品の 18% が，漢字構成上，左右のいずれの位置においても利用され，部品としての移動可能性 (floatability) を持つ．
(4) 漢字推定の容易性：右位置に出現する部品の種類数 (760 = 610 + 150) が左位置に出現するもの (247 = 97 + 150) よりも多い．このことは，右位置に出現する部品と結合して形成される漢字の種類数が少ないことを意味する．したがって，もし左右いずれか一方の部品の形態情報にのみ依存して，同一部品を共有する漢字の推定を行う事態においては，右位置に出現する部品の方が，候補語の絞り込みのためのより有効な手がかりとなるこ

（c） 漢字の結合部品数

　左右分離漢字を構成する部品の移動可能性は，漢字一語ごとに対する日常的な観察では意識化されにくい．しかし，この部品の移動可能性は，部品の潜在的な結合特性に注意を向ける契機を与える．つまり，特定部品が，左右分離漢字の右位置であれ左位置であれ，他の部品と結合した結果として，特定部品を共有する漢字群（部品ファミリー）が形成されている．この部品ファミリーの構成員を**メンバー漢字**と呼ぶ．例えば，自由部品「方」ではその両側（例：方■ vs. ■方）に結合すべき何らかの部品（■）がそれぞれ存在し，方■ファミリーは，「放」「族」「旅」などのメンバー漢字から，また■方ファミリーは，「紡」「訪」「防」などのメンバー漢字から構成されている．ここでは，これらの特定部品の結合対象となるそれぞれの部品を**コンパニオン**（companion）と呼び，その結合可能部品数を**コンパニオン数**（number of companions, N_c）と呼ぶ．なお，特定部品に対するコンパニオン数と特定部品ファミリー内のメンバー漢字数とは同数になる．

　このような部品の結合特性に注目すると，特定の部品を共有する N_c の計算が可能となり，このことから，漢字構成上の部品の潜在的な結合数が推定可能となる（以下，左投錨部品の右側に位置する部品を右コンパニオンと呼び，同様に右投錨部品の左側に位置する部品を左コンパニオンと呼ぶ）．表 3.2 は，部品ファミリー数とその平均メンバー漢字数（＝コンパニオン数）とを示し，左コンパニオン数が右コンパニオン数よりも少ないことを示す．このことは，右投錨部品を共通に持つメンバー漢字（例：■寸）の数が，左投錨部品を共通に持つメンバー漢字（例：金■）の数よりも平均的に少ないことを意味する．

　図 3.8 は，部品の結合数と結合関係を模式的に示している．例えば，左投錨部品は平均 8.6 種類の右コンパニオンを持ち，右投錨部品は平均 2.0 種類の左コンパニオンを持つ．自由部品は，左投錨あるいは右投錨部品が持つ平均コンパニオン数をほぼ反映しており，右側に平均 5.5 種類，左側に平均 2.9 種類のコンパニオンを持つ．このことから，右部品が同定された際には，左部品が同定された場合よりも，N_c が少なく，結果的に同定の候補となる漢字数が少ないことになる．よって，N_c の少なさは，漢字認知において漢字一語の全体の

表3.2 JIS第一水準漢字(2965字)における左右分離漢字(1668字)の構造特性

	左位置	右位置
出現部品数	247	760
投錨部品数	97	610
・左投錨部品と右投錨部品における平均メンバー漢字数＝右と左のコンパニオン数(N_c)	8.6	2.0
・自由部品における平均メンバー漢字数＝右と左のコンパニオン数(N_c)	5.5	2.9
・左投錨部品と右投錨部品における一部品ファミリー内の平均音読み数(N_p)	6.8	1.5
・自由部品における一部品ファミリー内の平均音読み数(N_p)	4.6	2.1

150の部品は左右分離漢字内の左右の両位置に出現し，これを自由部品と呼ぶ． 150＝247－97＝760－610．

表象への接近，より厳密には接近後の候補語の絞り込みにとってより有効であると見なされる．

このことを，先に述べたアルファベット表記を用いた文字錯合現象の枠組みに適用すると，次のことが考えられる．文字錯合現象と同様に漢字の部品錯合現象が認められるならば，部品錯合現象は，漢字間での部品交換可能性や入れ替え可能性，またそれに伴って生じる漢字間での形態的類似性による影響を受けると考えられる．しかしその際に重要なことは，部品錯合現象が呈示画面上の漢字間の類似性だけではなく，認知対象としている漢字の部品の N_c，つまり提示されていないメンバー漢字数による影響を受けると考えられる点である．この考え方は，漢字の部品とそのコンパニオンの結合数が，特定の部品を含む漢字間の形態的類似性に関係すると見なしており，これを以下 N_c 仮説と呼ぶ．

(d) メンバー漢字の同音性

漢字間の形態的類似性と同様に，音韻的類似性，特に同音性は，単語の認知に影響を及ぼすと考えられる．一般に 旁(つくり) と呼ばれる右部首は，多くの場合に音韻情報を提供することから，漢字の音読みの発音を得るための，あるいは推定するための指針として利用されることがある．例えば，複合漢字「振」の旁

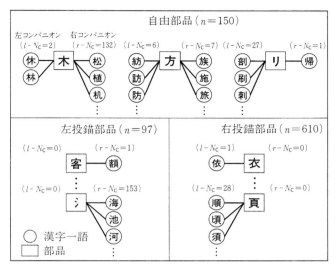

図 3.8 3種類の部品タイプごとの部品の結合関係とコンパニオン数を示す模式図

である「辰」は，その漢字の音読みが「しん」であることを示す．JIS 第一水準の左右分離漢字の 33.0% が，その右部首と同一の音読みを持っており，これによって，右部首が，左右分離漢字の発音推定上の手がかりとなることもある（齋藤他 1995b）．

右部品がより少数の左コンパニオンを持ち，かつ音韻情報を提供するという事実を考え合わせると，右部品は同一の右部品を構成要素とするメンバー漢字の発音推定に対して潜在的な助けとなっていると考えられる．つまり，漢字の検索手がかりとして右部品を与えられた被験者は，右部品の潜在的な発音推定機能を，右部品を含む同音の漢字（あるいは漢字群）の処理に利用し得る．

右部品とは対照的に，左部品はより多くの右コンパニオンを持ち，ごく少数の例外を除いて，漢字一語の発音情報を提供していない．左部品は右部品よりも相対的に数多くのコンパニオンと結合する可能性を有しており，かつ漢字一語の音読は，左部品が結合する右コンパニオンによる影響を受けやすい．このために，共通の左部品に基づいて検索される漢字群の音読の種類は，結果的に多様性を持ち，それらの発音（pronunciation）の種類数は，共通右部品に基づいて検索された漢字群の発音の種類数より多くなる（表 3.2 参照）．

したがって，ある部品が与えられた際に，それに基づいてその部品を含む漢字一語レベルの音読みが検索されるとすれば，検索結果としての発音の異なり数は，原則的に N_c が増加するにしたがって増大する．しかしながら，メンバー漢字の音読異なり数は，左部品と右部品の機能特性の影響を受ける．つまり，右部品の発音特性は，メンバー漢字同士が，同一の発音を共有する確率を高め，このことが右部品に基づくメンバー漢字の音読異なり数を相対的に低める方向に機能する．この潜在的な発音情報の特性を，N_c の概念にならって N_p (一部品を共有するメンバー漢字群における音読みの発音の異なり数，number of pronunciations) と呼ぶ．

JIS 第一水準の左右分離漢字に基づくと，左部品(247種類)は平均 5.5 個の N_p を持ち，右部品(760種類)は平均 1.6 個の N_p を持っている．右部品を手がかりとして得られる N_p の値が，左部品を手がかりとして得られる N_p 値よりも小さく，かつ平均 N_p 値がより 1 に近いことは，右部品を共有するメンバー漢字群内の同音性の高さを意味する．語の形態処理と音韻処理の関係を検討する上で，特に語の部分形態情報と音韻処理との関係を吟味するために，N_p の概念は有効な観点を与える．もし右部品を手がかりとして推定される語間の同音性の高さが，語の同一性の判断(同定)に利用されるならば，単語認知は N_p 数による影響を受けると考えられる．

(e) 遅延照合課題

文字錯合現象についての多くの先行研究では，被験者に 2 単語を瞬間呈示し，それらの部分もしくは全体報告を求める実験が行われている．このような報告パラダイムを用いた実験で一般に得られる錯合反応率は，10% 未満である．これに対して，齋藤他(1993)は，先に呈示された刺激(単語)とその後に呈示された刺激(単語)の異同を問う**遅延照合課題**(delayed matching task)を用いて，より高い虚再認率を導出し，それによって錯合現象を含む認知錯誤の機構を多角的に検討している．

彼らは，被験者にまず，漢字 2 語(例: 陸，訪: 以下，ソース漢字と呼ぶ)を瞬間同時呈示し，次にマスクパターンを呈示した後に，プローブ漢字(例: 防)を呈示した．図 3.9 は，彼らが用いたソースとプローブ漢字の組み合わせに基づく実験条件を示し，図 3.10 はその実験パラダイムを示す．被験者の課題は，

3.5 漢字の認知と心的辞書　135

	広域的一致性			
	一致		不一致	
	左部品一致性		左部品一致性	
右部品一致性	一致(＋)	不一致(−)	一致(＋)	不一致(−)
一致(＋)	陸　訪 ＋ 防 ＋	邪　訪 − 防 ＋	訪　陸 ＋ 防 ＋	訪　邪 − 防 ＋
不一致(−)	陸　放 ＋ 防 −	邪　放 − 防 −	放　陸 ＋ 防 −	放　邪 − 防 −

図 3.9　齋藤他(1993)が用いた実験条件とそれに対応する刺激例

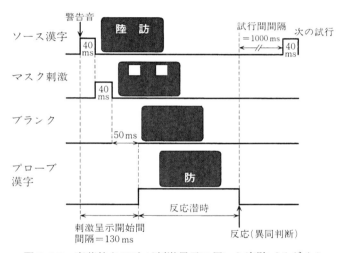

図 3.10　齋藤他(1993)が刺激呈示に用いた実験パラダイム

プローブが先行呈示された2種類の漢字のいずれか一方と同一であるか否かを，キー押し反応によって判断することであった．具体的には，ソース語として呈示されていないプローブ語に対して，「先行呈示された」と誤って判断されること，つまり Yes キーが押されることが誤反応(**虚再認反応**，以前に呈示されていない刺激が，呈示されたとする誤った反応)となり，この実験ではそれらの虚再認率が分析の対象とされた．分析対象となる試行のプローブ漢字(例：防)は，先行するソース漢字2語(例：陸，訪)のそれぞれから，抽出されるそれぞれ1種類ずつの部品(例えばこの場合は，陸の左部品と訪の右部品)の組み合わせによって構成されている．したがって，被験者は，ソースとプローブ語間に

おける部品の共通性によって生じる形態的類似性や読みの同一性(同音性)のために，ソース語としては，先行呈示されていないプローブ語を，「呈示された」と誤って判断(虚再認反応，Yes キー押し反応)する確率が高まると予想される．

　一連の実験の基本的な結果は，以下の条件において，被験者の虚再認反応が促進されることを示した．図 3.11 は，実験条件で使用された刺激対の例と，それらの条件における虚再認率の大小関係を示す．

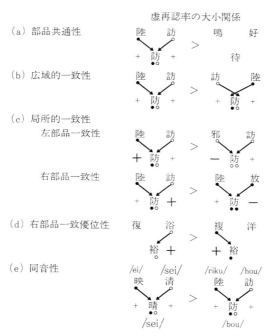

図 3.11 実験条件で使用された刺激対の例と，それらの条件における虚再認率の大小関係

（a）プローブがソースにおいて呈示された部品を含む条件．すなわち，虚再認反応が生起する確率は，ソースとプローブ間の「形態的な類似性」の関数である．

（b）プローブ漢字の「部品」の空間的配置関係が，ソース語対を構成する「語」の空間的配置関係と広域的に一致する条件(広域的一致性)．

（c）プローブ漢字を構成する左部品と右部品の空間的配置関係が，ソース漢字内における部品の空間的配置関係と局所的に一致する条件(局所的一

致性).

(d) プローブ漢字が，ソース漢字を構成する右部品のうちの一つあるいは二つを含んでいる条件では，虚再認反応は促進される．これとは対照的に，左部品のみを含むプローブ漢字に対する虚再認反応は促進されない．

(e) プローブ漢字(例:畔/han/)がソース漢字(例:略/ryaku/,伴/han/)の一方と同音関係にある条件．すなわち，部品錯合に対する同音性による虚再認反応の促進．

これらの実験結果は，虚再認反応率がプローブとソース間の類似性の関数であることを示す．しかし，その類似性は呈示画面上での漢字パターン間の形態的類似性によってのみ決定されるのではない．Saito et al.(1998)は，遅延照合課題において，呈示画面上での形態的類似性に加えて，画面上に呈示された漢字の N_c と N_p 特性によって，画面上には呈示されていない類似漢字が活性化され，その活性化特性が単語認知に影響を及ぼすとする仮説を提起している．N_c と N_p 特性に基づくこれら二つの仮説を総合して，ここでは以下，**コンパニオン活性化モデル**(companion activation model，CAM)と呼ぶ．彼らはコンパニオン活性化モデルが遅延照合課題という特定の実験課題の結果を説明するためのモデルではなく，単語認知モデルを考えてゆく上で重要な示唆を含んでいることを検証するために，さらに複数の観点から実験的検討を加えている．

(f) コンパニオン活性化モデルの検討

仮名表記語を用いた遅延照合実験

ソース語(先行呈示された漢字)の部品を含むメンバー漢字数が少ないことは，それらの部品結合によって作られるプローブ語(後続呈示される漢字)のメンバー漢字数も少ないことを意味する．これらの部品のコンパニオン数の少なさが虚再認率に影響すると一般的に結論づけるためには，先の漢字を用いた遅延照合実験の結果が，漢字という特定材料に対する，あるいは特定の視覚情報処理のバイアスを反映した，特殊な効果ではないことが確認されなければならない．

そこで齋藤他(1994)は，先に紹介した遅延照合課題を用い，仮名2文字から構成される単語を材料とする実験を実施している．そこでは，先の漢字表記材料においてソース語の部品からプローブ語を構成する際に用いた部品結合規則を利用して，仮名2文字から成る2種類のソース語からプローブ語の作成を行

っている．漢字材料と同様に，仮名プローブ語は，2種類の仮名ソース語からそれぞれ1文字ずつを取り出し，それらを結合することによって作成されている．このプローブ語は実在する単語となるように選定されている．図3.12は仮名材料の構成例を示す．実験の実施要領は，漢字表記を用いた実験と同様であった．

	広域的一致性			
	一致		不一致	
	左部品一致性		左部品一致性	
	一致(＋)	不一致(－)	一致(＋)	不一致(－)
右部品一致性 一致(＋)	いぬ　おと ＋　いと　＋	こい　おと －　いと　＋	おと　いぬ ＋　いと　＋	おと　こい －　いと　＋
不一致(－)	いぬ　とも ＋　いと　－	こい　とも －　いと　－	とも　いぬ ＋　いと　－	とも　こい －　いと　－

図3.12 仮名表記語において用いられた実験条件と刺激材料の例

　仮名表記語を用いた実験結果は，漢字を用いた実験結果とは異なる傾向を示した．つまり，プローブがソース語の語頭の仮名文字の結合によって構成される条件において，最も高い虚再認率が得られた．
　　例：ソース語対「いぬ　とも」，プローブ語「いと」
これとは逆に，ソース語内の右側に位置する仮名文字2字の結合によってプローブ語が構成される条件が，最も低い虚再認率を示した．
　　例：ソース語対「こい　おと」，プローブ語「いと」
このことから筆者らは，漢字表記語を用いた実験では，ソース漢字内の右側に位置する部品一致性が虚再認反応率を高めるが，仮名表記語を用いた実験では，仮名単語の右側の文字はそのような効果をもたらさないと論じている．よって，漢字表記を用いた遅延照合課題における右部品の優位性は，単に刺激配置関係に依存した知覚的バイアスではなく，部首結合に関する高次知識に基づくと考えられる．
　さらに，同様の実験パラダイムを用いて，2桁の数字列を材料とする実験が実施されたが，数字列は仮名材料と類似した反応傾向を示した．このことは仮名2文字語や2桁の数字列に対しては，語頭から語尾に向けての処理が優先されているが，漢字材料に対してはこれとは異なる処理が行われていることを示

唆する．つまり数字列や仮名単語に対する左から右への読み処理の方向性を考慮すると，左右分離漢字を構成する部品に対する処理では，右部品が左部品と同程度の重みをもって処理されていること，おそらくは並列処理を受けていると考えられる．

また，漢字，仮名，数字列を実験材料とする各実験における虚再認率は，興味深いことに，漢字材料において最大であり，数字において最小であり，仮名材料はその中間に位置していた．このことは，部品結合が単語などの何らかの意味を構成する単位となり得る場合の処理は，意味を成さない数字列などの場合よりも，心的辞書に代表される高次知識の影響を受けることを示している．つまり漢字一語を構成する部品の結合力が，仮名一文字のそれよりも高いことを意味する．

メンバー漢字推定実験

部品結合数の単語認知過程への影響を唱える N_c 仮説は，語彙情報の処理に時間的負荷を受けている実験に基づいて提案されている．つまり，N_c 仮説は瞬間呈示を用いた実験条件下において，特定部品のコンパニオンの推定が可能であることを前提として組み立てられている．この部品結合数に関する知識の利用可能性は，瞬間呈示実験以外の課題においても確認されなければならない．そこで，Saito et al.(1997)は，部品結合数の心理的実在性を確認するために，特定の部品から形成される漢字数を推定させる課題を実施している．左右分離漢字における各部品のコンパニオン数の差に着目し，左あるいは右の位置の部品を手がかりとして，メンバー漢字数を推定する3種類の実験を実施している．

まず被験者は，左部品とその右コンパニオンに相当する■から構成される架空の漢字対(例：青■ vs. 石■)を呈示され，■を適切な右部品に置き換えると，実在する漢字が構成されることを教示される．次に被験者は，対呈示されたそれぞれの部品を利用して作り出され得る漢字の数(これは N_c と同値となる)を推定し，より多くの漢字が作り出されると判断される部品の一方に印(✓)を付けることを求められた(実験1，一対比較判断課題)．これに続いて，右部品対(例：■青 vs. ■石)に対する判断課題が，実験1と同様の手続きによって実施された(実験2)．そして最後に，左右両方の位置に配置可能な自由部品対(例：青■ vs. ■青)に対する一対比較判断が求められた(実験3)．

刺激部品対に対応する N_c の大小関係が，正しく判断された場合の反応を正反応とし，これに基づいて正答率が算出された．もし呈示された部品を手がかりとして作り出される漢字数(あるいは N_c)が適切に推定され得るならば，各対の手がかり部品(例：才■ vs. 工■)の N_c 間の差(subtracted number of companions, SNC)が大きくなるにつれて，正答率が高くなると予想される．例えば，「才」の右コンパニオンは113であり，「工」の右コンパニオンは4であることから，この対のSNC値は109(=113−4)となる．分析の結果，実験1における正答率とSNCとの間に有意な正の相関($r=0.75$)が認められた．

　これは，2種類の異なる左部品を手がかりとして形成される漢字数の相違が，正しく推定されることを示す．右部品を手がかりとした実験2においても，正答率とSNCの値との間に有意な正の相関が認められた($r=0.40$)．ただし，右部品を手がかりとして得られる正答率(実験2，67.0%)は，左部品を手がかりとして得られる正答率(実験1，76.0%)よりも低い値を示した．この左部品に基づく正答率の高さは，左部品と連合する右 N_c の範囲が広い(1〜153)ことに，つまりより大きなSNC値をとり得ることに起因すると考えられる．実験3においても，左右両位置を占める自由部品における正答率とSNC値との間に有意な正の相関が認められた($r=0.43$)．このことは，同一部品が左右の異なる部品位置に呈示された際にも，N_c が正確に推定され得ることを示す．以上の実験結果から，部品結合数に関する知識は，瞬間呈示課題以外の事態においても，利用可能であると言える．

　ただし，部品を共有するメンバー漢字数の推定機構については，なおさらなる検討を要する．例えば，この課題は，候補語数を最大限に抽出するための心的操作を求めているが，部品を利用して作り出され得るメンバー漢字数を推定する過程としては，2種類の機構，つまり N_c の抽象的な算出と，メンバー漢字の具体的な想起とが考えられる．しかし，ごく少数のメンバー漢字の推定において，メンバー漢字の具体的想起が行われるとしても，数十も存在するすべてのメンバー漢字に対して同様の具体的想起が行われるとは考えがたい．

　通常の語彙検索においては，候補語としてのメンバー漢字数を最大限に想起する心的操作は，候補語を絞り込む機構の働きによって，何らかの制限を受けていると考えられる．このことは，認知システムが，判断の対象となる候補語数を処理の特定段階においては最大化し，処理の別の段階では最小化しなけれ

ばならないというディレンマを抱えていることを示す．このパラドックスの解決に要する処理コストが実時間処理においては問題とされなければならず，この観点からも，先に述べた対象の具象的想起と抽象的計算に関わる両機構の統合的運用の仕組みについて，より詳細な検討が必要とされている．

右部品による同音性効果と形態的類似性効果との関係

コンパニオン活性化モデルの特徴は，漢字を構成する部品の活性化とそれらの相互作用に注目している点にある．この部品の相互活性化作用は，漢字が語構成上，部品結合によって階層構造を成していること，また各階層にわたって機能特性として形音義にわたる多重性を備えていることと深く関わっている．よって，漢字一語の語構成に着目し，その構成部品の活性化が漢字の認知に及ぼす影響について考えることは，形音義の相互作用を探ることに繋がる．

遅延照合課題を用いた実験において，先行呈示されたソース漢字と後続呈示されたプローブ漢字との間に，部品の共通性や部品位置の共通性が存在すると，比較されるべき漢字間の形態的類似性が高まり，そのことが虚再認率の増加をもたらすことが確認されている．さらに形態的類似性に加えて，ソース漢字とプローブ漢字とが同一の音読みを共有していると，実験課題が音韻情報の処理を要求していないにも関わらず，虚再認率がさらに増加することが確認されている（図 3.11 参照）．

そこで，齋藤他(1995c)は，同一の遅延照合パラダイムを用いて，比較されるべき複数の語が同一の音読みを備えているが，形態的類似性を持たない，いわば同音異義語の関係にある漢字に対しても虚再認率の増加が認められるか否かを検討している．実験の結果，ソース漢字 2 語(例：脂 /shi/，枝 /shi/)がともにプローブ語(例：肢 /shi/)と同音関係にあり，かつプローブ語がソース語の部品から構成されている条件においては，先行研究と同様に虚再認率の増加が認められた．しかし，ソース語とプローブ語とが部品をまったく共有せず，同音関係のみを保有している(同音異義語)条件では(例：ソース語対：件 /ken/，研 /ken/；プローブ語：検 /ken/)，虚再認率が極めて低いことが確認された．このことは，漢字の照合において，漢字間の部品共通性に基づく形態的類似性が，それらの語の同音性を利用する契機となっていることを示している．類似の結果は，漢字熟語を用いた実験によっても報告されている (Wydell et al.

1993).

　このように，漢字の形態情報処理は，音韻情報処理に極めて密接に関わっているが，ここで留意すべきことは，語のレベルで確認されるこうした形態と音韻処理の関わりが，実は部品のレベルでの活性化とその処理に根ざしていることである．すでに述べてきたように，右部品は，相対的に左部品よりも音韻情報を担う確率が高く，このために右部品を共通部品とするメンバー漢字は同一の音読を持つ確率が高い．これに加えて，右部品はそれと結合する左コンパニオンの数が少なく，このためにメンバー漢字のサイズが小さい．この両特性があいまって，右部品を共有するメンバー漢字間における形態的類似性と音韻的類似性（同音関係性）を顕著なものとしている（3.5 節 (c), (d) 参照）．

　以上のことを総合すると，漢字一語レベルでの認知と，それに基づく漢字の照合過程は，次のように要約される．部分としての部品が，形態レベルにおいて，部分を含む全体としての漢字一語の想起に関与している．さらに，部品は全体としての漢字一語の音読の想起にも関与している．つまり，特定の部品の活性化が，形態と音韻の両方のレベルから，漢字一語の情報の活性化を促す可能性をもっている．漢字の部品共通性は，照合されるべき語間に形態的類似性を作り出しているだけではなく，それらの語間の同音性にも影響を及ぼす可能性を秘めているのである．

（g） 表記特性を越えた心的辞書モデルに向けて

　コンパニオン活性化モデルは漢字の部品の統計的な結合特性に基づく，漢字認知のモデルとして提案されている．このモデルは，視覚的な単語認知の研究において注目されてきた**近傍単語**（orthographic neighborhood）の概念とも共通点を持っている．すでに述べたように，アルファベット表記を材料とする多くの研究が近傍単語サイズの単語認知に及ぼす影響について検討を加えてきている．しかし，状況はなお混沌としている．つまり，近傍単語数が抑制効果を持つのか，促進効果を持つのか，何ら効果を持たないのかについて一致した結論は得られていない．

　これらの矛盾する結果は，アルファベット表記語における近傍単語の定義そのものに起因すると思われる．近傍単語の形成原理に基づいて，綴り中の一つの文字の位置を保持したまま，当該の文字を他の文字に置き換えることによっ

て作り出される複数の単語群は，形態的，音韻的，意味的特徴次元において様々に異なるタイプの単語の集合を形成している．このために，複数の単語特性の領域にまたがる類似性が実験結果に混入し，結果の解釈を困難にしていると考えられる．

これに対して，Forster & Taft (1994) は近傍単語サイズ効果についての研究において，Patterson & Morton (1985) によって取り上げられている body という概念を導入している (body については，p.121 を参照のこと)．Forster & Taft (1994) は，従来の近傍単語サイズと body 近傍単語数との関係を操作し——例えば，body 近傍単語サイズは大きいが (例: drive: hive, live, strive)，近傍単語サイズは小さい (例: drive: drove) 単語 DRIVE と，body 近傍単語サイズは小さいが (例: soap: 該当なし)，近傍単語サイズは大きい (例: soap: soup, snap, soak) 単語 SOAP などを用いて——形態プライミング実験において語彙判断に要する時間を比較している．具体的には，先行呈示されるプライム語 (例: frive) によるターゲット語 (例: DRIVE) に対する促進的プライミング量を実験条件間で比較し，その結果，従来の近傍単語サイズの大小に関わらず，ターゲット語の body 近傍単語サイズが小さい条件において，形態プライミング反応が促進されることを確認している．

body 近傍単語とコンパニオン活性化モデルに基づく研究の結果はともに，body を単位とする近傍単語数，あるいは，コンパニオン数が少数であるほど，単語処理が促進的影響を受けることを示している．これらのことから，単語の構成要素である 1 文字の操作に基づく従来の近傍単語の概念よりも，むしろ body を単位とする近傍単語の概念が，コンパニオン活性化モデルの考え方に近いと思われる．図 3.13 はコンパニオン活性化モデルの概略図であり，図 3.14 はその内部の模式図を示す．

さて，ここで紹介してきた漢字に関する一連の結果は次の 2 点に要約される．第一には，潜在的な N_c によってより効果的に漢字表象が検索され，このことが遅延照合課題におけるソースとプローブ漢字間の類似性の基準に影響を与えている．第二には，右部品はその部品を含むメンバー漢字との共通の音読みを算出する契機となり得るが，漢字の音韻表象の抽出はその形態表象との相互作用の影響を受けている．これらの結果から，呈示された複数の単語間の虚再認反応は，高次の構造化された知識表象の影響を受けていると結論づけられる．

144   3 心的辞書

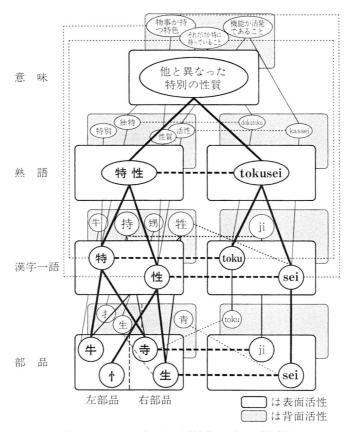

図3.13 コンパニオン活性化モデルの模式図

　より一般的に言えば，高次の構造化された表象とは，準語彙ユニットをどのように結合すると，親近性の高い語が形成されるかについての知識であり，虚再認反応はそれへの接近過程における相互作用に基づいて生じる錯誤判断の所産である．この結論は，アルファベット表記を材料とし，単語の報告課題を用いた McClelland & Mozer (1986) の立場と軌を一にする．こうした立場の一致は，実験で用いられた表記形態や実験パラダイム間での幾分の相違を考慮すると，ここで紹介した虚再認反応が単語報告課題によって得られた錯合現象と完全に同一であることを必ずしも意味するものではない．
　しかしながら，アルファベット表記と漢字表記という異なるタイプの刺激を

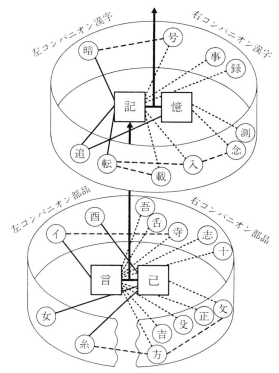

図 3.14 コンパニオン活性化モデルの内部における部品の活性化(下段)と関連漢字の活性化(上段)を示す模式図

用いたこれら2種類の実験の流れが，本質的に類似した結論に到達しつつあることは，注目すべき重要な点である．程度の差はあるにせよ，アルファベット表記に基づくそれらは形態処理に偏向していたきらいがある．両表記形態に基づくそれぞれのモデルは，緩やかな修正を受けつつも，統一に向けて今なお発展の途上にある．

3.6 残された問題点

心的辞書が単語認知に果たす役割を考えるうえで，語の類似性をいかに捉えるかが重要な鍵になることを前節で指摘した．ここでは漢字に関する一連の実

験結果を踏まえ，語の類似性の観点から，形態，音韻，意味，つまり形音義の3水準のそれぞれにおいて残された問題点について述べておく．

形態的類似性

コンパニオン活性化モデルの考え方に基づくと，漢字間の形態的類似性は，視覚的に呈示された，比較対照されるべき，漢字語対にのみ限定されるのではなく，特定の部品に結合されるコンパニオンの数（N_c）によって決定される．つまり，N_c が多い部品には，形態的に類似したメンバー漢字が数多く存在することになり，結果的に弁別が困難となる．

このメンバー漢字間の形態的類似性は，単語認知の相対的に後期の処理段階において影響を及ぼすと考えられるが，より初期の処理段階においては，部品の認知容易性と，特定部品を含むメンバー漢字の想起容易性（結合強度）および候補語の絞り込み容易性（結合数）とが考慮されなければならない．結合強度については後に触れるが，コンパニオン数の多さは，当該部品の出現頻度の高さと連動しており，そのことは部品の認知容易性を高める．しかし，コンパニオン数が多いことは，同時に，当該部品を含むメンバー漢字数の多さを意味し，そのことは候補語数の増加をもたらし，結果的にターゲット語の絞り込みに困難をもたらす．

一般的には，単語の出現頻度の高さが親近性を高め，そのことが語彙情報の接近において重要な役割を担うことが知られている．こうした語の頻度が語の認知や処理にとって重要であるとする考え方は，通常，語一語の頻度とそれに基づく処理とを想定している．もし，単語一語の頻度効果が，共通部品を持つ語群としての頻度効果にまで拡張し得るならば，検索されるべき候補語数の減少が，特定部品を手がかりとした，メンバー漢字の推定を容易にするとしても，同時に，総和としての出現頻度の極端な減少が，部品の認知そのものを妨げる可能性についても検討されなければならない．

よって，従来，単語頻度効果は，単語一語を対象として考えられてきたが，今後の語彙処理モデルの発展のためには，呈示語の出現頻度だけではなく，部品を共有する語群としての頻度や，部品の出現頻度をも含めて，それらの相互作用が総合的に検討されなければならない．

3.6 残された問題点

音韻的類似性

ここでは右部品が提供する音読みとそれを含むメンバー漢字の音読みとが完全に一致する直接的同音性のみを分析の対象とした．これに対して，右部品が提供する音韻情報と，漢字一語全体が共有する音韻情報とが，直接的には対応していない漢字群も存在する．例えば，「億，臆，憶」などの漢字群に共有されている音読みは「おく」であるが，それらの漢字群の右部品の音符「意」の音読みは「い」であり，特定の漢字群とそこに含まれる共通部品である漢字とは同音関係を形成していない．しかしながら，「意」を右部品として含むメンバー漢字群の読みが「おく」として一貫していることは，「意」を右部品とする結合によって作り出される未知の漢字群の読みも「おく」であることを間接的に示唆している．

さらに，同一部品を含む複数の語間に複数の音読が存在し，読みが一貫していないメンバー漢字群が存在する．例えば「絡」は「らく」と読まれ，「格」は「かく」と読まれる．部品「各(かく)」は，それを含む語「格(かく)」と同音関係を持ちながらも，別の語「絡(らく)」とは同音関係を持たない．これらの部品とそれを含む語間における興味深い間接的同音関係は，英単語の発音における規則語と不規則語の区分に加えて，綴りパターンと発音との一貫性と非一貫性の区分を想起させる(3.4 節(d)における共通終末文字列 EAN と EAT の対比を参照)．このように部品とそれを含む語群の音読関係に立ち入って考えると，それらに対応する高次知識が語彙処理過程に対してどのような影響を与えているかについての検証が促される．

意味的類似性

本稿では，視覚呈示された漢字一語の全体パターンが，十全には掌握されていない状況下での認知を想定し，不完全な部分情報から，漢字一語の全体情報を復元(推定)するためのモデルの検討を行ってきた．このモデルでは部分情報から，推定すべき結合部品(コンパニオン)への結合強度がすべて均一であるならば，つまり連想強度が一定と仮定され得るならば，コンパニオン数の少ない部品に基づく漢字の推定確率が，コンパニオン数の多い部品に基づくそれよりも高いと考えられている．この考え方は，部分情報としての部品から全体情報としての漢字一語を推定する際に，部品を共有するメンバー漢字のサイズが小

さいほど，つまり推定の対象となる候補語が少ないほど，推定結果の正答率が高まると見なしている．

そこで次に残された課題は，部分情報から推定すべきコンパニオンが複数存在し，かつそれらへの連想強度が一定ではない場合についての検討である．部品間の連想強度は，各部品の結合数と，各部品の出現頻度の算出と，これに基づく部品同士の共起頻度の統計的な演算と，それらによる重み付けによって理論的には決定される．これに加えて，連想強度の重み付けにおいては，漢字部品の機能特性が考慮されなければならない．

例えば，左部品と右部品とが漢字認知に及ぼす機能的な差異を検討するために，Flores d'Arcais et al.(1995)は，左右分離漢字の左右いずれかの部品を瞬間的に先行呈示し，その後に60ミリ秒あるいは180ミリ秒の時間間隔をおいてその部品を含むターゲット漢字を呈示している．被験者の課題は，ターゲット漢字の音読みを可能な限り速く口頭で答えることであった．彼らは右部品が先行呈示されると，60ミリ秒条件よりも180ミリ秒条件において音読が促進されることを確認したが，左部品の先行呈示では，60ミリ秒で弱い促進効果を，逆に180ミリ秒においては抑制効果を確認している．

この結果に対する一つの解釈として次のことが考えられる．
（1）　意符を担う左部品ファミリーは緩やかな意味的カテゴリーを形成し，同一部品ファミリーに属するメンバー漢字に対して意味的限定機能として働く．
（2）　この意味的カテゴリーは，特定部品ファミリーに属するメンバー漢字の連想を容易にする．
（3）　しかしこの機能は，同時に，メンバー間の意味的類似性(凝集性)をもたらし，メンバー間の弁別を困難にすると考えられる．

相互活性化モデルに基づくと，これら3種類の処理は，必ずしも系列的に遂行されているのではなく，相互に影響を及ぼしあいながら遂行されていると考えられる．したがって，意味的凝集性は，処理の特定段階(階層)，あるいはある種の処理状況において，語群としての活性化をもたらし，そのことが検索に対する促進効果をもたらすとしても，それとは別の処理段階において，項目間の凝集性がかえって個々の単語の同定に対する抑制効果をもたらすと考えられる．よって，実時間処理において，いずれの処理特性が優越するかによって異

なる出力結果が得られる．

以上のことから，形態や音韻の類似性が，ターゲットの絞り込みに対して持続的かつ収束的役割を果たし得るのに対して，意味の類似性はそれらの特性に加えて，発散的特性をも有している．このために意味的類似性は，課題の特性や，処理の進行段階に応じて結果的に違った振る舞いをする可能性を含んでおり，形態や音韻の類似性とは一線を画すると考えられる．このゆえに，形音義にわたる相互作用の検証において，各処理特性の違いを考慮した上での一層の検討が望まれる．

3.7 今後の課題

心的辞書は仮説構成概念であると本章の冒頭で述べた．一般に多くの研究者は，言語処理に関するモデルを構成する上で，ある意味で理想的な完成度の高い心的辞書を想定する傾向にある．しかしながら，現実に個人の言語活動を観察すると，心的辞書は初期の言語経験を通じて形成され，その核が形成された後にも，何らかの言語環境の影響を受けつつ修正と調整を経ていると考えられる．この意味で，具体的個人の心的辞書は，研究者の考える標準的な心的辞書へと限りなく近似的に発展していく過程そのものであるとも考えられる．

そこで，まず，心的辞書に関する研究やそこで構築されるモデルが，ある種の完成形としての心的辞書の究明に幾分偏向していること，いわば，その到達点としての機能的解明に重きを置きすぎていることに注意を促しておきたい．この類の偏向を修正していくためには，心的辞書に関わる研究において，語彙情報の構築過程を規定する時間要因を変数として組み込んだモデルの提案が望まれる．その実現のためには多角的な検討が不可欠であり，必然的に複数の異なる研究領域の協力を必要とする．そこで，現時点で今後期待されるいくつかの基礎的アプローチについて以下に述べておく．

言語材料表の整備

心的辞書は，言語環境からの影響を受け，それとの相互作用において形成されるという特性を有している．したがって，心的辞書の研究においては，何らかの語彙獲得段階ごとの心的辞書の比較を可能とするために，広範な言語材料

のデータベース化が必要かつ急務と言える．

　当面の課題としては，異なる年齢の読者層が仮定される新聞，教科書，コミック誌などのデータベース化とその解析によって，大規模語彙調査表を完成し，それを電子媒体によって公開し，随時利用可能とすることがあげられる．また，言語材料のデータベース化の多くが活字媒体を対象として遂行されているが，いわゆる対話や談話などにおける話し言葉を対象とする音声言語材料の標準化とそのデータベース化も望まれるところである．そしてこれらの語彙データベースが，語の発話状況や発話の背景となる情景（視覚的情報）を含んでいることが理想と考えられる．

学際的アプローチの必要性

　言語に関わる研究上の区分は，言語学や心理学や脳生理学の発展の経緯を反映して，細分化の程度を増してきている．しかし，現実の言語活動は，視覚と聴覚の情報処理，およびその相互作用であり，またその処理過程は言語学上の研究区分を越えて遂行されている．したがって，言語活動は，脳内における機能の局在性や，研究分野上での区分を反映した領域固有性の高い，ある意味での厳密な究明と同時に，それらの個別区分を越えた総体としての言語活動の究明，例えば処理の統合性や相互作用性などについても研究されなければならない．

　すでに確立された言語機能についての研究上の区分を越えて，最近ではいわゆる学際的研究を実現するための一つの具体的な手段として，PET（positron emission tomography，ポジトロン断層撮影法）やfMRI（functional magnetic resonance imaging，機能的磁気共鳴映像法）などの高次脳画像診断装置が利用されつつある．特に，新たな複合領域における研究テーマやアプローチは，従来の言語科学が提案してきた学問上と研究上の区分を越えたかたちで遂行されることが望まれている．

時間要因の重要性

　上記の学際的アプローチを通じて提案される新たなモデルは，単に言語機能を説明するためのローカルな閉鎖的なモデルにはとどまらないことが予想される．なぜなら言語活動がその拠り所とする脳内のいわゆる言語処理に関連する

3.7 今後の課題

領野は，それらに隣接する領野からの影響や，隣接領野への影響をないがしろにしては，立ちゆかぬように設計されているからである．

ここでは心的辞書に関わるモデルの理解を促すために，McClleland らによって提案されている相互活性化モデルの概要を主に採り上げたが，その理論的枠組みは必ずしも単語認知の説明のみを意図して提起されたわけではない．現在もそのモデルは修正を加えられながらも発展の途上にある．今後，このモデルに対抗する，あるいはこれに代わるモデルが提案されるとすれば，その新たなモデルは必ずしも心的辞書の説明のみを目指したものではないと考えられる．

そしてその新たに提案されるモデルが取り込むべき重要な要因は，すでに述べたように，時間概念である．言語活動を行う人間は，生物であり，その生物としての発達が，言語運用にとって不可欠である限り，心的辞書の構築においても，経験，つまり時間によって規定される学習の問題を避けることができない．

モデルの拡張性とその応用

重要なことは，時間要因を考慮した上での学習規則の拡張可能性と応用可能性であり，それがいかにして言語活動の統合に関与しているかを問うことである．この拡張可能性と応用可能性の両概念は，ここで紹介してきたモデル群に一つの課題を提起する．モデルの妥当性は，実験室内で検証されるだけではなく，現実の言語学習や言語活動を促進する（あるいは支援する）という側面からも検証されなければならない．なぜなら，言語活動は完成された脳内での閉じた世界の内面的活動にとどまるものではなく，外的言語環境への働きかけによって構築されてゆくように設計されているからである．このゆえに言語処理に関するモデルは，学習主体がさらされている言語環境において，その学習主体が，意識的であれ非意識的であれ，いかなる対処方略を採っているのかについて答えてゆかなければならない．

例えば，各単語に対する親近性（familiarity）の程度は個人間で異なり，この点を考慮すると，それらの親近性の程度の集合体としての個人の語彙知識は，個人間においても異なっていることがクローズアップされる．つまり，個人が知っている単語数に代表されるような語彙知識のサイズやそこでの類似単語の密度（たとえば類似単語がどの程度実在するのか，そして当該個人がどの程度

実際にそれらの単語を知っているのかなど）が語彙情報処理に与える影響についても検討されなければならない．事実，読み能力（reading ability）の個人差が，語彙検索能力と関連していること，つまり知識の差異が単語認知や語彙項目への接近に影響することが確認されている．

　さらにこれらの議論とは別に，現実的な語彙の獲得の側面からも単語認知モデルの妥当性を検証していく可能性が残されている．例えば，コンパニオン活性化モデルは部品の結合についての構造知識の運用が，単語認知に重要な役割を果たしていることを指摘しており，このことは部品結合に関する基本的な原理を漢字の学習支援システムの構築に応用できることを示唆する．部品がどのように結合しているかについて学習することが，漢字の習得を促進するという前提に基づいて，コンピュータを用いた漢字学習支援システムの設計が，実際に試みられている（齋藤・山崎 1996）．

語彙の脳内表現と情報の圧縮と復元

　心的辞書が単語の情報の集合体であると見なし得るならば，それを構成する個々の単語情報がいかなる表現形態を持っているかということが当然問題にされるべきであろう．しかしながら，現在のところ，心的辞書への接近形態に関する研究の多さと，それに呼応して提起されているモデルの多様性に比べて，心的辞書自体の表象形態についての実験的研究は十分に行われているとは言えない．

　統語的知識とは別に，仮に語に関する知識に限ったとしても，各単語の意味がいかに表現されているかという問いは，各単語ごとの個別な情報がいかに表現されているかという問題と，語と語との関係がどのように表現されているかという問題とを含んでいる．このような観点に立てば，単語に関する知識の表現形式の解明は，その運用に関する知識，さらには外的世界に関する知識がいかに表現されているかを解く鍵ともなり得るであろう．

　そしてここで紹介した単語処理過程のモデルが安定的に機能するためには，外界の情報を「圧縮」し，それを心的辞書に表現（記述）し，必要に応じて情報を「復元」するための安定機構（おそらくそれは冗長な表現形式をも含めて）を明らかにすることを促している．なぜなら，情報の「獲得」と獲得された情報の「検索」とが相互依存的であるように，情報への接近形式は接近され検索さ

れるべき情報の表現形式と決して無縁ではあり得ないからである．

　ここでは，限られた問題を題材として，ごく基本的な，しかし重要と思われる今後の課題についてのみ触れたが，これらの課題の解決は，新たに言語科学とその関連科学を志す人々の今後の斬新なアプローチに委ねられている．

第3章のまとめ

3.1　心的辞書とは，人間の言語活動を情報処理活動の一環と見なした際にその言語情報処理活動を通じて，脳内に蓄積・表現されている語彙情報の集合体をさす．

3.2　心的辞書の研究は，その起源を言語連想や記憶の研究に求めることができ，その系譜は，現在では認知心理学における単語認知やその関連研究に受け継がれている．

3.3　心的辞書への接近と語彙情報の検索を説明するためのモデルは，逐次処理モデルと活性化処理モデルとに大別される．

3.4　活性化処理モデルに基づくと心的辞書を構成する単語の表象は，必ずしも単語という言語単位に限定されておらず，使用頻度の高い視覚的パターンをも含んでいる．

3.5　活性化処理モデルが採用する部分表象の多層水準性や分散表現性，および並列処理特性と相互活性化特性の重要性が注目されている．

3.6　語彙情報処理に関する研究は，主に英語などのアルファベット表記を用いて進められてきたが，そこで得られた知見の妥当性が，表意文字を用いている中国語や日本語を材料として検討されている．

3.7　漢字は語構成上，複数の基本パターン（部品）の結合から成り，各部品が形音義にわたる機能上の特性を多重的に担っている．こうした漢字の部品の結合特性と機能特性が，構成部品の活性化とそれらの相互作用についての究明を促している．

3.8　現在のところ，異なる表記形態ごとに固有なモデルの提案がなされているとしても，それは表記形態を越えたより一般的モデルの構築に向けての通過点に過ぎない．

4
辞書と情報処理

4 辞書と情報処理

【本章の課題】

　我々が文章を読み書きするときに辞書が不可欠であるように，コンピュータを用いて自然言語を処理する場合にも辞書は不可欠な存在である．ただし，我々が用いる辞書とコンピュータが言語処理に用いる辞書では趣がずいぶんと違っている．もっとも大きな違いは，我々が使う辞書がすべて自然言語で記述されているのに対して，コンピュータが用いる辞書はコンピュータで処理できるような表現形式で記述されている点である．そもそもコンピュータに自然言語が理解できるのであれば，コンピュータ用の特別な辞書は必要ないことになる．

　本章では，コンピュータが言語処理のために使う辞書にはどのような情報が記述されているのか，また，それらの情報はコンピュータによる言語処理過程においてどのように利用されるのかについて，具体例をあげながら解説する．また，このような情報を大量の言語データからコンピュータを用いて自動的に抽出する手法についても紹介する．

4.1 言語処理の概要

本節では，コンピュータによる言語処理の概要について概観し，以降の節のための基礎的な知識をまとめておく．各処理についてのより詳細な解説は該当する巻・章を参照して欲しい．

コンピュータによる言語処理には大きく分けて二つの処理が考えられる．一つは入力として与えられた言語表現（文字列）を解析し，その言語表現が表す意味内容をコンピュータの内部表現に変換する処理である．通常，このような処理を**言語解析**(language analysis)あるいは**言語理解**(language understanding)と呼ぶ．一方，コンピュータの内部表現を入力として，それを適切に表す言語表現を作り出す処理もある．**言語生成**(language generation)と呼ばれている処理である．これらの二つの処理は，さらにいくつかの処理からなっている．

(a) 言語解析

言語解析の枠組としては，形態素解析，統語解析，意味解析，談話解析の四つの処理を仮定することが多い．

形態素解析

形態素解析では，入力として与えられた文字列を語の列に変換する．第1章では「形態素」，「語」，「語⁺」などを厳密に区別して用いているが，本章ではこれらをすべて含む意味で「語」を使う．英語に代表されるように，単語の間に空白などの区切り記号を挿入する言語では，語の品詞を同定し，屈折語に関しては屈折部分の同定をおこなうことが主な処理となる．一方，日本語のように語の間に区切り記号を置かない言語では，まず語の区切りを同定する必要がある．この処理は，通常，**単語分割**(あるいは**セグメンテーション**(segmentation))と呼ばれる．そして，単語分割した語に品詞を付与する．例として

　　年明けからこのかた，新聞をじっくり読むどころではなかった．

という一文を形態素解析した結果を表4.1に示す．この例では分割された各語が，読み，基本形とともに一行に書かれている．入力文字列からこのような結

表 4.1 形態素解析の出力例

出現形	読み	基本形	品詞
年	トシ	年	名詞
明け	アケ	明け	名詞：接尾
から	カラ	から	助詞：格助詞
この	コノ	この	連体詞
かた	カタ	かた	名詞：非自立：副詞可能：副詞的
，	，	，	記号
新聞	シンブン	新聞	名詞
を	ヲ	を	助詞：格助詞
じっくり	ジックリ	じっくり	副詞
読む	ヨム	読む	動詞：五段・マ行：見出し形
どころ	ドコロ	どころ	名詞：非自立
で	デ	だ	助動詞：特殊型：連用アル接続
は	ハ	は	助詞：係助詞
なかっ	ナカッ	ない	形容詞：連用タ接続
た	タ	た	助動詞：特殊型：見出し形
．	．	．	記号

果を得るための具体的な形態素解析アルゴリズムの詳細に関しては第 3 章を参照して欲しい．

　英語の屈折部分の同定も日本語の単語分割と同様な処理であるが，少なくとも語の区切りが明示的にわかるために，日本語の単語分割に比べると処理は容易である．また，日本語の場合，語の区切りに客観的な根拠がないために，どのような単位を語として認定するか，つまり入力文字列をどのように分割するのが正しいのかについては，研究者の間で必ずしも合意がとれているとはいえない．この点については第 1 章でも書かれているように言語学的にはかなり整理がされているが，未解決の問題も残されており，工学的な観点からするとシステムの目的に応じて適切な単語分割も変わってくる可能性がある．単語間に区切り記号がないことが，英語などの言語に比べて日本語の形態素解析を困難にしている一つの原因である．

　また，日本語の表記には自由度があることも形態素解析では大きな問題となる．これはいわゆる**表記のゆれ**と呼ばれる問題である．たとえば，同じ語を漢字表記するのか，ひらがな表記するのか，あるいは漢字とひらがなを併用する

のかによってさまざまな表記のバリエーションが考えられる．さらに，送りがなの任意性も問題を複雑にしている．たとえば，「置き換える」は，「置換える」「置きかえる」「おきかえる」などとも表記することができる．この問題に対処するためには，辞書にすべての表記を見出し語として用意するか，辞書には標準的な表記のみを見出し語として登録し，そこに異表記の情報として他の表記を記述する必要がある．

統語解析

統語解析では，形態素解析の後を承けて品詞を付与された語の列を句や節へまとめあげる処理をおこなう．この解析の結果としてどのような構造が得られるかは，解析に用いる文法の枠組み(第5巻および第8巻第2章を参照)に依存するが，一般的には句構造や依存構造を利用することが多い．例として，

A dog chases a cat.

という文を統語解析して得られる句構造を図4.1に示す．このように句構造は一般に**木構造**(tree structure)あるいは**かっこ付けによる表現**(bracketed expression)で表すことができる．また，木構造でいえば語のすぐ上，かっこ付け表現でいえばもっとも内側のかっこの先頭要素はその語の品詞となっている点に注意されたい．統語解析アルゴリズムについては第8巻第3章を参照して欲しい．

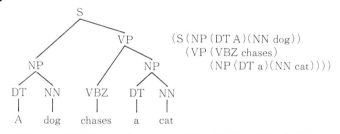

図 **4.1** 統語解析の例．S: 文，NP: 名詞句，VP: 動詞句，品詞については表4.3参照．

意味解析

統語解析によって語と語の文法的関係がわかるので，意味解析ではこの情報をもとに文全体の意味構造を抽出する．意味構造を決定するためには個々の語

が表す概念を同定する処理と，それらの概念同士の関係を同定する処理が必要となる．このためには，語が表す概念としてどのようなものを認定するか，また，概念同士の関係としてどのようなものを認定するかを明確にしなければならない．このような情報を整理したものは，しばしば**概念体系**あるいは**オントロジー**(ontology)と呼ばれる．意味解析の結果として得られる意味構造はコンピュータで処理できるように形式的に定義された何らかの知識表現形式，たとえば，**一階述語論理**(first order logic)や**意味ネットワーク**(semantic network)などで表現される．たとえば，前述の例の意味構造を一階述語形式で表現すると以下のように表現できる．

$$\exists d \, \exists c \, (dog_1(d) \land cat_1(c) \land chase_1(d,c))$$

この式中の dog_1, cat_1, $chase_1$ などは概念体系で規定された概念を表す述語であって，"dog", "cat", "chase" などの文字列ではないことに注意しよう．意味解析では，まず "dog", "cat", "chase" が表す概念がそれぞれ dog_1, cat_1, $chase_1$ であることを同定する．辞書をみればわかるように一般に一つの語には複数の意味があり，解析の対象としている文中の語がどの意味を表すかを決める必要がある．この処理を語義の**曖昧性解消**(disambiguation)と呼ぶこともある．たとえば，Longman Dictionary of Contemporary English (LDOCE) によれば "dog" には動物の「犬」の他に "a failure or a disappointment (失敗または期待はずれ)", "a very unattractive woman (みにくい女性)" などの意味がある．dog_i の添字はこれらの意味を区別するためのものである．次に dog_1 の個体 (d) が追いかける ($chase_1$) 主体であり，cat_1 の個体 (c) が追いかけられる対象であるという関係を同定する必要がある．それぞれの個体が「追いかける」という動作に対してどのような役割を担っているかは，この例では述語 $chase_1$ の引数の位置によって表現されている．その他の具体的な表現形式については第4巻第4章を参照して欲しい．

談話解析

意味解析の扱う対象は一文が表現する意味内容であるのに対し，談話解析では，文を越えた文脈に関する情報を扱う．たとえば，代名詞や名詞などの照応関係の同定などは談話解析の代表的な処理である．また，表面的な意味だけではなく，言語表現に含まれる意図の同定のような，より深い解析も談話解析の

対象となる．たとえば，「時計をもってますか？」という言語表現は，表面的には，時計を持っているかどうかをたずねる疑問文であるが，文脈によっては，時間を教えて欲しいという依頼と解釈することができる．談話や文脈に関しては第7巻を参照して欲しい．

言語解析におけるこれらの処理は，必ずしもこの順に逐次的におこなわれる必要はない．これらの区分は説明の便宜上このように分類しただけであって，これらを部分的にあるいは完全に統合して処理をおこなうことも考えられる(第8巻第3章参照)．

(b) 言語生成

言語生成は，基本的には言語解析の逆方向の処理をおこなう．しかしながら，言語生成では，処理を言語解析の四つに区分するのではなく，以下の二つの処理に区分するのが一般的である．

　深層生成(伝達内容のプランニング)
　表層生成(言語表現のプランニング)

我々が言葉を書く，あるいは話す場合に，ある言語表現を使うのは何らかの目的を達成するためである．たとえば，外出しようとしている人に「雨が降りそうですよ」と言うことは，その人に傘を持っていくことを勧めるという目的を達成する手段の一つである．このような目的を**伝達ゴール**(communicative goal)と呼ぶ．**深層生成**(deep generation)は伝達ゴールから伝達する内容を決定する処理である．たとえば傘を持っていくことを勧めるのに，雨が降りそうだという事実を伝えることもできるし，もっと直接的に傘を持っていくべきだということもできる．どのような伝達内容にすべきかは，その言語表現を受けとる人の持っている知識や前後の文脈などから決定しなければならない．また，深層生成は，個々の伝達内容をどのように関連付け，テキストを展開するかの概略を決定する．

　表層生成(surface generation)は伝達内容をどのような言語表現で表現するかを決定する処理である．たとえば，雨が降りそうだという事実を伝えるのに，「雨が降りそうだよ」，「雨だって」などのさまざまな表現が可能である．適切な言語表現を決定するには文法や辞書などの言語的な知識はもちろんであるが，その他にも受け手に関する情報や社会的な制約，常識などの情報が必要となる．

言語生成を言語解析と対応付けるなら，深層生成が談話処理と意味処理に，表層生成が統語処理と形態素処理にほぼ対応するであろう．しかしながら，そもそも切り分け方の観点が異なるのでこの対応づけは厳密なものではない．言語生成については第 1 巻第 3 章，第 8 巻第 3 章および第 4 章を参照して欲しい．

以上，言語解析と言語生成の処理の概要について説明した．これらをまとめると図 4.2 のようになる．

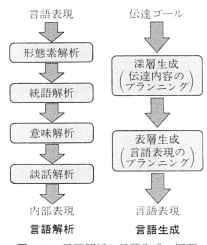

図 4.2 言語解析と言語生成の概要

4.2 言語処理のための辞書情報

本節では，言語解析で用いる辞書に記述する情報を分類し，辞書の具体例をいくつか紹介する．前節で述べたように，言語解析には形態素解析，統語解析などのいくつかの下位処理を考えることができる．それぞれの処理で必要な情報は異なっており，辞書も各処理に応じた情報を含む必要がある．ここでは，言語解析のそれぞれの処理に応じて必要な情報を考える．まず，辞書に記述される情報を大きく**形態素レベル**(morphological level)，**統語レベル**(syntactic level)，**意味レベル**(semantic level)，**談話レベル**(discourse level)の四つに分類し，これらの情報が辞書にどのように記述されているかを具体例をあげて紹

介する．なお，言語生成のための辞書情報については第8巻第4章に詳細に書かれているのでそちらを参照して欲しい．

（a） 形態素レベルの情報

主として形態素解析に用いられる形態素レベルの情報には以下のようなものがある．

　　形態素(語)の見出し
　　読み情報
　　発音情報
　　品詞情報
　　連接情報

形態素解析の主な仕事は，入力文字列と辞書の見出しとの文字列の一致をとることである．前節で述べたように日本語の場合は語の区切りをまず同定する必要がある．日本語の仮名漢字変換のような処理では，入力はひらがな文字列であるので，辞書の読みとの一致をとることになる．一方，英語などの言語では**読み情報**に対応するものは基本的にはない．**発音情報**(pronounciation)にはアクセントやイントネーションなどの情報も含み，これらは音声の自動合成にとっては重要な情報となる．**品詞情報**(part of speech)は語の品詞を表す．形態素解析の主な目的がセグメンテーションと品詞情報の付与であることを考えると，品詞情報は形態素解析において中心的な役割を担っている．どのような品詞体系を用いるかは辞書によって異なる．たとえば，奈良先端科学技術大学院大学で開発された日本語形態素解析プログラム**茶筌**(ChaSen)(松本他 1997)では，日本語の品詞を最大5階層，534種類に分類している．この品詞体系は通産省の Real World Computing プロジェクトで作成された RWC テキストデータベースで採用されている **THiMCO** と呼ばれる品詞体系に準拠している(井佐原他 1995)．表4.2に THiMCO の第1層の品詞分類と第2層の品詞分類の一部を示す．

英語の品詞体系の例として，ペンシルバニア大学で作成された **Penn Treebank** と呼ばれるコーパス(言語データを集成したもの)で使用されている品詞体系を表4.3に示す(Marcus et al. 1993)．この品詞体系は茶筌のものと違い平坦な構造となっている．

表 4.2 茶筌の品詞体系(THiMCO)

第1層	第2層
名　詞	一般，形容動詞語幹，サ変接続，固有名詞，数，接続詞的，接尾，代名詞，動詞非自立的，特殊，非自立，副詞可能
動　詞	自立，非自立，接尾
形容詞	自立，非自立，接尾
副　詞	一般，助詞類接続
助　詞	格助詞，係助詞，終助詞，接続助詞，特殊，副詞化，副助詞，副助詞／並立助詞／終助詞，並立助詞，連体化
助動詞	－
接頭詞	形容詞接続，数接続，動詞接続，名詞接続
連体詞	－
感動詞	－
接続詞	－
記　号	一般，句点，読点，空白，開括弧，閉括弧
未知語	－
その他	間投詞

　これら二つの例からもわかるように，言語が異なると品詞体系も大きく異なってくる．また，同一言語に限っても研究者によって用いる品詞体系が異なっており，標準的な品詞体系というものを考えることは困難である．しかしながら，研究者によって品詞体系が異なると言語資源の共有という観点からは不都合が生じる．このような問題に対処するためにヨーロッパ共同体でおこなわれている **EAGLES プロジェクト**では，ヨーロッパの 12 言語について品詞体系を含む辞書記述項目の標準化を進めている(EAGLES 1996)．EAGLES では，各言語の既存の記述項目を比較し共通な項目を抽出する段階と，それを実際に各言語の辞書記述に適用し評価する 2 段階に分けて作業をおこなっている．EAGLES の提案では辞書の記述項目を表 4.4 のような 4 段階に分類している．

　このように記述すべき情報を階層化することで記述項目の言語依存性の違いを吸収することを狙っている．Penn Treebank や茶筌の品詞体系がコーパスに対する品詞付与を目的として設計されているのに対し，EAGLES では辞書記述とコーパスへの情報付与の二つの側面を考慮して設計している．一般に辞書記述の観点からは辞書にどのような情報が必要かという側面が重視されるのに対し，コーパスへの情報付与では，現在の言語処理の技術で十分精度の高い

表 4.3 Penn Treebank の品詞体系

記号	品詞の説明	記号	品詞の説明
CC	並列接続詞	TO	"to"
CD	基数	UH	間投詞
DT	限定詞	VB	動詞の原形
EX	存在を表す "there"	VBD	動詞の過去形
FW	外来語	VBG	動詞の現在分詞/動名詞
IN	前置詞/従属接続詞	VBN	動詞の過去分詞
JJ	形容詞	VBP	非 3 人称単数現在形
JJR	形容詞比較級	VBZ	3 人称単数現在形
JJS	形容詞最上級	WDT	wh 限定詞
LS	箇条書きの記号	WP	wh 代名詞
MD	法助動詞	WP$	所有 wh 代名詞
NN	単数名詞/質量名詞	WRB	wh 副詞
NNS	複数名詞	#	シャープ記号
NNP	単数固有名詞	$	ドル記号
NNPS	複数固有名詞	.	文末のピリオド
PDT	前限定詞	,	コンマ
POS	所有形の語尾	:	コロン, セミコロン
PRP	人称代名詞	(	左かっこ
PP$	所有人称代名詞	)	右かっこ
RB	副詞	"	二重引用符
RBR	副詞比較級	'	左引用符
RBS	副詞最上級	"	左二重引用符
RP	小辞	'	右引用符
SYM	記号	"	右二重引用符

情報が自動的に付与できるかどうかという点が重要となる．そのためコーパスへの情報付与を考えると情報の粒度（きめの細かさ）は荒くなる傾向がある．EAGLES の提案のように情報が階層化されていれば，辞書記述はできるだけ詳細な情報を記述するが，コーパスへの情報付与は上位層のみを使うという使い分けができる．また，このように情報が階層化されていると，既存の品詞体系との対応関係をとる場合にも作業が容易になる．実際に EAGLES では，Penn Treebank の品詞体系を含むいくつかの既存の品詞体系との対応関係について調べている．

連接情報(connectability) は語の連接関係に関する情報である．文中のある

表 4.4　EAGLES の辞書記述項目の階層

EAG-L0	すべての言語で記述すべき必須項目．文法範疇あるいは品詞
EAG-L1	記述することが推奨される項目．辞書やコーパスに通常記述される文法的素性
EAG-L2a	多くの言語で比較的容易に一般化できる項目．原則として3言語以上で一般化できるもの
EAG-L2b	言語依存性の強い項目

語がどのような品詞であるかは，その直前の語，あるいは直前の語の品詞によって制約を受ける．連接情報はその語の前(後)にどのような語あるいは品詞が連接できるかを表している．ただし，語と語の連接可能性を正確に記述するためには語の数の2乗の大きさの情報が必要となり現実的でないので，通常は語彙項目とは別に品詞と品詞の連接情報として**品詞接続表**(connection table)を記述することが多い．この場合，個々の語の語彙項目には品詞情報があれば十分であり，語の連接可能性はその語の品詞の連接として品詞接続表に記述することになる．表 4.5 に品詞接続表の例を示す．

表 4.5　品詞接続表の例(一部)

左 \ 右	名詞	固有名詞	サ変名詞	代名詞	形式名詞	数詞	…
名詞	○	○	○	×	×	○	
固有名詞	○	○	×	×	×	○	
サ変名詞	○	○	×	×	×	○	
代名詞	×	×	×	×	×	○	
形式名詞	×	×	×	×	×	○	
数詞	○	×	○	×	×	○	
⋮							

表 4.5 において各行は連接する左側の語の品詞を，各列は右側の語の品詞を表し，表の中の○/×はその行・列の品詞が連接可能かどうかを表現している．たとえば，この表の1行目をみると，名詞の直後に名詞や固有名詞は現れることができるが，名詞の直後に代名詞(「彼」「彼女」など)や形式名詞(「こと」など)は現れることができないということがわかる．連接可能性としてこのよう

に2値的な情報を記述するのではなく，連続的な数値を記述して連接しやすさの程度を記述することもある．このような情報は形態素解析において解析結果のもっともらしさを評価するのに利用できる．

(b) 統語レベルの情報

統語解析に用いられる統語レベルの情報として，語の人称，性，数に関する情報や語形変化に関する情報などがある．ただし，これらの中には必ずしも辞書に記述する必要がないものもある．名詞の単数/複数，活用語のすべての変化形をすべて辞書項目として辞書に登録すると登録語数は増大してしまう．不規則な変化をする語は辞書に登録せざるをえないが，規則的な変化で表現される情報については，語の原形のみを登録し，形態素解析によって解析時に動的に情報を抽出するのが普通である．この場合，変化形を品詞の種類として扱うか，品詞とは独立の文法素性として扱うかの選択がありうる．たとえば，表4.3からわかるように，Penn Treebankの体系では，品詞として動詞や形容詞の変化形や名詞の変化形を品詞として認めている．これに対してEAGLESでは，下位レベルの素性としてこのような情報を扱っている．

そのほかに，統語レベルの情報として代表的なものに**下位範疇化情報**(subcategorization)あるいは**格フレーム**(case frame)と呼ばれるものがある．これは語がどのような語を格要素として取りうるかを記述したものである．特に動詞については下位範疇化情報は統語解析にとって重要な役割を果たす．例として，情報処理振興事業協会技術センター(IPA)によって開発された**IPAL動詞辞書**(情報処理振興事業協会技術センター 1987)に記述されている動詞「合う」の下位範疇化情報を表4.6に示す．IPAL動詞辞書は日本語の和語動詞861を対象として，言語学的考察に基づき，コンピュータ利用を前提として記述されたものである．

表4.6では動詞「合う」には10の下位分類があり，それぞれの分類で表に示すような下位範疇化パターンをとることを示している．ここで，N1, N2は名詞句を表し，角かっこ[ ]の中はその名詞句の持つ意味的な素性を表している．また，6番目の下位範疇化パターンのニ格のように，省略可能な格要素についてはかっこ( )で囲んである．IPAL動詞辞書の下位分類は必ずしも語の意味だけではなく，このような下位範疇化パターンの違いも考慮して分類してあ

表 4.6 IPAL 動詞辞書における「合う」の例

1	N1[pro/abs] ガ 合う 複数の物の断面がぴったりする
2	N1[nat/pro/par] ガ 合う 複数の物がまとまってひとつになる
3	N1[abs/phe] ガ 合う 複数のものが一致して調和のある状態になる
4	N1[hum] ガ N2[hum] ト N3[abs] ガ 合う ある人と別の人の考えなどが一致する
5	N1[div] ガ N2[cha] ニ 合う 何かが誰かの趣味などに合致する
6	N1[abs] ガ (N2[abs] ニ) 合う 基準や規範などに一致する
7	N1[pro] ガ N2[con] ニ 合う ある物の大きさが何かにちょうどよい
8	N1[div] ガ N2[div] ニ 合う あるものが他のものとつり合いがとれる
9	N1[abs] ガ 合う 何かが基準と一致する
10	N1[pro] ガ N2[cha] ニ 合う 何かの度合がある人にちょうどよい状態にある

るため，統語的な違いと意味的な違いをあわせて考慮した分類であるといえる．IPAL 辞書には動詞辞書の他に形容詞辞書(情報処理振興事業協会技術センター 1990)，名詞辞書(情報処理振興事業協会技術センター 1996)がある．形容詞辞書には動詞辞書と同様な下位範疇化パターンが記述されている．また名詞辞書には，その名詞がどのような述語とどのような格で結びつくかという動詞の下位範疇の逆方向の情報も含まれている．IPAL 動詞辞書には，このような下位範疇化情報の他にも，各動詞のとりうるアスペクトの情報や使役化や受動化に関する情報などが含まれている．

　日本語の用言の下位範疇化情報を含む大規模な辞書として NTT で開発された**構文体系辞書**(池原他 1997)がある．NTT の辞書も IPAL 辞書と同様に各用言を意味的，構文的違いに基づいて下位分類しているが，NTT の辞書の特徴は各下位分類に対して英語の対訳が付与されていることである．これはこの辞書が機械翻訳システムの開発の中で編集されたという経緯があるためである．IPAL 辞書では各下位分類には日本語で意味が記述されているが，NTT の辞

4.2 言語処理のための辞書情報

では英訳を付与することによってその下位分類の意味を表している．英語への訳し分けを意識しているために，下位分類は IPAL 辞書より細かいものとなっている．たとえば，IPAL 辞書では表 4.6 に示したように「合う」は 10 の下位分類を持つが，NTT の辞書では 34 に分類されている．NTT の辞書に収録されている「合う」の下位範疇化パターンと対訳を表 4.7 に示す．構文体系にはこの他にもアスペクトやヴォイス（態）に関する情報も含まれている．また，各下位範疇化パターンの各名詞句がどのような意味を持つかを**意味体系辞書**という別の辞書の分類コードに基づいて記述してある．これは IPAL 辞書の意味素性と同様のものであるが，意味の分類の粒度がはるかに細かく分類されている．これについては後述する．

IPAL 辞書とほぼ同様の情報を含む英語の代表的な辞書として，ニューヨーク大学で開発された **COMLEX** (Grishman et al. 1994) がある．COMLEX はコンピュータによる利用を前提とし，英語の約 3 万 8000 語に下位範疇化情報を含む形態的・統語的情報を付与した辞書である．品詞の内訳は名詞 2 万 1000 語，形容詞 8000 語，動詞 6000 語，その他 3000 語である．動詞の下位範疇化情報は 92 の素性として記述されている．例として動詞 "build" の記述例を図 4.3 に示す．

```
(vert  :orth "build"
       :subc ((np) (np-for-np) (part-np :adval ("up"))))
```

図 4.3　COMLEX による "build" の記述例

コロン (:) で始まる記号は素性名を表す．:orth はすべての語に共通する素性でその値はその語の正書法である．:subc は下位範疇化素性を表し，その値は下位範疇化パターンを表す素性値がリストで表現されている．図 4.3 の例では，動詞 "build" がとる下位範疇化パターンとして名詞句，名詞句＋"for"＋名詞句，副詞＋名詞句の三つのパターンがありうることを記述している．特に最後のパターンでは副詞は "up" であることを :adval 素性で指定している．

このように下位範疇化パターンは np-for-np のように直観的にわかりやすい記号で表現されているが，下位範疇化に関するさらに詳細な情報は下位範疇化フレームとして定義されている．図 4.4 に下位範疇化フレームの例を示す．下位範疇化フレームは構成素構造 (:cs)，文法構造 (:gs)，例 (:ex) などの

表 4.7 NTT 構文体系による「合う」の例

No.	下位範疇化パターン	英訳
1	N1 が N3 と/に 合う	N1 fit N3
2	N1 が N3 に 合う	N1 agree with N3
3	N1 が N3 に 合う	N1 pay N3
4	N1 が 合う	N1 be right
5	N2 が 合う	N2 agree
6	N1 は N2 が N3 と 合う	N1 agree with N3
7	N1 が N3 に/と 合う	N1 meet N3
8	N1 が N2 が 合う	N1 agree in tone
9	N1 が N3 と N2 が 合う	N1 and N3 agree in tone
10	N1 が N2 に 合う	N1 suit N2
11	N1 が N3 に 合う	N1 accord with N3
12	N1 が 合う	N1 be correct
13	N1 が N2 と 合う	N1 join N2
14	N1 が N2 が 合う	N1 eyes be closed
15	N1 が N3 が 合う	N1 fit
16	N1 が N3 と N2 が 合う	N1 eyes meet N3
17	N1 が N3 と N2 が 合う	N1 and N3 have common topics
18	N1 が N3 に 合う	N1 taste good
19	N1 が 合う	N1 come out right
20	N1 が N3 と N2 が 合う	N1 be in time with N3
21	N1 は N3 と 馬が合う	N1 find good friends in N3
22	N1 が 体に合う	N1 be well-fitting
23	N1 が 体に合う (否定)	N1 be ill-fitting
24	N1 は N3 と 気が合う (否定)	N1 do not get along well with N3
25	N1 は N3 と 気が合う	N1 be congenial to N3
26	N1 が 口に合う	N1 suit N3 taste
27	N1 が 性に合う (否定)	N1 be not in N3 line
28	N1 が 性に合う (否定)	N1 disagree with N3
29	N1 が 性分に合う (否定)	N1 be not in N3 line
30	N1 が 性分に合う (否定)	N1 disagree with N3
31	N1 は 辻褄が合う	N1 be consistent
32	N1 は 辻褄が合う	N1 be contradictory
33	N1 が N3 に 間に合う	N1 be in time for N3
34	N1 が 割に合う	N1 pay

```
(vp-frame s          :cs ((s 2 :that-comp optional))
                     :gs (:subject 1 :comp 2)
                     :ex "they thought (that) he was always late.")
(vp-frame to-inf-sc: :cs ((vp 2 :mood to-infinitive :subject 1))
                     :features (:control subject)
                     :gs (:subject 1 :comp 2)
                     :ex "I wanted to come.")
(vp-frame to-inf-rs  :cs ((vp 2 :mood to-infinitive :subject 1))
                     :features (:raising subject)
                     :gs (:subject ( ) :comp 2)
                     :ex "they seemed to wilt.")
```

図 4.4 COMLEX の下位範疇化フレームの定義例

素性を含む．構成素構造と文法構造の間は指標により対応付けられている．図4.4 の最初の例は文を補語にとるパターンであり，残りの二つは to 不定詞を補語にとるパターンである．2 番目の例は不定詞の主語を主動詞の主語がコントロールするのに対し，3 番目の例は主語繰り上げ動詞であることを記述している．この差は文法構造の主語が主動詞の主語（指標が 1）と空になっていることで表現されている．素性 :features にもこの違いが記述されているが，この例に関していえばこの素性は冗長である．

COMLEX プロジェクトでは，この辞書の網羅性を評価し，さらに統計的な情報を得るために，この辞書に基づいて**コーパスのタグ付け**をおこなっている (Macleod et al. 1996)．まず，出現頻度の高い 750 動詞を選び，それぞれの動詞について 100 例をコーパス中から選択した．対象となったコーパスは Brown コーパス，Wall Street Journal など合計で 100 MB を越えるテキストデータである．それぞれの動詞の出現例について，それが COMLEX の下位範疇化パターンのどれに相当するかを辞書のなかに素性 :tags として記述している．:tags 素性の値にはコーパス名，コーパス中の出現位置，下位範疇化パターンが記述される．動詞 "adjust" の項目に :tags 素性を追加した例を図 4.5 に示す．このようなタグ付け作業の結果をふまえて新たに 32 の下位範疇化パターンが追加されている．

(c) 意味レベルの情報

表 4.6 や表 4.7 の例からわかるように，下位範疇化パターンが同じでも各格

```
(verb:orth  "adjust"
    :subc ((p-possing :pval ("to")) (pp :pval ("for" "to"))
           (np-pp :pval ("for" "to")) (np) (intrans))
    :tags ((tag:    :byte-number 6602672
                    :source "brown"
                    :label (np))
           (tag:    :byte-number 5717471
                    :source "brown"
                    :label (np))
           (tag:    :byte-number 5537823
                    :source "brown"
                    :label (np-pp :pval ("to")))))
```

図 4.5　タグ付け情報を含む COMLEX の記述例

にどのような意味の名詞句があてはまるかによって用言自身の意味も異なる．4.1 節の意味解析の部分で述べたように，意味解析の目的は個々の語が表現している意味あるいは概念を同定することと，その間の関係を同定することである．そのためには語の意味としてどのようなものを認定するか，概念間の関係としてどのようなものを認定するかを整理しておく必要がある．

語 の 意 味

語の意味をどのように認定し表現するかは困難な問題である．語の意味を表現するために，大きく分けて以下のような三つのアプローチがこれまでにとられてきた．

　　意味素性(属性)による分類
　　概念識別子による分類
　　同義語の集合を利用した分類

意味素性(semantic feature)は語の基本的な意味を整理分類したもので，これを語に付与することによって語の意味を区別することができる．たとえば，以下の二つの例文を考えてみよう．

　　学校で遊ぶ．
　　学校が談話を発表した．

この二つの例文で「学校」という名詞は意味の異なる側面を表している．すなわち，「学校で遊ぶ」の「学校」は場所としての学校であり，「学校が談話を発

表した」の「学校」は学校の法人的側面を問題としている．前述した IPAL 辞書では名詞の意味をこのような観点から分類し，表 4.8 に示す 2 階層からなる 58 の意味素性を提案している (橋本 1994)．この意味素性に即して「学校」の例を考えると，それぞれの例文の「学校」には次のような意味素性が付与されることになろう．

　　学校/LOC で遊ぶ．

　　学校/ORG が談話を発表する．

　日本電子化辞書研究所 (EDR) で開発された**概念辞書**では語の意味に関して IPAL 辞書とは異なるアプローチをとっている．すなわち，個々の語の語義を区別し，それぞれに**概念識別子** (concept identifier) を付与することによって語の意味を捉えようというアプローチである (日本電子化辞書研究所 1993)．たとえば，EDR の辞書では「学校」に "3bc262" と "3cf8b1" という二つの概念識別子が付与されている．それぞれの概念識別子の説明には以下のように書かれている．

　　3bc262　学校という教育を行う組織

　　3cf8b1　学校という教育施設

これらの違いは IPAL の意味素性との対応でいえば，おおよそ以下のような対応関係が成りたっていると考えられる．

　　3bc262 ＝ 学校/ORG

　　3cf8b1 ＝ 学校/LOC

ただし，ここで注意しなければならないのは，意味素性が語の持つ一般的な側面を分類しているのに対し，概念識別子は各語に固有の意味を分類している点である．言い換えれば，意味素性が語一般の意味をどのように分類するかというトップダウン的なアプローチであるのに対して，概念識別子は各語の意味を基礎とするボトムアップ的なアプローチであるといえよう．したがって，"3bc262" という概念識別子はあくまでも「学校」の組織としての意味を表しているのであって，一般に組織を表しているわけではない．

　一般に概念識別子で語の意味を表現すると概念の数は多くなる．たとえば，IPAL 辞書の名詞の意味素性が 58 であるのに対し，EDR の辞書では 40 万以上の概念を定義している．どこまで細かく語の意味を区別しなければならないかは実際に辞書を何の目的に利用するかに依存する．たとえば，辞書を機械翻訳

表 4.8　IPAL 辞書の名詞の意味素性

ANI (animate)	ABS (abstract)
GAT (congregation)	KND (kind)
AML (animal)	ROL (role)
HUM (human)	REL (relational terms)
CON (concrete)	REF (reference point)
AUT (automata)	SOC (social bonds)
EDI (edible)	REC (reciprocal)
SOL (solid)	INC (inclination)
LIQ (liquid)	STA (state)
PAS (paste)	NOR (norms/rules/scientific subfields)
SPA (space)	INF (information)
LOC (locus)	ENT (entity)
INT (interior)	MIN (mind)
ORG (organization)	POT (potency)
NET (network)	MEA (measure units/measurable entities)
PRC (process)	GRA (gradable)
PHE (phenomena)	FOR (forms/structures)
RES (resultant)	ATT (attribute)
ACT (activity)	PER (personality)
EVE (event)	MAN (manner)
APO (appointment)	APP (appearance)
NAT (natural entities)	PRO (products)
PLA (plants)	VAL (values)
ELM (elements)	RAT (rates)
GAS (gaseous)	DIR (direction)
TIM (time)	DUR (duration)
PIT (point in time)	DIS (distance)
ORD (ordinal)	QUA (quantity)
	AFF (affect)
	MED (media)

のために利用するならば，目的言語において十分な訳し分けができるくらい細かく語の意味が分類されている必要がある．ただし，あまり概念の数を増やしすぎると辞書の維持や管理が困難になるという欠点もある．NTTの意味体系では，語の意味を最大11階層からなる約3000に分類している(池原他1997)．この辞書では意味素性ではなく意味属性と呼んでいるが，意味素性的なアプローチであることには違いない．この辞書はもともと機械翻訳システムのために開発されており，経験的にこの程度の粒度の意味素性を用意しないと適切な訳し分けができないという辞書の編者らによる報告がある(池原他1991)．

語の意味を表現する3番目のアプローチは同義語の集合によって語の意味を表現する方法である．一般に**シソーラス**(thesaurus)と呼ばれる辞書は同義関係中心に語を分類している．たとえば，英語では**Roget**のシソーラス(Chapman 1984)が約25万語の語や句を5階層に分類している．日本語では国立国語研究所で編集された**分類語彙表**(中野1996)，**角川類語新辞典**(大野・浜西1981)などが代表的である．分類語彙表は約9万語を7階層で分類しており，類語新辞典では約6万語を5階層で分類している．これらのシソーラスはいずれも木構造となっており，木構造の葉に語が配置され，中間節点には語が対応していない．中間節点にはその兄弟節点と区別できるラベル(数字やアルファベット)が付与されているので，木の根から葉までの経路のラベルを並べることによって各語にユニークな分類コードを与えることができる．また，これらのシソーラスはいずれも人間の読者が使うことを想定しており，一義的には書籍として出版されている点も共通している．表4.9にこれらの上位の分類の比較を示す．

分類語彙表では，まず名詞，動詞，形容詞，その他に対応する「体の類」「用の類」「相の類」「その他の類」に分類し，それらをさらに下位分類している．この下位分類は類を越えて共通しており，類を表す1桁目を除けばほぼ同じ概念を別の観点から捉えた分類となっている．たとえば，分類コード1.3010には「快・驚き・喜び」に関する名詞が集められているが，これに対応する他の類をみると，2.3010には「気分・情緒」を表す動詞，3.3010には「驚き・楽しい・快」に関する形容詞や副詞が集められている．

角川類語新辞典は語を自然界にかかわるもの，人間にかかわるもの，人間が創りだしたものという三つの大きな分類から始め，それ以下の分類は図書分類法を参考にして各節点の分枝数を10にそろえている点が特徴である．分類語

表 4.9 シソーラスの上位層の分類比較

Roget's		分類語彙表			類語新辞典		
1	abstract relations	1 体の類	1.1	抽象的関係	A 自然	0	自然
2	space		1.2	人間活動の主体		1	性状
3	physics		1.3	人間活動－精神および行為－		2	変動
4	matter		1.4	生産物および用具物品	B 人事	3	行動
5	sensation		1.5	自然物および自然現象		4	心情
6	intellect	2 用の類	2.1	抽象的関係		5	人物
7	volition		2.3	精神および行為		6	性向
8	affections		2.5	自然現象	C 文化	7	社会
		3 相の類	3.1	抽象的関係		8	学芸
			3.3	精神および行為		9	物品
			3.5	自然現象			
		4 その他の類					

彙表と比べるとより語の意味を意識した分類となっている．

　これらのシソーラスとは構造がまったく異なるが，同義語の集合によって語の意味を表現しようとするアプローチをとっているものとして **WordNet**(Miller 1995) がある．WordNet はプリンストン大学で開発されたシソーラスで，英語の約 12 万の語，句を分類・整理している．WordNet がこれまで紹介したシソーラスと大きく違うのは，人間の利用を想定してはいるものの最初から電子化されており，辞書の参照に関してコンピュータの支援を前提として構築されている点である．WordNet では，語をまず文法的な観点から名詞，動詞，形容詞，副詞に分類し，それぞれの分類をさらに意味的な観点から分類するという手法をとっている．この点では分類語彙表の考え方に近いといえる．語の意味は **synset**(synonym set) と呼ばれる同義語の集合によって表現している．つまり，語単独では多義性があるが，同義語との相対的な関係によって語の意味が特定されるという考え方にたっている．たとえば，WordNet では，"school" の意味として以下の六つを挙げている．

1. { school } – (an educational institution's faculty and students; "the school keeps parents informed"; "the whole school turned out for the game")
2. { school, schoolhouse } – (a place where young people receive education;

"the school was built in 1932"; "he walked to school every morning")
3. { school, schooling } – (the process of being formally educated at a school; "what will you do when you finish school?")
4. { school } – (a body of creative artists or writers or thinkers linked by a similar style or by similar teachers; "the Venetian school of painting")
5. { school, schooltime } – (the period of instruction in a school; "stay after school" or "he didn't miss a single day of school")
6. { school, shoal } – (a large group of fish; "a school of small glittering fish swam by")

数字の次の { } の中にカンマで区切って並べてあるのが synset である．たとえば，2番目の意味の synset は { school, schoolhouse } であり，これから場所としての "school" を意味していることがわかる．また，より直観的に理解しやすいように，かっこ ( ) の中には意味記述と例文が付与されている．語の意味を同義語の集合で表現しているという点では分類語彙表などと同様であるが，WordNet は語の関係が木構造ではなく，より一般的なグラフ構造（ネットワーク構造）を持っている．分類語彙表では，木構造上で，ある節点に含まれる語はその親節点にも必ず含まれるが，WordNet の synset はあくまでも語の語義を区別するための手段である．この点では概念識別子で語義を区別しようとする EDR のアプローチに似ている．

概念間の関係

IPAL 辞書の意味素性のように意味分類がほとんど平坦な構造しか持たない場合は，語の意味は同じ意味素性を共有するという間接的な証拠によってのみ関係付けられる．しかし，同じ意味素性でも NTT の意味体系辞書では，まず，語を一般名詞，固有名詞，用言に分類した上で合わせて約 3000 の意味属性を定義し，それらの間に上位／下位関係（一部，所有関係も含む）を定義している．これらの意味属性は最大で 11 階層の木構造に分類されている．図 4.6 に一般名詞の意味体系の一部を示す．

EDR では概念辞書に定義されている概念を組み合わせて言語表現の意味を記述するために，概念間の関係を表す 24 の概念関係子，四つの仮関係子，50 の概念属性子を定義している．概念関係子は C. Fillmore の格文法で定義され

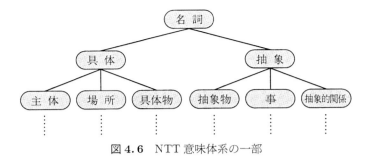

図 4.6　NTT 意味体系の一部

た深層格 (Fillmore 1975) をより詳細化したものである．仮関係子は概念関係子の補助的な役割を果たし，記述をより簡潔にするためのもので，「所有関係」「受益者」「範囲」「単位」の四つが設定されている．概念属性子は「スコープを表すもの」「テンス (時制) を表すもの」「アスペクトを表すもの」「話者の意図を表すもの」に大別できる．EDR の概念辞書では概念間の上位/下位関係 (kind-of 関係) に加え，24 の概念関係子のうち表 4.10 に示す 18 の概念関係子を用いて概念間の潜在的な関係を記述している．

表 4.10　EDR の概念関係子 (概念記述に使われているもののみ)

agent	動作の主体	source	事象，主体の初期位置・状態
object	動作・変化の対象	goal	事象，主体の最終位置・状態
a-object	属性を持つ対象	place	事象の成立する場所
manner	動作・変化のやり方	scene	事象の成立する場面
implement	道具・手段	quantity	物・動作・変化の量
material	材料，構成要素	purpose	目的
time	事象の起こる時間	condition	事象・事実の条件
time-from	事象の始まる時間	sequence	事象・事実の時間的前後関係
time-to	事象の終わる時間	cooccurrence	事象・事実の同時関係

例として，EDR の概念辞書に記述されている「空間移動 (30f802)」という概念と関係子で結ばれた概念の一部を図 4.7 に示す．この図でわかるように「飛ぶ (30f808)」という概念はその上位概念である「空間移動 (30f802)」を介して agent 関係子および implement 関係子で「動物 (30f6bf)」と結びつき，「具体物 (30f6ae)」や「組織 (30f746)」と object 関係子で結びつくことがわかる．このように概念関係子は上位/下位関係を表す kind-of 関係子を通して継

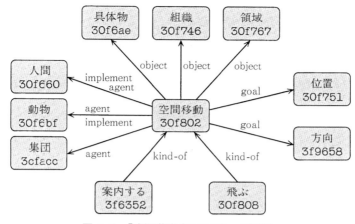

図 4.7 「空間移動 (30f802)」の周辺

承することが可能である.

　分類語彙表に代表される語の類義関係に基づいて語を分類した古典的なシソーラスでは，意味分類の間の関係は基本的に上位/下位，あるいは包含関係となる．これは分類の構造が木構造となっていることから明らかであろう．すなわち，親節点の表す意味はその子節点の意味の一般化となっている．WordNet も同義関係に基づいて語の意味を分類しているが，WordNet では同義関係のほかに以下のような関係も記述している．

- 反意関係 (antonymy)　特に形容詞，副詞に関して記述されている
- 上位/下位関係 (hyponymy/hypernymy)　名詞に関して記述されている推移的な関係
- 部分/全体関係 (meronymy/holonymy)　名詞に関して記述されており，WordNet ではさらに構成要素 (component)，自立要素 (substantive)，メンバー (member) の 3 種類に下位分類している
- 動詞の階層関係 (toroponymy)　名詞の上位/下位に相当する動詞に関する上位/下位関係
- 継承関係 (entailment)　動詞に関して記述されるある動作が別の動作を必然的に引き起こす関係

WordNet ではこれらの 6 種類の関係を使って，約 12 万語の間を延べ 12 万の関係で関連付けている．

(d) 談話レベルの情報

談話解析では一文を越えた文脈に関する情報を扱わなければならない．たとえば，ある代名詞や名詞句が先行文脈で参照されたどの要素と同一であるのかを同定するためには，前項で紹介した概念体系の知識が利用できる．例として以下のテキストを考えよう．

玄関の横に大きなシェパードが寝ていました．
太郎はその犬が怖くて家の中に入ることができませんでした．

2文目の「その犬」は明らかに1文目の「シェパード」を指しているが，この関係を同定するためには「シェパードが犬の一種である」という上位/下位関係の意味的な情報が必要となる．このような情報は概念体系の中に記述されていることが期待できる．また，1文目の「玄関」は2文目の「家」の玄関を指していると考えることができる．この場合，「シェパード＝犬」の例と違って，必ずしも指示物が同一ではないため，このような照応を**間接照応**(indirect anaphora)ということがある．この例をうまく処理するためには「家には玄関がある」という部分/全体関係の知識が必要である．

この犬の例は前項で紹介した概念辞書に必要な情報を記述することによってうまく処理できそうなことがわかる．では，次の例文はどうだろうか(Lenat 1995)．

The police arrested the demonstrators because they feared violence.
(警察は暴力沙汰を恐れたので，デモ参加者を逮捕した．)

The police arrested the demonstrators because they advocated violence.
(デモ参加者が暴力を唱道したので，警察は彼らを逮捕した．)

この2文はbecause節中の動詞が異なるだけであるが，"they"の指示対象が異なっている．すなわち，最初の文では"they＝police"であり，2番目の文では"they＝demonstrators"である．"they"は複数の人を指しうる代名詞であり，"police"，"demonstrators"はどちらも人間なので，先ほどの「犬＝シェパード」の例と違って概念辞書を参照するだけでは解決できそうもない．この照応を正しく解消するためには，「警察は誰かが暴力をふるう恐れがあると感じたらその人間を逮捕する」，「何かを宣言されればその可能性を考慮する」などのより複雑な知識が必要となる．このように一般に**常識**(common sense)と呼ば

れる知識は，単純に上位/下位関係や部分/全体関係，あるいは EDR の概念関係子などを用いても十分に表現できるものではない．

これまでにもいわゆるエキスパートシステムの研究分野では，対象領域を限定し，その領域における常識的な知識をコンピュータで扱えるような形式で記述しようとする試みはおこなわれてきた．そして，特定の領域では一定の成果をおさめている．しかしながら，対象領域ごとに知識を一から構築するのは非常に効率が悪く，多大なコストがかかる．機械学習の技術を利用して知識を自動的に獲得できるようになればよいが，知識の自動獲得が可能になるためにはいくらかの初期知識を与える必要がある．つまり，初期知識と知識の自動獲得の可能性は卵とにわとりの関係にある．このような背景をふまえ，百科辞典的知識を人手で構築する CYC プロジェクトが 1984 年に発足し，今日にいたっている (Lenat et al. 1986; Lenat & Guha 1990; Lenat 1995)．

CYC ではコンピュータが持つ知識の量がある臨界点を越えれば，その後はコンピュータ自身による自動学習が可能になるという仮説を前提としている．したがって，その臨界点に達するまでは人手で知識を記述するというアプローチをとっている．現在までに 10 万規模の基本概念とそれらの基本概念に基づいて記述された 100 万規模の命題を構築している (Lenat 1995)．CYC の命題は一階述語論理を基礎として，それに若干の拡張をほどこした形式で記述されている．また，分類語彙表や WordNet などのいわゆるシソーラスと呼ばれる意味体系が言語的な側面を重視しているのに対して，CYC の知識はより言語中立的な側面を強調している．CYC ではこのような概念の体系を**オントロジー**と呼んでいる．現在，CYC の 3000 の概念を含むオントロジーの上位層が World Wide Web 上で一般に公開されている (Cycorp 1997)．

CYC のオントロジーは EDR の概念辞書とよく似ているが，EDR の辞書がより言語的側面を重視している点，EDR は概念体系上での推論についてはまったくふれていない点などが異なっている．また，CYC では，概念間の関係についても EDR の関係子よりはるかに粒度の細かい関係を用意しており，これらの関係もオントロジーの上で分類されている．CYC のオントロジーの最上位層の一部を図 4.8 に示す．すべての概念は #$Thing の下に分類されている．#$Thing は部分集合として，#$Intangible, #$Role, #$IndividualObject, #$IntangibleObject, #$Event などの概念を持ってい

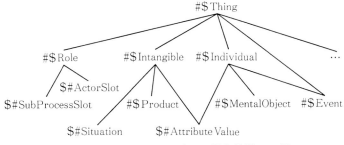

図 4.8 CYC オントロジーの最上位層の一部

る．例として CYC のオントロジーにおける「皮膚」の定義を図 4.9 に示す．CYC の名前 (#$Skin) に続いて英語による解説が記述されており，その下に他の概念との関係，この例では isa と genls が記述されている．CYC では isa 関係は集合とその要素の関係を表し，genls は集合とその部分集合の関係を表す．したがって，genls は推移的な関係であるが，isa は推移的ではない．この例では #$Skin は #$AnimalBodyPartType の一要素であり，#$BiologicalLivingObjects, #$AnimalBodyPart などの部分集合となっていることを記述している．

#$Skin	A (piece of) skin serves as outer protective and tactile sensory covering for (part of) an animal's body. This is the collection of all pieces of skin. Some examples include #$TheGoldenFleece (representing an entire skin of an animal) and (#$BodyPartFn #$YulBrynner #$Scalp) (representing a small portion of his skin).
isa:	#$AnimalBodyPartType
genls:	#$BiologicalLivingObject
	#$AnimalBodyPart
	#$SheetOfSomeStuff
	#$VibrationThroughAMediumSensor
	#$TactileSensor

図 4.9 CYC による「皮膚」の定義

これまでに紹介した EDR の辞書，WordNet，CYC の比較についてはそれぞれのプロジェクトの代表者が互いにコメント・批評しあった論文があるので興味のある読者は Lenat et al. (1995) を参照されたい．

4.3 言語処理における辞書の使用

本節では，前節で紹介した辞書情報が言語解析においてどのように利用されるかをいくつかの例について説明する．ここではアルゴリズムの詳細には立ち入らないので，詳細なアルゴリズムについては本叢書の対応する巻・章を参照されたい．

(a) 形態素解析

形態素解析では入力文字列と辞書項目を照合し最適な語の並びと語の品詞を同定する．日本語のように語の境界に明確な区切り記号を置かない言語では，まず語の区切りを認定する必要があるので解析結果は一般にグラフ構造となる．図 4.10 に「おとこがきたからきた」という文字列を形態素解析した例を示す．

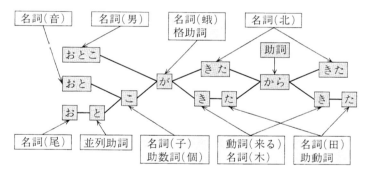

図 4.10 「おとこがきたからきた」の形態素解析例

単純に考えると形態素解析をおこなうには，辞書を参照して入力文字列の可能な分割をすべて求め，図 4.10 のようにグラフを作り，その中でもっともらしい経路を探索すればよいことになる．このときのもっともらしさは表 4.5 に示したような品詞間の連接関係やある語がある品詞でどの程度使われるかなどの統計的な情報をもとにして計算する．もっともらしさの計算方法や経路の探索手法によってさまざまな形態素解析アルゴリズムが提案されている．これらのアルゴリズムの詳細については第 2 章を参考にして欲しい．

(b) 選択制限

表 4.6 や表 4.7 に示したように，動詞の下位範疇化の情報は統語解析において重要な役割を果たすが，語がどの語に依存するかは統語的な制約のみならず意味的な制約も受ける．たとえば，以下の例を考えよう．

　　花子が川で泳いでいる太郎を見た．

　　花子が双眼鏡で泳いでいる太郎を見た．

これらは下線部を除いては同一であるが，特別な文脈を仮定しなければ上の「川で」は「泳いでいる」に，下の「双眼鏡で」は「見た」にそれぞれかかると考えるのが自然であろう．しかし，統語的な関係だけを見るといずれの文も下線部は「名詞+で」という形をしており，これがどちらの動詞にかかるのかを判断するのは不可能である．我々が上述のような違いを認識できるのは意味的な知識を用いているからである．つまり，「泳ぐ」が下位範疇化するデ格の名詞句には「海・川・湖など」のような意味素性が付与されており，「見る」が下位範疇化するデ格には「観察のための道具」のような意味素性が付与されていれば，この例の曖昧性は解消できる．

このように，適格な文において語がどのような語とどのような関係をとるかを記述したものを**選択制限**(selectional restriction)と呼ぶ．選択制限の情報は，動詞が格要素としてどのような意味的性質を持つものをとりうるかを下位範疇化情報の一部として記述することが多い．一般に係り要素，受け要素の数が増えると係り受けの可能性，つまり統語構造の可能性は指数関数的に増えることが知られている．したがって，文が長くなるにつれ，それらの可能性から正しい構造を同定することはますます困難になってくる．選択制限は統語的な曖昧性を削減するために重要な役割を果たす．

(c) 語義の曖昧性解消

選択制限は語義の曖昧性の解消にも利用できる．たとえば，表 4.7 における「合う」の 4, 5, 12, 19 番目の分類はいずれも統語的には「名詞+が」を下位範疇化している．これらの分類には表 4.11 のような選択制限が記述されている．選択制限の欄でかっこが付いているものはその語を表し，かっこのないものは NTT の意味体系における意味素性を表す．このように選択制限の情報があれ

表 4.11 NTT 構文体系による「合う」の例（選択制限付き）

No.	下位範疇化パターン	選択制限	英訳
4	N1 が 合う	N1=時，抽象物	N1 be right
5	N2 が 合う	N2=意見	N2 agree
12	N1 が 合う	N1=「度」,「時計」, 計器	N1 be correct
19	N1 が 合う	N1=「計算」	N1 come out right

ば「合う」のガ格の要素が意味的にどのようなものであるかによって「合う」の意味を弁別することができる．

4.4 コンピュータを用いた辞書の自動構築

　これまでに紹介した辞書はいずれも人手によって編集されたものである．一般に大規模な辞書を編集するには多大な時間と費用を要する．たとえば，EDR の辞書は 1986 年から 9 年間の歳月と約 140 億円以上の費用を投じて編集されたものである．さらに辞書の完成後も保守・維持には手間と費用が必要となる．これに対して 80 年代の後半から大量の言語データから自動的に言語処理に有用な知識を抽出しようとする試みがおこなわれるようになってきた．これらの研究の流れは「**コーパスに基づく言語処理**(corpus-based natural language processing)」あるいは「**統計的言語処理**(statistical natural language processing)」と呼ばれる．このような研究の背景にはハードウェアの性能が格段の進歩をとげ，高性能・大容量のコンピュータが非常に安価に入手できるようになったことと，電子化されたテキストの流通が盛んになり，大量の電子化された言語データが利用可能になったことがあげられる．本節ではコンピュータを用いて辞書を自動構築する研究について概観する．

（a） 形態素レベルの情報

　形態素レベルの情報を自動獲得する試みとして未知語の抽出や定型表現の抽出がある．これらはいずれも未加工あるいは形態素情報を付与されたコーパスから主として統計的処理により情報を抽出しようとする試みである．
　辞書の収録語数は有限であるから，未知語の問題は避けて通れない問題であ

る．特に対象領域によっては一般の辞書には収録されていない専門語が多く出現する．辞書に収録されていない未知語を抽出するためには，未知語の単位を同定することと未知語の品詞を同定することが重要となる．経験的に未知語のほとんどは名詞であることが多いので，未知語の範囲を正しく同定することが特に重要となる．長尾真らは未加工コーパスから抽出した N グラム (N-gram) を統計的に分析して，語として認定してよさそうな候補を抽出する手法を提案している (長尾・森 1993)．基本的な考え方は語を構成する文字同士の連接関係は強く，語の境界をまたぐ文字の連接関係は弱いという観察に基づいている．言い換えれば語に隣接する文字の分布はなだらかであるということである．森信介はさらにこの考え方を拡張して品詞まで推定する手法を提案している (森・長尾 1995)．

未知語と同様な手法で定型表現を抽出しようとする試みもされている．定型表現とは何かを厳密に定義することは難しいが，たとえば，「に関して」「によって」などの助詞相当の連語は，厳密に形態素に分解するよりはこのままで扱うほうが工学的には便利なことが多い．これらの表現を英語に翻訳することを考えれば想像できよう．新納浩幸はこのような助詞相当語を含む日本語の定型表現をコーパスから抽出する手法をいくつか提案している (新納 1996)．また，英語では S. Smadja の定型表現を抽出するシステム **Xtract** が有名である (Smadja 1993)．Xtract では，まず，単語の出現位置や頻度を統計処理して共起性の強い語の組を抽出し，さらにこれらの組の N グラムなどを計算して定型表現を抽出する．

これらの未知語や定型表現の自動抽出では比較的単純な統計的処理のみを用いており，得られる結果にも限界がある．抽出結果をそのまま辞書に登録できるほどの品質は得られないので，結局結果を人手でチェックする必要が生じる．これらの手法は完全自動というよりは辞書作成のための支援と考えるほうが適当だろう．

第 2 章で述べられているように，現在の多くの形態素解析システムはなんらかの統計的な手法を用いている．統計的なパラメタを学習するのも辞書情報の自動獲得といえる．どのような統計モデルを用いるかによって学習するパラメタの性質は異なってくるが，基本的には 4.2 節で紹介した品詞接続表における品詞間の接続のしやすさを学習していることになる．例外的なものとして，前

後の語の性質から語の品詞を推定する規則をコーパスから抽出する Brill の手法がある (Brill 1992).

(b) 統語レベルの情報

　動詞の下位範疇化情報あるいは格フレームを自動的に獲得する技術はもっとも盛んに研究されてきたものの一つである (Manning 1993; Brent 1993; 春野 1995; 李・安倍 1996). これらはいずれもコーパスから動詞とその動詞に下位範疇化されている要素を形態的あるいは統語的な手がかりによって抽出し，それらを一般化して下位範疇化情報を獲得しようとするものである．

　これらのうち Manning(1993) と Brent(1993) は未加工のコーパスを処理して，各動詞があらかじめ定義した下位範疇化パターンのどれをとるかを抽出している．Brent(1993) は動詞とそれに下位範疇化されている要素をコーパスから抽出するために，まず形態的な情報を利用して動詞を同定し，次にその動詞との相対位置の情報を利用してその動詞が下位範疇化している要素を同定している．このように収集した動詞と下位範疇化要素の組の集合に統計的検定をほどこして，ある動詞が下位範疇化パターンをとるかどうかを決定する．M. R. Brent の用いた下位範疇化パターンは，名詞，時制付きの節，不定詞，名詞句+節，名詞句+不定詞，名詞句+名詞句の 6 種類である．Manning(1993) も Brent と同様な手法を用いているが，動詞と下位範疇化要素の抽出のために形態素解析と簡単な決定性の統語解析をおこなっている．さらに C. D. Manning は 19 種類の下位範疇化パターンを用いている．

　春野(1995) は，統語解析されたコーパスを用いているので動詞と下位範疇化要素を抽出するための処理はおこなっていない．春野(1995) は下位範疇化される名詞を人手によって作成されたシソーラスを用いて一般化している点，どのような名詞を下位範疇化するかによって動詞の多義性も弁別している点がほかの二つの研究と大きく異なっている．実際に実験で得られた下位範疇化情報を IPAL 動詞辞書と比較して，いくつかの動詞についてはこの手法で自動獲得が可能であることを示している．また，平岡・松本(1994) は下位範疇化フレームの獲得と同時に，名詞シソーラスをクラスタリングによって同時に構成している点が特徴である．

　本章ではほとんど触れなかったが，文法は言語処理に用いる統語的な知識と

してもっとも重要なものの一つである．文法の自動獲得に関してもいくつかの研究がおこなわれている(Lari & Young 1990；Pereira & Schabes 1992；白井他 1997)．これらの研究はいずれも確率文脈自由文法(第8巻第1章参照)をコーパスから獲得するもので，Lari & Young(1990)，Pereira & Schabes(1992)では，Inside-Outsideアルゴリズムを用いている．Lari & Young(1990)は未加工のコーパスを用いているが，Pereira & Schabes(1992)，白井他(1997)はかっこ付けによる統語構造の付いたコーパスを用いている．Pereira & Schabes(1992)はInside-Outsideアルゴリズムを部分的にかっこ付けされたコーパスにも適用できるように拡張しており，かっこ付けされたコーパスと未加工のコーパスを使った場合では，獲得された文法に大きな性能の差があることを報告している．また，白井他(1997)はさらに文脈自由規則の非終端記号の推定もあわせておこなっている．

(c) 意味レベルの情報

意味レベルの情報に関してはシソーラスあるいは意味分類の自動獲得の研究がさかんにおこなわれている．これらの研究はどのようなデータを知識源として使うかによっていくつかに分類できる．

最初のグループは人間用に編集された辞書の機械可読版の語釈文を解析して語と語の関係を抽出しようとする研究である．Amsler(1981)，Guthrie et al.(1990)はLongman Dictionary of Contemporary English(LDOCE)の語釈文を解析して語と語の上位/下位関係を抽出している．Nakamura & Nagao(1988)はやはりLDOCEを用いて上位/下位に加えて部分/全体などの他の関係も抽出する手法を提案している．鶴丸(1991)は三省堂の新明解国語辞典を解析し，日本語の名詞の上位/下位関係を抽出している．これらの手法に共通しているのは，辞書の語釈文の典型的な構造に注目し，基本的にはパターンマッチで上位語を同定している点である．たとえば，三省堂の新明解国語辞典で野菜のいくつかを引いてみると，語釈文中の最初の文には以下のようなものが並ぶ．

　　「ほうれんそう」　畑に作る一年草
　　「なす」　　　　　畑に作る一年草
　　「たまねぎ」　　　畑に作る多年草
　　「じゃがいも」　　畑に作る多年草

このように辞書の語釈文は非常に定型化していることがわかる．日本語では基本的に修飾句は被修飾句に前置されるので「ほうれんそう」や「なす」は「一年草」の一種であり，「たまねぎ」や「じゃがいも」は「多年草」の一種であることがわかる．さらに「一年草」や「多年草」の項を調べると以下のような記述が得られる．

「一年草」　春芽が出，夏から秋にかけて花が咲き実が生(な)り，冬には枯れる草

「多年草」　一年間以上生き続ける草

これから「一年草」「多年草」は「草」の一種であることがわかる．さらに「草」を調べると以下の記述を得る．

「草」　根や茎や葉が分離・発達している植物で，茎の外側が堅くないもの

このようにして辞書を調べることによって語と語の上位/下位関係を抽出することが可能になる．

2番目のグループは「同じ文脈に出現する語は意味的にも似ているはずである」という**分布仮説**(distribution hypothesis)に基づく研究である．これらの研究では概略以下の3段階の手続きをへて語のグループを構成する．

[1]　同一文脈に出現する語を収集する．

[2]　各語が出現する文脈の分布に基づいて語と語の距離を定義する．

[3]　定義した距離に基づいて語をクラスタリングする．

それぞれの段階でどのような技術を使うかでさまざまな組み合わせが考えられる．たとえば，Hindle(1990)は語の出現する文脈として，「ある動詞の主語あるいは目的語になっている」という関係を用いて名詞を分類している．つまり，同じ動詞の主語あるいは目的語になる，あるいはならない名詞同士は似ていると考えるわけである．これに対してPereira et al.(1993)は目的語の関係のみを用いているし，Tokunaga et al.(1995)は各格関係ごとに文脈を考え，異なるシソーラスを構築することを提案している．

分布仮説に基づく手法の多くは，シソーラスを最初から作ることを目標としている．しかしながら，十分なデータを収集することは必ずしも容易なことではない．この問題を解決するために，既存のシソーラスを用いてそのシソーラスにない語を分類することによってシソーラスを拡張しようとする研究がいくつかある．中野(1981)は分類語彙表を用いて，分類語彙表にない語に分類語彙

表の意味コードを付与する方法を提案している．中野洋は，まず，分類語彙表の中から漢字を1文字しか含まない語を選択し，各語に付与された意味コードとその語に含まれる漢字の対応表を作成する．そして，新しい語に対しては，その語に含まれる漢字の意味コードを対応表から検索してそれらを付与する．これは漢字が表意文字であることを利用しており，日本語の特徴をうまく使った手法である．これに対して，浦本 (1996)，Tokunaga et al. (1997) では，分布仮説に基づく語の距離を用いて新しい語を既存のシソーラスの適切なクラスに分類する手法を提案している．

第4章のまとめ

4.1 言語処理は言語表現をコンピュータの内部表現に変換する言語解析と，コンピュータの内部表現から言語表現を作り出す言語生成に大きく分類できる．言語解析はさらに，形態素解析，統語解析，意味解析，談話解析に分類できる．言語生成は深層生成と表層生成に分類できる．

4.2 言語解析のそれぞれのレベル（形態素，統語，意味，談話）に応じて辞書には適切な情報を記述する必要がある．形態素レベルの情報としては語の品詞情報が，統語レベルの情報としては下位範疇化情報が重要である．意味レベルの情報としては語が表す概念と概念間の関係をどのように認定するかが重要である．これらは概念体系あるいはオントロジーと呼ばれる．談話レベルの情報には，人間が持つ常識のような知識も含まれる．

4.3 4.2節で述べた情報は言語解析の中でさまざまな形で利用される．代表的な例として形態素解析，選択制限，語義の曖昧性解消などがある．

4.4 コンピュータ用の辞書を人手ですべて記述するのは困難である．大量の言語データを用いて言語処理用の辞書を自動的に構築する研究が80年代からさかんにおこなわれるようになってきた．

用 語 解 説

本文中で十分説明できなかった用語について解説し，本文の該当箇所に†を付けた．

深さ優先探索(depth-first search)　縦型探索ともいう．探索の分岐点において一つの道を選んで行ける所まで行き，進めなくなったら引き返して別の道を選ぶという探索方式．幅優先探索に対比される．状態空間が木で表現される場合，ある節点を探索したら，次はその子節点を探索するというように，木の深いほうへの探索を優先する．最初に見つかった解が最短距離の解である保証はない．しかし，探索の途中で他の節点へ飛ぶことがないので，途中まで探索した節点を蓄えておく必要がなく，記憶容量は少なくてすむ．

マルコフ過程(Markov process)　時間とともに変動する偶然量の数学モデルを確率過程という．ある時点でどのような状態がいかなる確率で生じるかは，その直前の状態のみに依存するという性質をマルコフ性と呼び，マルコフ性を持つ確率過程をマルコフ過程と呼ぶ．マルコフ過程は，様々な物理的・社会的現象のモデルとして用いられる．

有限状態オートマトン(finite state automaton)　有限個の状態を持ち，その上での状態遷移の規則が定義された計算機構の数学モデルを有限状態機械(finite state machine)という．有限状態オートマトンは有限状態機械の一種で，次の五つ組 $(K, \Sigma, \delta, q_0, F)$ で定義される．K は状態の有限集合，Σ は有限の入力アルファベット，δ は $K \times \Sigma$ から K への写像で，現在の状態と入力記号から次の状態を決める動作関数である．q_0 は初期状態，F は最終状態の集合である．入力記号列に対して δ に従って動作して F 中の状態になるとき，その記号列は受理(accept)されるという．有限状態オートマトンが受理する言語のクラスは，正規文法が生成する言語のクラスに等しい．なお，動作関数に確率が付与されたものを確率有限状態オートマトンと呼ぶ．また，動作関数に出力記号が付与されたものを有限状態変換器(finite state transducer)と呼ぶ．

幅優先探索(breadth-first search)　横型探索ともいう．探索の分岐点においてすべての可能性を並行に処理する探索方式．深さ優先探索に対比される．状態空間が木で表現される場合，同じ深さの節点をすべて探索した後に，木の深いほうへ進む．幅優先探索で最初に見つかる目標節点は必ず最も浅いため，最短距離の解が得られる．この探索では見つかった節点をいったん蓄えておき，後で再びその節点から探索をしなければならないため，状態空間が大きくなると必要な記憶容量も大きくなる．

自己組織的(self-organizing)　環境の変化に応じてそれに適応しようと自分自身を修正

していく系のことを自己組織系(self-organizing system)という．生物の神経系は自己組織系の代表例である．パーセプトロンなどの学習機械は，入力データをもとにして，教師信号なしに入力データの特徴を抽出する機械となるように自己の内部構造を組織化することが可能なので，自己組織系の一つである．一般に，自己組織系をなすような系のことを自己組織的と表現する．

教師なし学習(unsupervised learning)　学習の達成状況を外部の全知者(教師)が監視し，正解もしくは正解との誤差(教師信号)を与えて学習を修正していく方法を教師あり学習(supervised learning)という．これに対して，学習の達成状況を監視する外部の全知者を設置せずに自律的に学習する方法を教師なし学習と呼ぶ．言語モデルを学習する際には，コーパスに付与された単語区切りや品詞の情報が教師信号の役割を果たす．

有向非循環グラフ(directed acyclic graph，DAG)　節点(node)と呼ばれる点の有限集合 V と，節点対を結ぶ枝(branch)と呼ばれる線の有限集合 E，および各枝がどの2節点を結ぶかを示す写像 $\Phi : E \to V \times V$ の組 $G = (V, E, \Phi)$ をグラフという．節点を頂点(vertex)，枝を辺(edge)・弧(arc)と呼ぶこともある．グラフには，枝に向きを考えない無向グラフ(undirected graph)と，枝に向きを考える有向グラフ(directed graph)がある．グラフにおいて，いくつかの枝をつないで節点と節点を結ぶ経路を道(path)という．ある節点からその節点自身への道が存在するとき，この道を閉路(cycle, closed path)という．そして，閉路を含まない有向グラフを有向非循環グラフという．単語辞書に限らず，現実の問題が有向非循環グラフで表現できる例は非常に多い．

平滑化(smoothing)　一般的に，ランダムに発生した雑音を除去して原データを回復することを平滑化いう．曲線や曲面のモデルを作成する場合には，曲線や曲面上の位置や傾きに関する雑音を含んだデータが与えられたときにそれらに適合する滑らかな曲線曲面式を求めることをいう．統計的言語モデルを作成する場合には，学習データが少ないことから生じる統計量の揺れや偏りを，何らかの滑らかな分布を仮定することにより補正することをいう．

線形回帰分析(linear regression analysis)　一般に，相互依存の関係にある2変量があるとき，一方を独立変数と考えて他方を予測することを回帰分析(regression analysis)という．特に，データ $(x_1, y_1), (x_2, y_2), \cdots, (x_n, y_n)$ が与えられたとき，2変量の関係が XY 平面上で直線 $Y = aX + b$ でにより表せると仮定し，誤差の2乗和 $\sum_{i=1}^{n}(y_i - (ax_i + b))^2$ を最小にする係数 a, b を求めることを線形回帰分析という．得られた直線 $Y = aX + b$ を Y の X への回帰直線(regression line)，a を Y の X への回帰係数(regression coefficient)という．

読書案内

第1章
形態論理論の解説書を挙げる．おそらくこの順番に程度が高くなると思うが，専門的に最も薦められるのは Spencer(1991) である．

[1] 並木崇康(1985)：『語形成』大修館書店．
英語の例を豊富に挙げ，独自のデータや考え方を盛り込みながら理論のポイントを簡潔に整理している．

[2] 大石強(1988)：『形態論』開拓社．
上記の並木(1985)よりも新しいので，それだけに新しい理論にも触れている．

[3] Katamba, F. (1993): *Morphology*, Macmillan.
特に語彙音韻論に詳しい．比較的やさしい練習問題が付いて初学者向き．

[4] Spencer, A. (1991): *Morphological Theory*, Basil Blackwell.
基本的な事柄から現在の主要な理論までを詳しく解説している．練習問題が付くが，かなり難しく，大学院レヴェル．

[5] Carstairs-McCarthy, A. (1992): *Current Morphology*, Routledge.
アメリカの生成理論だけでなくヨーロッパの形態論学者の説までを詳細に論じながら，著者独自の考えを展開している．練習問題はなく，かなり専門的．

なお，入門者向きではないが，日本語の語形成を包括的に扱った理論書として次を挙げておく．

[6] 影山太郎(1993)：『文法と語形成』ひつじ書房．
本章で触れた日本語の諸現象を豊富な例で詳述している．

[7] 影山太郎(1999)：『形態論と意味』くろしお出版．
本章の最後で触れた形態論と意味構造の係わりをさまざまな現象について例示している．

最後に，形態論の諸相を本書より更に幅広く具体的に実践した最近の論集として次の2冊を挙げておく．

[8] 斎藤倫明(編)(2002)：『語彙・意味』朝倉日本語講座4，朝倉書店．
伝統的な語彙論・形態論の種々の側面を平易に解説している．

[9] 伊藤たかね(編)(2002)：『文法理論：レキシコンと統語』シリーズ言語科学1，東京大学出版会．
形態論と統語論の接点を考察した理論的な研究論文が11篇含まれる．

第 2 章

[1] 益岡隆志・田窪行則 (1992)：『基礎日本語文法』(改訂版)，くろしお出版．
現代日本語の文法を初学者向けに組織的かつ体系的に解説した教科書．平易な文章と豊富な例文によりたいへん分かりやすい．JUMAN や茶筌 (Chasen) の品詞体系はこの本に準拠している．

[2] 石畑清 (1989)：『アルゴリズムとデータ構造』岩波講座ソフトウェア科学 3，岩波書店．
アルゴリズムとデータ構造について，基本的な事柄から系統的に解説した教科書．付録に C と Lisp で書かれたサンプルプログラムが掲載されている．本章に登場するトライ，ハッシュ，B 木，動的計画法などについて，さらに詳しく学びたい人に適している．

[3] 北研二・中村哲・永田昌明 (1996)：『音声言語処理──コーパスに基づくアプローチ』森北出版．
確率・統計モデルに関する基礎理論とその音声認識および自然言語処理への応用について解説した教科書．本章に登場する N グラムモデル，隠れマルコフモデル，ビタビアルゴリズム，前向き後向きアルゴリズムなどについて，さらに詳しく学びたい人に適している．

最後に，本章で解説した日本語形態素解析，英語品詞付け，辞書検索，N グラム平滑化などを実装したフリーソフトウェアをいくつか紹介する．本章の説明で満足できなかった方には，これらのソフトウェアのソースコードを読むことをお勧めする．

[4] 茶筌 (ChaSen)
奈良先端科学技術大学院大学で開発された日本語形態素解析プログラム．品詞体系は「基礎日本語文法」に準拠．形態素解析アルゴリズムには接続コスト最小法を使用し，辞書はパトリシアで実現されている．奈良先端科学技術大学大学院より無料で入手可能．
http://cactus.aist-nara.ac.jp/lab/nlt/chasen.html

[5] JUMAN
京都大学で開発された日本語形態素解析プログラム．茶筌は JUMAN から派生したシステムなので，両者は共通する部分が多い．JUMAN は辞書の整備に重点を置いているように見受けられる．京都大学より無料で入手可能．
http://www-nagao.kuee.kyoto-u.ac.jp/nl-resource/juman.html

[6] Xerox Part-of-Speech Tagger
ゼロックス社パロアルト研究所で開発された英語の品詞付けプログラム．タグなしテ

キストから前向き後向きアルゴリズムにより隠れマルコフモデルを学習する．プログラムは Lisp で書かれている．ゼロックス社より無料で入手可能．
ftp://parcftp.xerox.com:/pub/tagger/tagger-1-2.tar.Z

[7]　Brill's Tagger
ペンシルバニア大学で開発された英語の品詞付けプログラム．Penn Treebank から誤り主導の変換に基づく学習により作成された．ジョン・ホプキンス大学より無料で入手可能．
ftp://ftp.cs.jhu.edu:/pub/brill/Programs/RULE_BASED_TAGGER_V.1.14.tar.Z

[8]　Double
徳島大学で開発されたダブル配列による最小接頭辞トライの検索ソフトウェア．青江教授より無料で入手可能．
mailto:aoe@is.tokushima-u.ac.jp

[9]　CMU-Cambridge Statistical Language Modeling Toolkit v2
カーネギ・メロン大学で開発され，ケンブリッジ大学で改良された統計的言語モデル作成ツール．コーパスからバックオフ平滑化された N グラムモデルを求める．ケンブリッジ大学より無料で入手可能．
http://svr-www.eng.cam.ac.uk/~prc14/toolkit.html

[10]　Simple Good Turing
サセックス大学で開発された頻度平滑化プログラム．単純グッド・チューリング法を用いて出現頻度の平滑化を行う．サセックス大学より無料で入手可能．
http://www.cogs.susx.ac.uk/users/geoffs/RGoodTur.html

第 3 章

[1]　Taft, M. (1991): *Reading and the mental lexicon*. Lawrence Erlbaum Associates Limited. 広瀬雄彦・川上綾子・八田武志(訳)，『リーディングの認知心理学——基礎的プロセスの解明』信山社出版．
どちらかといえば専門に特化しており，必ずしも一般向けの推薦書ではないが単語認知と心的辞書について詳しく扱っている．

[2]　阿部純一，桃内佳雄，金子康朗，李光五(1994)：『人間の言語情報処理：言語理解の認知科学』サイエンス社．
単語認知から文章理解まで幅広く扱っており，単語認知モデルについての紹介にも章を割いている．心理言語学的アプローチを全般的に知るのに役立つ．

[3]　御領謙(1987)：『読むということ』認知科学選書5，東京大学出版会．
認知心理学で扱われている reading(読み)についての研究が概観できる．

[4]　Seron, X. (1993)：*La Neuropsychologie Cognitive* (Collection Que sais — je?) n。2754, P.U.F. 須賀哲夫・久野雅樹(訳)，『認知神経心理学』白水社．
　　語の読みの障害について，臨床例を交えながら紹介している入門書．認知心理学と認知神経心理学の関わりや，それらの分野における研究のアプローチを知るのに役立つ．

第 4 章
[1]　長尾真(編)(1996)：『自然言語処理』岩波書店．
　　言語処理全般について解説されている教科書．機械翻訳，情報検索などの言語処理の応用についてもふれている．600 ページ近い著作であるが例が豊富でわかりやすく書かれている．
[2]　情報処理学会(編)(1995)：『新版情報処理ハンドブック』第 14 編第 5 章「辞書」，オーム社．
　　前半は辞書のデータ構造に関するアルゴリズム的な解説，後半は大規模辞書の事例をいくつか紹介している．
[3]　情報処理振興事業協会技術センター(1997)：『ソフトウェア文書のための日本語処理の研究 13——IPAL 統合化に向けて』報告書番号 8-172．
　　IPAL 辞書に関する研究成果の集大成．
[4]　日本電子工業振興協会(1994)：『自然言語処理技術の動向に関する調査報告書』．
　　言語データから言語知識を獲得する手法についてのサーベイを含んでいる．

　最後に本章で紹介した主な辞書の簡単な説明を以下に示す．
[5]　EDR 辞書
　　単語辞書(日本語 25 万語，英語 19 万語)，対訳辞書(日英 23 万語，英日 16 万語)，概念辞書(40 万概念)，共起辞書(日本語 90 万句，英語 46 万句)，専門用語辞書(日本語 12 万語，英語 8 万語)の五つの辞書と形態素，統語，意味情報の付与されたコーパス(日本語 22 万文，英語 16 万文)からなる．日本電子化辞書研究所より有料で入手可能．
　　http://www.iijnet.or.jp/edr
[6]　IPAL 辞書
　　動詞辞書(861 語)，形容詞辞書(136 語)，名詞辞書(1081 語)からなる．収録語数は少ないが詳細な文法情報が記述されている．(財)情報処理振興事業協会技術センターより無料で入手可能．
　　ftp://ftp.mgt.ipa.go.jp/pub/ipal
[7]　日本語語彙体系(NTT)
　　意味体系(3000 の意味属性)，単語体系(30 万語)，構文体系(6000 用言)からなる．岩

波書店より出版．

[8] 分類語彙表

日本語のシソーラス．3万3000語を含む版はフロッピーで秀英出版より有料で入手可能．9万語に拡張されたものは報告書の形式で入手可能(中野 1996)．

[9] 角川類語新辞典

日本語のシソーラス(約6万語)．角川書店より出版．CD-ROM 版もある．

[10] Roget's シソーラス

英語のシソーラス(約25万語)．1911年版(約7万語)は無料で入手可能．
ftp://crl.nmsu.edu/CRL/lexica/roget-1911

[11] WordNet

英語のシソーラス(約12万語)．プリンストン大学より無料で入手可能．また World Wide Web のページを介して検索可能．
http://www.cogsci.princeton.edu/~wn

[12] The Upper CYC Ontology

CYC のオントロジー．3000ノードに関しては一般に無料で公開されている．HTML 文書として記述されているので World Wide Web のページを介して検索可能．
http://www.cyc.com

参考文献

第1章

阿部泰明・白井賢一郎・坂原茂・松本裕治(1998):『意味』岩波講座言語の科学4,岩波書店.

Allen, M. (1978): *Morphological Investigations*. Ph.D. dissertation, University of Connecticut.

Anderson, S. (1992): *A-Morphous Morphology*, Cambridge University Press.

Aronoff, M. (1976): *Word Formation in Generative Grammar*, MIT Press.

Aronoff, M. (1994): *Morphology by Itself*, MIT Press.

Baker, M. (1988): *Incorporation: A Theory of Grammatical Function Changing*, University of Chicago Press.

Baker, M. (1996): *The Polysynthesis Parameter*, Oxford University Press.

Bates, D. (1988): *Prominence Relations and Structure in English Compound Morphology*. Ph.D. dissertation, University of Washington.

Beard, R. (1995): *Lexeme-Morpheme Base Morphology*, State University of New York Press.

Bloomfield, L. (1933): *Language*, Holt.

Chomsky, N. (1970): Remarks on Nominalization. In Jacobs, R. & Rosenbaum, P. (eds.), *Readings in English Transformational Grammar*, Ginn.

Chomsky, N. & Halle, M.(1968): *The Sound Pattern of English*, Harper & Row.

Di Sciullo, A. & Williams, E.(1987): *On the Definition of Word*, MIT Press.

Fabb, N. (1988): English Suffixation Is Constrained Only by Selectional Restrictions. *Natural Language & Linguistic Theory*, **6**, 527–539.

Grimshaw, J. (1990): *Argument Structure*, MIT Press.

Halle, M. & Marantz, A. (1993): Distributed Morphology and the Pieces of Inflection. In Hale, K. & Keyser, S. J.(eds.), *The View from Building 20*, MIT Press.

Hawkins, J. A. (1988): On Explaining Some Right-Left Asymmetries in Syntactic and Morphological Universals. In Hammond, M. et al.(eds.), *Studies in Syntactic Typology*, John Benjamins.

Hopper, P. J. & Traugott, E. C.(1993): *Grammaticalization*, Cambridge University Press.

Itô J. (1990): Prosodic Minimality in Japanese. *CLS* **26**, Part II, 213–239.

Jackendoff, R. (1990): *Semantic Structures*, MIT Press.

Jensen, J. & Stong-Jensen, M. (1984): Morphology Is in the Lexicon! *Linguistic Inquiry*, **15**, 474–498.

影山太郎(1993):『文法と語形成』ひつじ書房.

影山太郎(1996):『動詞意味論——言語と認知の接点』くろしお出版.

影山太郎(1999):『形態論と意味』くろしお出版.

影山太郎, 由本陽子(1997):『語形成と概念構造』研究社出版.

Kiparsky, P. (1983): Word-Formation and the Lexicon. In Ingemann, F.(ed.), *1982 Mid-America Linguistics Conference Papers*, University of Kansas.

窪薗晴夫(1995):『語形成と音韻構造』くろしお出版.

Lieber, R. (1992): *Deconstructing Morphology: Word Formation in Syntactic Theory*, University of Chicago Press.

Marantz, A. (1982): Re reduplication. *Linguistic Inquiry*, **13**, 483–545.

Matthews, P.H. (1974): *Morphology*, Cambridge University Press.

McCarthy, J. (1981): A Prosodic Theory of Nonconcatenative Morphology. *Linguistic Inquiry*, **12**, 373–418.

宮島達夫(1994):『語彙論研究』むぎ書房.

Mohanan, K.P. (1986): *The Theory of Lexical Phonology*, Reidel.

西尾寅弥(1988):『現代語彙の研究』明治書院.

Poser, W. (1990): Evidence for Foot Structure in Japanese. *Language*, **66**, 78–105.

Pustejovsky, J. (1995): *The Generative Lexicon*, MIT Press.

Rosen, S. (1989): Two Types of Noun Incorporation. *Language*, **65**, 294–317.

Selkirk, E. (1982): *The Syntax of Words*, MIT Press.

Spencer, A. (1988): Bracketing Paradoxes and the English Lexicon. *Language*, **64**, 663–682.

Spencer, A. (1991): *Morphological Theory*, Blackwell.

Williams, E. (1981): On the Notions 'Lexically Related' and 'Head of a Word'. *Linguistic Inquiry*, **12**, 245–274.

第2章

Aho, A.V. & Corasick, M.J.(1975): Efficient String Matching: An Aid to Bibliographic Search. *Communications of the ACM*, **18**(6), 333–340.

Aho, A.V., Sethi, R. & Ullman, J.D.(1986): *Compilers: Principles, Techniques, and*

Tools, Addison-Wesley. 原田賢一 (訳),『コンパイラ』(I,II), サイエンス社, 1990.

青江順一 (1988):ダブル配列による高速ディジタル検索アルゴリズム. 電子情報通信学会論文誌, **J71-D**(9), 1592–1600.

青江順一 (1990):スパース行列の圧縮法——行置換による縮小アルゴリズム. bit, **21**(6), 776–784.

青江順一 (1993):トライとその応用. 情報処理, **34**(2), 244–251.

青江順一・佐藤隆士 (1993):探索木法とその応用. 情報処理, **34**(1), 106–113.

Aoe, J., Morimoto, K. Shishibori, M. & Park, K. (1996): A Trie Compaction Algorithm for a Large Set of Keys. *IEEE Transactions on Knowledge and Data Engineering*, **8**(3), 476–491.

Baum, L. E. (1972): An Inequality and Associated Maximization Technique in Statistical Estimation of Probabilistic Function of a Markov Process, *Inequalities*, **3**, pp. 1–8.

Black, E., Jelinek, F., Lafferty, J., Mercer, R. & Roukos, S. (1992): Decision Tree Models Applied to the Labeling of Text with Parts-of-Speech. In *Proceedings of Speech and Natural Language Workshop*, pp. 117–121.

Brill, E. (1995): Transformation-Based Error-Driven Learning and Natural Language Processing: A Case Study in Part-of-Speech Tagging. *Computational Linguistics*, **21**(4), 543–565.

Chen, S. F. & Goodman, J. (1996): An Empirical Study of Smoothing Techniques for Language Modeling. In *Proceedings of the 34th Annual Meeting of the ACL*, pp. 310–318.

Church, K. (1988): A Stochastic Parts Program and Noun Phrase Parser for Unrestricted Text. In *Proceedings of the Conference on Applied Natural Language Processing*, pp. 136–143.

Church, K. W. & Gale, W. A. (1989): A Comparison of the Enhanced Good-Turing and Deleted estimation methods for Estimating Probabilities of English Bigrams. *Computer Speech and Language*, **5**, 19–54.

Cutting, D., Kupiec, J., Pedersen, J. & Sibun, P. (1992): A Practical Part-of-Speech Tagger. In *Proceedings of the Conference on Applied Natural Language Processing*, pp. 133–140.

Frakes, W. B. & Baeza-Yates, R. (1992): *Information Retrieval: Data Structures and Algorithms* Prentice Hall.

Fredman, M. L. & Komolos, J. (1984): Storing a Sparse Table with $O(1)$ Worst Case

Access Time. *Journal of the ACM*, **31**(3), 538–544.

Gale, W. A. & Sampson, G. (1996): Good-Turing Frequency Estimation without Tears. *Journal of Quantitative Linguistics*, **2**(3), 217–237.

Good, I. J. (1953): The Population Frequencies of Species and the Estimation of Population Parameters. *Biometrika*, **40**, 237–264.

Jelinek, F. (1985): Self-Organized Language Modeling for Speech Recognition, *IBM Research Report*. IBM T. J. Watson Research Center. Reprinted in Waibel, A. & Lee, K-F. (eds.): *Readings in Speech Recognition*, pp. 450–506, Morgan Kaufmann, 1990.

Jelinek, F. & Mercer, R. (1980): Interpolated Estimation of Markov Source Parameters from Sparse Data. In *Proceedings of the Workshop on Pattern recognition in Practice*, pp. 381–397.

日高達・稲永紘之・吉田将(1984)：拡張 B-tree と日本語単語辞書への応用．電子情報通信学会論文誌, **J67-D**(4), 399–404.

久光徹・新田義彦(1994)：ゆう度付き形態素解析用の汎用アルゴリズムとそれを利用したゆう度基準の比較．電子情報通信学会論文誌 D-II, **J77-D-II**(5), 959–969.

Katz, S. M. (1987): Estimation of Probabilities from Sparse Data for the Language Model Component of a Speech Recognizer. *IEEE Transaction on Acoustics, Speech, and Signal Processing*, **ASSP-35**(3), 400–401.

牧野寛・木澤誠(1979)：ベタ書き文の分かち書きと仮名漢字変換——二文節最長一致法による分かち書き——情報処理学会論文誌, **20**(4), 337–345.

Manber, U. & Myers, G. (1993): Suffix Arrays: A New Method for On-Line String Searches. *SIAM Journal on Computing*, **22**(5), 935–948.

Maruyama, H. (1994): Backtracking-Free Dictionary Access Method for Japanese Morphological Analysis. In *Proceedings of COLING '94*, pp. 208–213.

松本裕治・今一修・山下達雄・北内啓・今村友明(1996)：日本語形態素解析システム「茶筌」使用説明書．奈良先端科学技術大学院大学．

Mohri, M. (1996): On Some Applications of Finite-State Automata Theory to Natural Language Processing. *Natural Language Engineering*, **2**, 1–21.

Mohri, M. (1997): Finite-State Transducers in Language and Speech Processing. *Computational Linguistics*, **23**(2), 269–311.

Nagata, M. (1994): A Stochastic Japanese Morphological Analyzer Using a Forward-DP Backward-A^* N-Best Search Algorithm. In *Proceedings of COLING '94*, pp. 201–207.

Nagata, M. (1997): A Self-Organizing Japanese Word Segmenter using Heuristic Word Identification and Re-estimation. In *Proceedings of the 5th Workshop on Very Large Corpora*, pp. 203–215.

Revuz, D. (1991): Dictionnaires et Lexiques, Methodes et Algorithms. Ph. D. thesis, Universite Paris 7.

Revuz, D. (1992): Minimisation of Acyclic Deterministic Automata in Linear Time. *Theoretical Computer Science*, **92**, 181–189.

Sproat, R., Shih, C., Gale, W. & Chang, N. (1996): A Stochastic Finite-State Word-Segmentation Algorithm for Chinese. *Computational Linguistics*, **22**(3), 377–404.

竹内孔一・松本祐治(1997)：隠れマルコフモデルによる日本語形態素解析のパラメータ推定．情報処理学会論文誌 **38**(3)，500–509．

Tarjan, R. E. & Yao, A. C. (1979): Storing a sparse table. *Communications of the ACM*, **22**(11), 606–611.

Yamamoto, M. (1996): A Re-estimation Method for Stochastic Language Modeling from Ambiguous Observations. In *Proceedings of the 4th Workshop on Very Large Corpora*, pp 155–167.

吉村賢治・日高達・吉田将(1983)：文節数最小法を用いたべた書き日本語文の形態素解析．情報処理学会論文誌，**23**(1)，40–46．

吉村賢治・武内美津乃・津田健蔵・首藤公昭(1989)：未登録語を含む日本語文の形態素解析．情報処理学会論文誌，**30**(3)，294–301．

第3章

阿部純一・桃内佳雄・金子康朗・李光五(1994)：『人間の言語情報処理——言語理解の認知科学』サイエンス社．

Allport, D. A. (1977): On knowing the meaning of words we are unable to report: The effects of visual masking. In Dornic, S. (ed.), *Attention and performance* VI, pp. 505–533, Lawrence Erlbaum Associates Inc.

Anderson, J. R. & Bower, G. H. (1973): *Human associative memory*. Winston.

Andrews, S. (1986): Morphological influences on lexical access: Lexical or nonlexical effects? *Journal of Memory and Language*, **25**, 726–740.

Andrews, S. (1989): Frequency and neighbourhood effects on lexical access: Activation or search? *Journal of Experimental Psychology: Learning, Memory, and Cognition*, **15**, 802–814.

Bartlett, F. C. (1932): *Remembering: A study in experimental and social psychology*.

Cambridge University Press.

Becker, C. A. (1976): Allocation of attention during visual word recognition. *Journal of Experimental Psychology: Human Perception and Performance*, **2**, 556–566.

Becker, C. A. (1980): Semantic context effects in visual word recognition: An analysis of semantic strategies. *Memory & Cognition*, **8**, 493–512.

Carpenter, P. A. & Daneman, M. (1981): Lexical retrieval and error recovery in reading: A model based on eye fixations. *Journal of Verbal Learning and Verbal Behavior*, **20**, 137–160.

Chambers, S. M. (1979): Letter and order information in lexical access. *Journal of Verbal Learning and Verbal Behavior*, **18**, 225–241.

Coltheart, M. (1978): Lexical access in simple reading tasks. In Underwood, G. (ed.), *Strategies of information processing*, pp. 151–216, Academic Press.

Coltheart, M. (1980): Reading, phonological recoding and deep dyslexia. In Coltheart, M., Patterson, K. & Marshall, J. C. (eds.), *Deep dyslexia*. Routledge & Kegan Paul.

Coltheart, M., Davelaar, E., Jonasson, J. T. & Besner, D. (1977): Access to the internal lexicon. In Dornic, S. (ed.), *Attention and performance*, VI, Lawrence Erlbaum Associates Inc.

Ebbinghaus, H. (1885): *Uber das Gedachtnis. Leipzig*. (English translation: *Memory*. Dover, 1964).

Eriksen, C. W, Pollack, M. D. & Montague, W. E. (1970): Implicit speech: Mechanism in perceptual encoding? *Journal of Experimental Psychology*, **84**, 502–507.

Flores d'Arcais, G. B., Saito, H. & Kawakami, M. (1995): Phonological and semantic activation in reading Kanji characters. *Journal of Experimental Psychology: Learning, Memory, and Cognition*, **21**, 34–42.

Forster, K. I. (1976): Accessing the mental lexicon. In Wales, R. J. & Walker, E. (eds.), *New approaches to language mechanisms*, pp. 257–287, North-Holland.

Forster, K. I. & Chambers, S. M. (1973): Lexical access and naming time. *Journal of Verbal Learning and Verbal Behavior*, **12**, 627–635.

Forster, K. I. & Shen, D. (1996): No enemies in the neighborhood: Absence of inhibitory neighborhood effects in lexical decision and semantic categorization. *Journal of Experimental Psychology: Learning, Memory, and Cognition*, **22**, 696–713.

Forster, K. I. & Taft, M. (1994): Bodies, antibodies, and neighborhood-density effects in masked form priming. *Journal of Experimental Psychology: Learning, Memory, and Cognition*, **20**, 844–863.

Galton, F. (1883): *Inquires into human faculty and its development.* Macmillan.

Glaze, J. A. (1928): The association value of nonsense syllables. *Journal of Genetic Psychology*, **35**, 255–267.

Glushko, R. J. (1979): The organization and activation of orthographic knowledge in reading aloud. *Journal of Experimental Psychology: Human Perception and Performance*, **5**, 674–691.

Grainger, J. (1990): Word frequency and neighborhood frequency effects in lexical decision and naming. *Journal of Memory & Language*, **29**, 228–244.

Hogaboam, T. W. & Perfetti, C. A. (1975): Lexical ambiguity and sentence comprehension. *Journal of Verbal Learning and Verbal Behavior*, **14**, 265–274.

Jackson, A., & Morton, J. (1984): Facilitation of auditory word recognition. *Memory & Cognition*, **12**, 568–574.

James, W. (1890): *The Principles of Psychology.* Henry Holt & Co.

Jung, C. G. (1918): *Studies in word association.* Heinemann.

Kent, H. G. & Rosanoff, A. J. (1910): A study of association in insanity. *American Journal of Insanity*, **67**, 37–96.

Kinoshita, S. (1985): Sentence context effects on lexically ambiguous words: Evidence for a postaccess inhibition process. *Memory & Cognition*, **13**, 579–595.

Kinoshita, S., Taft, M. & Taplin, J. E. (1985): Nonword facilitation in a lexical decision task. *Journal of Experimental Psychology: Learning, Memory, and Cognition*, **11**, 346–362.

Kirsner, K. & Smith, M. C. (1974): Modality effects in word recognition. *Memory & Cognition*, **2**, 637–640.

Lachman, R., Lachman, J. L. & Butterfield, E. C. (1979): *Cognitive psychology and information processing.* Lawrence Erlbaum Associates Inc.

Marcel, A. J. (1980): Explaining selective effects of prior context on perception: The need to distinguish concious and preconcious processes in word recognition. In Nickerson, R. (ed.), *Attention and performance*, VIII, Lawrence Erlbaum Associates Inc.

Marslen-Wilson, W. D. (1987): Functional parallelism in spoken word-recognition. In Frauenfelder, U. H. & Tyler, L. K. (eds.), *Cognition special issues.*, pp. 71–102, MIT Press.

McClelland, J. L. (1979): On the time relations of mental processes: An examination of systems of processes in cascade. *Psychological Review*, **86**, 287–330.

McClelland, J. L. (1985): Putting knowledge in its place: A scheme for programming parallel processing structures on the fly. *Cognitive Science*, **9**, 113–146.

McClelland, J. L. (1987) : The case for interactionism in language processing. In Coltheart, M. (ed.), *Attention and performance*, XII, pp. 3–36, Lawrence Erlbaum Associates Limited.

McClelland, J. L. & Mozer, M. C. (1986) : Perceptual interactions in two-word displays: Familiarity and similarity effects. *Journal of Experimental Psychology: Human Perception and Performance*, **12**, 18–35.

McClelland, J. L. & Rumelhart, D. E. (1981) : An interactive activation model of context effects in letter perception: Part 1. An account of basic findings. *Psychological Review*, **88**, 375–407.

Meyer, D. E. & Schvaneveldt, R. W. (1971) : Facilitation in recognizing pairs of words: Evidence of a dependence between retrieval operations. *Journal of Experimental Psychology*, **90**, 227–234.

Meyer, D. E., Schvaneveldt, R. W. & Ruddy, M. G. (1974) : Functions of graphemic and phonemic codes in visual word recognition. *Memory & Cognition*, **2**, 309–321.

Morton, J. (1969) : Interaction of information in word recognition. *Psychological Review*, **76**, 165–178.

Morton, J. (1979) : Facilitation in word recognition: Experiments causing change in the logogen model. In Kolers, P. A., Wrolstad, M. & Bouma, H. (eds.), *Processing of visible language*, I. Plenum.

Morton, J. (1982) : Disintegrating the lexicon: An information processing approach. In Mehler, J., Walker, E. C. T. & Garrett, M. (eds.), *Perspectives on mental representation*. Lawrence Erlbaum Associates Inc.

Mozer, M. C. (1983) : Letter migration in word perception. *Journal of Experimental Psychology: Human Perception and Performance*, **9**, 531–546.

Mozer, M. C. (1987) : Early parallel processing in reading: A connectionist approach. In Coltheart, M. (ed.), *Attention and performance*, XII, pp. 83–104, Lawrence Erlbaum Associates Limited.

Neely, J. H. (1976) : Semantic priming and retrieval from lexical memory: Evidence for facilitatory and inhibitory processes. *Memory & Cognition*, **4**, 648–654.

Neely, J. H. (1977) : Semantic priming and retrieval from lexical memory: Roles of inhibitionless spreading activation and limited-capacity attention. *Journal of Experimental Psychology: General*, **106**, 226–254.

Noble, C. E. (1961) : Measurements of association value (a) related association and scaled meaningfulness (m) for the 2100 CVC combinations of the English alphabet. *Psychological Reports*, **8**, 487–521.

Onifer, W. & Swinney, D. A. (1981): Accessing lexical ambiguities during sentence comprehension: Effects of frequency of meaning and contextual bias. *Memory & Cognition*, **9**, 225–236.

Paap, K. R., Newsome, S. L., McDonald, J. E. & Schvaneveldt, R. W. (1982): An activation-verification model for letter and word recognition. *Psychological Review*, **89**, 573–594.

Patterson, K. E. & Coltheart, V. (1987): Phonological processes in reading: A tutorial review. In Coltheart, M. (ed.), *Attention and performance*, XII, pp. 421–447, Lawrence Erlbaum Associates Limited.

Patterson, K. E. & Morton, J. (1985): From orthography to phonology: An attempt at an old interpretation. In Patterson, K. E., Marshall, J. C. & Coltheart, M. (eds.), *Surface dyslexia*, pp. 335–359, Lawrence Erlbaum Associates Limited.

Plaut, D. C., McClelland, J. L., Seidenberg, M. S. & Patterson, K. (1996): Understanding normal and impaired word reading: Computational principles in quasi-regular domains. *Psychological Review*, **103**, 56–115.

Rubenstein, H., Garfield, L. & Millikan, J. A. (1970): Homographic entries in the internal lexicon. *Journal of Verbal Learning and Verbal Behavior*, **9**, 487–494.

Rubenstein, H., Lewis, S. S. & Rubenstein, M. A. (1971): Evidence for phonemic recoding in visual word recognition. *Journal of Verbal Learning and Verbal Behavior*, **10**, 645–657.

Rumelhart, D. E. & McClelland, J. L. (1982): An interactive activation model of context effects in letter perception: Part 2. *Psychological Review*, **89**, 60–94.

齋藤洋典・川上正浩・Flores d'Arcais (1993): Radical migration in Kanji recognition. 日本認知科学会第10回大会論文集, 88–89.

齋藤洋典・川上正浩・増田尚史(1994):漢字らしさに対する人の意味情報処理——Migration Paradigm における仮名との比較.信学技報,**NCL94-9**, 15–22.

齋藤洋典・川上正浩・増田尚史(1995a):漢字構成における部品(部首)の出現頻度表.情報文化研究(名古屋大学情報文化学部・名古屋大学大学院人間情報学研究科), **1**, 113-134.

齋藤洋典・川上正浩・増田尚史(1995b):漢字構成における部品(部首)・音韻対応表.情報文化研究(名古屋大学情報文化学部・名古屋大学大学院人間情報学研究科), **2**, 89-115.

齋藤洋典・川上正浩・増田尚史 (1995c) : Phonological effect in radical migration with Kanji characters. 日本認知科学会第12回大会論文集, 186-187.

Saito, H., Kawakami, M., Masuda, H. & Flores d'Arcais, G. B. (1997) : Contributions of radical components in Kanji character recognition and recall: Effects of number of radical companions. In Chen, H. C. (ed.), *The Cognitive Processing of Chinese and Related Asian Languages*.

Saito, H., Masuda, H. & Kawakami, M. (1998) : Form and sound similarity effects in Kanji recognition. *Reading and Writing: An Interdisciplinary Journal.* **10**, 323-357.

齋藤洋典・山崎治 (1996) :「マルチメディアと通信を利用した日本語学習支援ツールの開発」に関する規定因. 信学技報, **HIP96-19**, 13-18.

Seidenberg, M. S. (1987) : Sublexical structures in visual word recognition: Access units or orthographic redundancy? In Coltheart, M. (ed.), *Attention and performance*, XII, pp. 245-263, Lawrence Erlbaum Associates Limited.

Solso, R. L. & Johnson, H. H. (1984) : *An Introduction to Experimental Design in Psychology: A case appraoch*, 3rd ed. Harper & Row. 浅井邦二・落合勲・河合美子・安藤孝敏(訳),『心理学実験計画入門』(第1版), 学芸社, 1988.

Tabossi, P. (1988) : Accessing lexical ambiguity in different types of sentential contexts. *Journal of Memory and Language*, **27**, 324-340.

Taft, M. (1979a) : Recognition of affixed words and the word frequency effect. *Memory & Cognition*, **7**, 263-272.

Taft, M. (1979b) : Lexical access via an orthographic code: The Basic Orthographic Syllabic Structure (BOSS). *Journal of Verbal Learning and Verbal Behavior*, **18**, 21-39.

Taft, M. (1982) : An alternative to grapheme-phoneme conversion rules? *Memory & Cognition*, **10**, 465-474.

Taft, M. (1985) : The decoding of words in lexical access: A review of the morphographic approach. In Besner, D., Waller, T. G. & MacKinnon, G. E. (eds.), *Reading research: Advances in theory and practice*, V. Academic Press.

Taft, M. (1987) : Morphographic processing. The BOSS re-emerges. In Coltheart, M. (ed.), *Attention and performance*, XII, pp. 265-279, Lawrence Erlbaum Associates Limited.

Taft, M. (1991) : *Reading and the mental lexicon*. Lawrence Erlbaum Associates Limited. 広瀬雄彦・川上綾子・八田武志(訳),『リーディングの認知心理学——基礎的プロセスの解明』信山社出版, 1995.

Taft, M. & Forster, K. I. (1975) : Lexical storage and retrieval of prefixed words. *Journal of Verbal Learning and Verbal Behavior*, **14**, 638–647.

Taft, M. & Forster, K. I. (1976) : Lexical storage and retrieval of polymorphemic and polysyllabic words. *Journal of Verbal Learning and Verbal Behavior*, **15**, 607–620.

Treisman, A. & Gelade, G. (1980) : A feature integration theory of attention. *Cognitive Psychology*, **12**, 97–136.

Treisman, A. & Souther, J. (1986) : Illusory words: The roles of attention and of top-down constraints in conjoining letters to form words. *Journal of Experimental Psychology: Human Perception and Performance*, **12**, 3–17.

Treisman, A., Sykes, M. & Gelade, G. (1977) : Selective attention and stimulus integration. In S. Dornic (ed.), *Attention and performance* VI, pp. 333–361, Lawrence Erlbaum Associates Inc.

梅本尭夫(1969):『連想基準表』東京大学出版会.

Underwood, G., Roberts, M. & Thomason, H. (1988) : Strategical invariance in lexical access: The reappearance of the pseudohomophone effect. *Canadian Journal of Psychology*, **42**, 24–34.

Woodworth, R. S. (1938) : *Experimental psychology*. Holt.

Wydell, T. N., Patterson, K. E. & Humphreys, G. W. (1993) : Phonologically mediated access to meaning for Kanji: Is a ROWS still a ROSE in Japanese Kanji? *Journal of Experimental Psychology: Learning, Memory, and Cognition*, **19**, 491–514.

第 4 章

Amsler, R. A. (1981) : A Taxonomy for English Nouns and Verbs. *Proceedings of the 19th Annual Meeting of the ACL*, pp. 133–138.

Brent, M. R. (1993) : From Grammar to Lexicon: Unsupervised Learning of Lexical Syntax. *Computational Linguistics*, **19**(2), 243–262.

Brill, E. (1992) : A Simple Rule-Based Part of Speech Tagger. *Proceedings of Applied NLP*, pp. 152–155.

Chapman, L. R. (1984) : *Roget's International Thesaurus (Fourth Edition)*. Harper & Row.

Cycorp (1997) : Welcome to the Upper Cyc Ontology.
http://www.cyc.com/public.html

EAGLES (1996) : Synopsis and Comparison of Morphosyntactic Phenomena Encoded in Lexicons and Corpora. EAG-CLWG-MORPHSYN/R, EAGLES.

Fillmore, C. (1975)：『格文法の原理 言語の意味と構造』三省堂．

Grishman, R., Macleod, C. & Meyers, A. (1994)：COMLEX Syntax: Building a Computational Lexicon. *Proceedings of COLING '94*, pp. 268–272.

Guthrie, L., Slator, B. M., Wilks, Y. & Bruce, R. (1990)：Is There Content in Empty Heads? *Proceedings of COLING '90*, **13**, pp. 138–143.

春野雅彦 (1995)：最小汎化とオッカムの原理を用いた動詞格フレーム学習．情報処理学会 自然言語処理研究会，**NL-108**．

橋本三奈子 (1994)：名詞の意味素性と見出し語の下位区分．第 13 回 IPA 技術発表会．

Hindle, D. (1990)：Noun Classification from Predicate-Argument Structures. *Proceedings of the 28th Annual Meeting of the ACL*, pp. 268–275.

平岡冠二・松本裕治 (1994)：コーパスからの動詞の格フレーム獲得と名詞のクラスタリング．情報処理学会 自然言語処理研究会，**NL-104**．

池原悟・宮崎正弘・横尾昭男 (1991)：日英機械翻訳のための意味解析辞書．情報処理学会 自然言語処理研究会，**NL-84**．

池原悟・宮崎正弘・白井諭・横尾昭男・中岩浩巳・小倉健太郎・大山芳史・林良彦 (編)，NTT コミュニケーション科学研究所 (監修) (1997)：『日本語語彙体系』岩波書店．

井佐原均・元吉文男・徳永健伸・橋本三奈子・荻野紫穂・豊浦潤・岡隆一 (1995)：RWC における品詞情報付きテキストデータベースの作成．言語処理学会第 1 回年次大会発表論文集，pp. 181–184，言語処理学会．

情報処理振興事業協会技術センター (1987)：『計算機用日本語基本動詞辞書 IPAL (Basic Verbs)』．

情報処理振興事業協会技術センター (1990)：『計算機用日本語基本形容詞辞書 IPAL (Basic Adjectives)』．

情報処理振興事業協会技術センター (1996)：『計算機用日本語基本名詞辞書 IPAL (Basic Nouns)』．

Lari, K. & Young, S. (1990)：The Estimation of Stochastic Context-free Grammars Using the Inside-Outside Algorithm. *Computer speech and languages*, **4**, 35–56.

Lenat, D., Prakash, M. & Shepherd, M. (1986)：CYC: Using Common Sense Knowledge to Overcome Brittleness and Knowledge Acquisition Bottlenecks. *AI Magazine*, **6**(4), 65–85.

Lenat, D. B. (1995)：CYC: A large-scale investiment in knowledge infrastructure. *Communications of the ACM*, **38**(11), 33–38.

Lenat, D. B. & Guha, R. V. (1990)：*Building Large Knowledge-based Systems*. Addison-Wesley.

Lenat, D. B., Miller, G. A. & Yokoi, T. (1995): CYC, WordNet, and EDR: Critiques and Responses. *Communications of the ACM*, **38**(11), 45–48.

Macleod, C., Meyers, A. & Grishman, R. (1996): The Influence of Tagging on the Classification of Lexical Complements. *Proceedings of COLING '96*, pp. 472–477.

Manning, C. D. (1993): Automatic Acquisition of a Large Subcategorization Dictionary from Corpora. *Proceedings of the 31st Annual Meeting of the ACL*, pp. 235–242.

Marcus, M. P., Santorini, B. & Marcinkiewicz, M. A. (1993): Building a Large Annotated Corpus of English: The Penn Treebank. *Computational Linguistics*, **19**(2), 313–330.

松本裕治・北内啓・山下達雄・平野善隆・今一修・今村友明(1997):『日本語形態素解析システム「茶筌」version 1.0 使用説明書』. 奈良先端科学技術大学院大学.

Miller, G. A. (1995): WordNet: A lexical database for English. *Communications of the ACM*, **38**(11), 39–41.

森信介・長尾眞(1995): n グラム統計によるコーパスからの未知語抽出. 情報処理学会 自然言語処理研究会, **NL-108**.

長尾眞・森信介(1993): 大規模日本語テキストの n グラム統計の作り方と語句の自動抽出. 情報処理学会 自然言語処理研究会, **NL-96**.

Nakamura, J. & Nagao, M. (1988): Extraction of Semantic Information from an Ordinary English Dictionary and Its Evaluation. *Proceedings of COLING '88*, pp. 459–464.

中野洋(1981): 分類番号つけ支援システム. 情報処理学会 計算言語研究会, **CL-25**.

中野洋(1996):『「分類語彙表」形式による語彙分類表(増補版)』国立国語研究所.

日本電子化辞書研究所(1993):『EDR 電子化辞書仕様説明書』.

大野晋・浜西正人(1981):『角川類語新辞典』角川書店.

Pereira, F. & Schabes, Y. (1992): Inside-Outside Reestimation from Partially Bracketed Corpora. *Proceedings of the 30th Annual Meeting of the ACL*, pp. 128–135.

Pereira, F., Tishby, N. & Lee, L. (1993): Distributional Clustering of English Words. *Proceedings of the 31st Annual Meeting of the ACL*, pp. 183–190.

李航・安倍直樹(1996): Learning Dependencies between Case Frame Slots. 情報処理学会 自然言語処理研究会, **NL-116**.

新納浩幸(1996):『コーパスからの定型表現の自動抽出に関する研究』. Ph. D. thesis, 東京工業大学.

白井清昭・徳永健伸・田中穂積(1997): 括弧付きコーパスからの日本語確率文脈自由文法の自動抽出. 自然言語処理, **4**(1), 125–146.

Smadja, F. (1993): Retrieving Collocations from Text: Xtract. *Computational Linguistics*, **19**(1), 143–177.

Tokunaga, T., Fujii, A., Iwayama, M., Sakurai, N. & Tanaka, H. (1997): Extending a thesaurus by classifying words. *Proceedings of the ACL/EACL Workshop on Automatic Information Extraction and Building of Lexical Semantic Resources for NLP Applications*, pp. 16–21.

Tokunaga, T., Iwayama, M. & Tanaka, H. (1995): Automatic thesaurus construction based on grammatical relations. *Proceedings of IJCAI '95*, pp. 1308–1313.

鶴丸弘昭・竹下克典・伊丹克企・柳川俊英・吉田将(1991)：国語辞典情報を用いたシソーラスの作成について．情報処理学会 自然言語処理研究会，**NL-83**．

浦本直彦(1996)：コーパスに基づくシソーラス ——統計情報を用いた既存のシソーラスへの未知語の配置．情報処理学会論文誌，**37**(12)．

索　引

A^* アルゴリズム　　69
-ar- 自動詞　　45
Bartlett, F. C.　　98
Becker, C. A.　　110
Chomsky, N.　　3
COMLEX　　169
cranberry words　　9
-e- 自動詞　　45
EAGLES　　164
Ebbinghaus, H.　　96
EDR の概念辞書　　173
FFD 法　　80
Forster, K. I.　　107
Galton, F.　　95
Inside-Outside アルゴリズム　　188
IPAL 動詞辞書　　167
James, W.　　98
Johnson の方法　　79
Marslen-Wilson, W. D.　　107
McClelland, J. L.　　110
Morton, J.　　109
N グラム　　186
N グラムモデル　　83
N 最良探索　　68
N 重クロスバリデーション　　88
N 重マルコフ過程　　83
N_c 仮説　　132
Penn Treebank　　163, 167
Roget のシソーラス　　175
Rubenstein, H.　　119
Rumelhart, D. E.　　110
S 構造　　49

S 構造複合語　　50
Seidenberg, M. S.　　126
synset　　176
Taft, M.　　125
THiMCO　　163
Watson, J. B.　　97
WordNet　　176
Xtract　　186

ア 行

曖昧性　　59
曖昧性解消　　160, 184
アクセスファイル　　107
アクセント　　4
アグタ語　　19
誤り主導の変換に基づく学習　　72
アラビア語　　18
アリストテレス　　95
鋳型　　19
一階述語論理　　160
異同判断課題　　102
意味解析　　159
意味属性　　175
意味素性　　172
意味体系辞書　　169
意味的プライミング効果　　105
意味的類似性　　147
意味ネットワーク　　160
意味レベル　　171, 188
韻律形態論　　20
後向き探索　　69
オノマトペ　　19

重み付き有限状態変換器　73
音韻境界　24
音韻性失読症　122
音韻的類似性　147
オントロジー　160, 181
音配列　24

カ行

外項　42
外心複合語　14
概念関係子　177
概念間の関係　177
概念駆動型処理　109
概念識別子　173
概念体系　160
下位範疇化情報　167
外部からの修飾の禁止　7
改良グッド・チューリング法　89
拡張B木法　82
格フレーム　167
確率有限状態オートマトン　65
隠れマルコフモデル　63, 64
加算法　84
カスケードモデル　119
かっこ付けによる表現　159
活性化　109
活性化–合成機構　121
活性化–照会モデル　116
活性化モデル　112
カテゴリー判断課題　102
角川類語新辞典　175
漢字　129, 130
間接照応　180
間接的音韻経路　123
完全ハッシュ関数　76
木構造　159
擬似単語　99

擬似同音語効果　120
機能範疇　5
基本綴り音節構造　126
逆連合　97
＋境界　24
＃境界　24
教師なし学習　70, 192
行置換法　78
共通終末文字列　121
虚再認反応　135
虚報率　100
近傍単語　142
近傍単語サイズ　104
近傍単語サイズ効果　104
偶発的空白　22
屈折語　8, 55
グッド・チューリング推定値　88
グッド・チューリング法　89
句の包摂　33
句排除の制約　7, 33
句複合　33
繰り上がる　16
クロスモーダル・プライミングの課題　118
継時呈示法　100
継承関係　179
形態素　9, 54
形態素解析　54, 157, 183
形態素境界　24
形態素レベル　163, 185
形態的類似性　146
形態論　2, 3
結合錯誤　128
決定木アルゴリズム　73
言語解析　157
言語処理　157
言語生成　157, 161

言語理解　157
限定詞　6
語　2, 4, 29
語⁺　36
語彙音韻論　21, 26
語彙概念構造　41
語彙機能文法　ix
語彙照応の制約　8
語彙素　9
語彙的な音韻規則　50
語彙的複合語　44
語彙的複合動詞　40
語彙の阻止　27
語彙判断課題　102
語彙範疇　5
語彙部門　9
語彙論　3
項　41
項構造　41
合成語　8
構成要素　179
拘束形態　23
膠着語　38, 55
行動主義　97
項の受け継ぎ　44
構文体系辞書　168
項目配列型　11
呼応関係　39
語幹　30
語幹頻度効果　124
語基　12
語境界　24
語形成　9
語形成構造　124
語形変化　55
語根　29, 30
コネクショニスト・モデル　128

語の意味　172
コーパスに基づく言語処理　185
コーパスのタグ付け　171
コホートモデル　107
混成語　21
コンパニオン　131
コンパニオン活性化モデル　137, 144, 145
コンパニオン数　131

サ　行

最左部分文字列　74
再推定　86
最長一致法　59
最適性理論　28
最尤推定　83
索引付け　57
削除補間法　88
視覚的複雑性　100
視覚的劣化効果　106
刺激　99
自己組織的　70, 191
字種変化　60
辞書　2, 8
指小辞　17
辞書の自動構築　185
時制辞　6
シソーラス　175
実験計画法　101
失敗回復関数　82
自動詞　42, 43
輯合語　38
従属変数　101
終端記号　74
自由部品　130
自由連想法　95, 96
主辞駆動句構造文法　ix

主要部   13, 15
順序づけのパラドックス   27
順連合   97
上位/下位関係   179
照会モデル   110
畳語形成   19
常識   180
使用頻度   100
剰余変数   101
書記素–音素変換ルール   119
自立形態   23
自立要素   179
深層生成   161
心的辞書   8, 94
スキーマ   98
スパースデータ問題   84
制限連想   96
制限連想法   95, 96
正書法   55
生成意味論   3
セグメンテーション   157
接語   35
接辞   12
接続コスト   62, 63
接続コスト最小法   63
接頭辞   12, 17
接尾辞   12, 16
ゼロ頻度問題   83
線形回帰分析   90, 192
線形型語形成   11
線形補間法   84
選択制限   184
総当たり探索   59
相互活性化モデル   110, 111, 114
捜査モデル   107, 108
疎行列   78
促進効果   114

ソース漢字   134
尊敬語化   39

タ 行

ダイクシスの表現   8
対象   41
多義   59
タグ付け   71
ターゲット語   114, 143
多層水準モデル   123
ダブルトライ法   82
ダブル配列   80
単一経路モデル   123
単漢字   129
短期辞書   9
単語コスト   63
単語認知   98
単語頻度効果   124
単語分割   55, 56, 58, 157
単語分割モデル   64
単語類似性効果   104
短縮   20, 22
単純グッド・チューリング法   90
談話解析   160
談話レベル   180
遅延照合課題   134
置換非単語   113
逐次処理モデル   112
知識の関与   127
茶筌   163
長期辞書   9
直列型の処理   107
ディスカウンティング   88
ディスカウント係数   88
データ駆動型処理   109
伝達ゴール   161
同音異義語   57

同音異義語効果　　120
同音語選択　　56
同化　　21
同形異義語　　57
同形語選択　　57
統計的言語処理　　185
統語解析　　159
統語的複合語　　44
統語的複合動詞　　40
統語的変形の禁止　　7
統語レベル　　167, 187
統語論　　2
動作主　　41
動詞＋動詞型複合語　　40
同時呈示法　　100
動詞の階層関係　　179
動詞由来複合語の内項規則　　42
統制　　100
動的計画法　　67
特徴統合理論　　128
独立変数　　101
トライ　　74

ナ行

内項　　42
内心複合語　　13
二次隠れマルコフモデル　　71
二重経路モデル　　120, 122
二分枝分かれ制約　　11
2文節最長一致法　　62
認知システム　　110
認知心理学　　97
認容可能　　69

ハ行

バイグラム頻度　　126
配置替え非単語　　113

派生　　15
派生語　　8, 12
発音情報　　163
バックオフ法　　88, 90
パトリシア　　83
幅優先探索　　69, 191
反意関係　　179
反応時間　　100
反応変数　　101
反復プライミング効果　　105
被験者　　99
非線形型語形成　　18
非対格動詞　　43
ビタビアルゴリズム　　67
左コンパニオン　　131
左投錨部品　　130
非単語　　99, 113
非単語の正書法準拠性効果　　104
一つ組　　83
非能格動詞　　43
ヒューリスティクス　　59
表記　　56
表記のゆれ　　158
表象　　98
表層性失読症　　122
表層生成　　161
ビン　　107
品詞情報　　163
品詞接続コスト　　63
品詞接続表　　61, 166
品詞タグ付きコーパス　　72
品詞タグなしコーパス　　72
品詞付け　　71
品詞付けモデル　　71
品詞の付与　　56
品詞二つ組モデル　　63
頻度効果　　103

頻度の頻度　　90
深さ優先探索　　59, 191
複合　　12
複合漢字　　129
複合語　　8, 11
二つ組　　83
フット　　21
部品　　129
部分/全体関係　　179
不要語　　58
プライミング効果　　105
プライム語　　143
プローブ漢字　　134
分割数最小法　　59
分節化錯誤　　128
文節数最小法　　62
文節分割　　62
文適合判断課題　　117
分布仮説　　189
文法化　　17
文脈効果　　116
分類語彙表　　175
平滑化　　83, 192
並列処理　　107
並列複合語　　15
ベースライン　　102
ヘルドアウト補間法　　85
編入　　38
補充法　　10
補足部　　13

マ 行

前向き DP 後向き A^* アルゴリズム
　　69
前向き後向きアルゴリズム　　72
前向き探索　　69
マスターファイル　　107

マルコフ過程　　64, 191
マルコフモデル　　64
右側主要部の規則　　13
右コンパニオン　　131
右投錨部品　　130
見出し　　163
三つ組　　83
ミニマリスト統語論　　50
無意味綴り　　96
無連想価　　96
名詞＋動詞型複合語　　39
メトニミー　　15
メンバー　　179
メンバー漢字　　131
文字錯合　　128
モジュール形態論　　50
モダリティ要素　　5
モホーク語　　38
モーラ　　11, 20

ヤ 行

有意味性効果　　103
有意味度　　96
有限状態オートマトン　　75, 191
有向非循環グラフ　　75, 192
要因　　100
抑制効果　　115
余剰性　　50
読み　　56
読み上げ課題　　102
読み情報　　163

ラ 行

類似単語サイズ　　105
レヴェル I の接辞　　25
レヴェル II の接辞　　25
レヴェル順序づけの仮説　　24

連合　　95
連接情報　　165
連想　　95
連想価　　96
連想記憶　　96
連濁　　22

ロゴジェン　　109
ロゴジェンシステム　　109
ロゴジェンモデル　　109

ワ 行

分かち書き　　55

■岩波オンデマンドブックス■

言語の科学 3
単語と辞書

2004 年 6 月 3 日　第 1 刷発行
2019 年 5 月10日　オンデマンド版発行

著　者　松本裕治　　影山太郎　　永田昌明
　　　　齋藤洋典　　徳永健伸

発行者　岡本　厚

発行所　株式会社　岩波書店
　　　　〒101-8002　東京都千代田区一ツ橋 2-5-5
　　　　電話案内　03-5210-4000
　　　　https://www.iwanami.co.jp/

印刷／製本・法令印刷

Ⓒ Yuji Matsumoto, Taro Kageyama, Masaaki Nagata,
Hirofumi Saito, Takenobu Tokunaga 2019
ISBN 978-4-00-730885-7　　Printed in Japan